1《习近平总书记关于爱国主义教育的重要论述研究》贵州省高   目 23RWZX033 的阶段性成果
2 贵州大学 2022 年"金课"（一流课程）暨课程思政专项《思想道德与法治》简称《德法》课程课堂学生作品展示实践 YJJG2022002 的阶段性成果
3 贵州省研究生科研基金《贵州乡村治理与新型职业农民思想政治教育研究》YJSKYJJ(2021)074 的阶段性成果

乡村人才振兴与新型职业农民培育研究

马娟娟　著

新 华 出 版 社

图书在版编目（CIP）数据

乡村人才振兴与新型职业农民培育研究 / 马娟娟著 .

北京 ：新华出版社，2024. 10.

ISBN 978-7-5166-7707-0

Ⅰ. F320.3；G725

中国国家版本馆 CIP 数据核字第 2024E5X918 号

乡村人才振兴与新型职业农民培育研究

作　　者： 马娟娟

责任编辑： 王依然		**封面设计：** 寒　露	

出版发行： 新华出版社

地　　址： 北京石景山区京原路 8 号　　　　**邮　　编：** 100040

网　　址： http://www.xinhuapub.com

经　　销： 新华书店、新华出版社天猫旗舰店、京东旗舰店及各大网店

购书热线： 010-63077122　　　　**中国新闻书店购书热线：** 010-63072012

照　　排： 寒　露

印　　刷： 定州启航印刷有限公司

成品尺寸： 170mm×240mm

印　　张： 16.75　　　　　　　　**字　　数：** 220 千字

版　　次： 2024 年 10 月第一版　　　　**印　　次：** 2024 年 10 月第一次印刷

书　　号： ISBN 978-7-5166-7707-0

定　　价： 98.00 元

前言

　　作为中国社会的重要组成部分，农村地区的建设与发展始终是国家现代化建设进程中的关键环节。为了推动农村的全面发展和建设，促进中国社会的进步，中国政府提出了乡村振兴战略。这一战略不仅是国家重点工程，更是推动社会全面进步的关键性举措。在这一战略的实施过程中，乡村人才的振兴及新型职业农民的培育成为该战略实施的核心要素。

　　科技的迅速发展带动了农村在农业科技、农村经济等多个方面的变革。这些变革不仅推动了农村现代化建设，也促进了农村经济社会的发展，还对人才的需求提出了新的挑战。在这一背景下，人才作为第一生产力，在乡村全面振兴的过程中扮演了不可或缺的角色，高素质、高质量的新型职业农民更成为农村农业现代化建设与发展必不可少的人才。新型职业农民的培育不仅关乎农业生产的效率和质量，更涉及农村社会文化、教育、卫生等方面的全面提升。培养具备现代农业知识和技能的农民，可以有效促进农业产业结构的优化，提高农业生产的科技含量和效益，为推动农村社会的文化发展贡献重要力量。在乡村振兴过程中，新型职业农民通过自身的实践和影响，不仅能促进乡村社会的和谐与进步，还能够成为连接城市与农村的桥梁，促进资源、技术、信息等多方面的流动与共享，从而缩小城乡发展差距，推动城乡融合发展。

　　本书基于以上背景，立足乡村人才振兴视角，对新型职业农民的培育进行了系统的探索和研究，共分为七章。

第一章先探讨了乡村人才振兴的提出背景，包括国家战略的需要与乡村发展的实际要求，又分析了当前中国乡村地际人才的供需状况，揭示了乡村振兴对人才的需求。随后就政策、资金、技术等方面讨论了保障乡村人才振兴的多重保障机制。最后阐述了国家推进乡村人才振兴的措施，明确了新型职业农民的培养背景。

第二章聚焦于新型职业农民的培育理论。本章基于对新型职业农民的概念、内涵与特征的理解，探讨了新型职业农民培育的意义，阐释了培育新型职业农民对于实现乡村振兴战略的关键作用。随后，本章基于对新型职业农民培育的理论分析，探讨了乡村人才振兴对培育新型职业农民的新要求和新型职业农民培育的发展趋势，为新型职业农民的培养奠定了坚实的理论基础。

第三章从供需理论的角度分析了新型职业农民培育的概况和挑战。本章以教育供给与需求的基础理论为依据，从多个方面分析了新型职业农民培育供给与需求的基本特征，构建了新型职业农民培育供给与需求的理论框架，分析了在乡村人才振兴背景下新型职业农民培育需求体系的设计，明确了新型职业农民的培养基调。

第四章探讨了如何构建一个有效的新型职业农民培育体系。本章围绕政府、学校、企业、农民自身等多元化主体在新型职业农民培育中的作用进行了分析，通过建立新型职业农民培育的良性运行机制，构建了乡村人才振兴背景下的新型职业农民培育模式与体系，以及基于乡村人才振兴的新型职业农民终身学习机制，为新型职业农民的培育搭建了合理框架。

第五章基于乡村人才振兴视角，从培养内容、对策、措施等方面围绕新型职业农民的道德观念养成、自律与法治观念培养，进行了详细论述。此外，本章还探讨了乡村人才振兴视角下新型职业农民主体观念的有效培育，旨在培养新型职业农民适应农村新发展、农业新变化的新观念。

　　第六章基于乡村人才振兴视角，先从农业科技知识和现代农业技能两方面对新型职业农民科学素质培育展开了详细论述，接着强调了基础教育和终身学习的重要性，对新型职业农民文化素质培育的内容、方式、方法进行了详细阐述。之后从健康知识普及和心理健康教育两方面对新型职业农民身心素质培养措施进行了探讨，旨在提高新型职业农民的各项素质，帮助其更好地应对环境变化。

　　第七章关注新型职业农民的能力培育。本章围绕以专业能力和通用能力为核心的岗位能力、以市场洞察能力和创新能力为核心的发展农业产业能力、以经营策略的制订和风险管理为主要内容的农业产业化经营能力的培育内容、途径及措施进行了详细阐述，旨在提高新型职业农民应对环境变化和不断发展自身的能力。

目录

第一章　乡村人才振兴概述

第一节　乡村人才振兴的提出

一、乡村人才振兴

（一）乡村人才振兴的相关政策

乡村振兴战略以乡村人才振兴为首要任务。在党和国家的引领下，随着乡村振兴战略的不断推进，乡村人才振兴越来越受社会各界的重视。2018 年 1 月，中央一号文件《中共中央　国务院关于实施乡村振兴战略的意见》提出"汇集全社会力量，强化乡村振兴人才支撑"，还立足"大力培育新型职业农民""加强农村专业人才队伍建设""发挥科技人才支撑作用""鼓励社会各界投身乡村建设""创新乡村人才培育引进使用机制"几个方面，要求"要把人力资本开发放在首要位置，畅通智力、技术、管理下乡通道，造就更多乡土人才，聚天下人才而用之"[①]。人才是第一生产力，乡村汇聚全社会力量，引进和培养各领域高质量人才，有

①　中共中央，国务院．中共中央　国务院关于实施乡村振兴战略的意见 [EB/OL]．（2018-01-02）[2023-11-17]．https://www.gov.cn/gongbao/content/2018/content_5266232.htm.

助于实现乡村振兴。自乡村振兴战略实施以来，人才的重要性日趋显现，乡村建设的方方面面都需要人才作为支撑，该文件为乡村人才振兴的实施提供了科学可靠的指导。

2018年3月，乡村人才振兴首次作为乡村振兴的五个振兴之一被提出。同年9月，中共中央、国务院印发《乡村振兴战略规划（2018—2022年）》，提出要"实行更加积极、更加开放、更加有效的人才政策，推动乡村人才振兴，让各类人才在乡村大施所能、大展才华、大显身手"，该文件就乡村振兴对人才的总体需求，提出了对新型职业农民的培养要求。该文件还要求加强对农村多个领域的专业人才队伍的建设，通过财政补贴、税费减免等多种政策措施、激励措施等鼓励社会各界人才如科研人员、教师、医生、文化工作者、社会工作者、创业者、企业家等积极投身乡村，为农村地区的建设与发展提供源源不断的驱动力量。另外，该文件还鼓励农村地区培养产业发展带头人、农村电商人才、农业职业经理人、文化能人、乡村工匠、非物质文化遗产传承人等强化乡村振兴的人才支撑，并以其传承传统文化、发展新文化、促进乡村经济文化发展建设，推动乡村振兴。[①]

2019年的中央一号文件《中共中央 国务院关于坚持农业农村优先发展做好"三农"工作的若干意见》与2020年的中央一号文件《关于抓好"三农"领域重点工作确保如期实现全面小康的意见》都将培养乡村人才，推进乡村建设和促进农业发展放到了重要位置，2020年12月《中共中央国务院关于实现巩固拓展脱贫攻坚成果同乡村振兴有效衔接的意见》要求建立并不断完善各类人才服务乡村振兴的长效机制，使各项人才智力支持政策持续为脱贫攻坚服务。[②]

---

① 中共中央，国务院.乡村振兴规划战略（2018—2022年）[EB/OL].（2018-09-26）[2023-11-17].https://www.gov.cn/zhengce/2018-09-26/content_5325534.htm.

② 中共中央，国务院.中共中央 国务院关于实现巩固拓展脱贫攻坚成果同乡村振兴有效衔接的意见[EB/OL].（2020-12-16）[2023-11-17].https://www.gov.cn/zhengce/2021-03/22/content_5594969.htm?gov&ivk_sa=1024320u&wd=&eqid=b3ca73720014f98600000006647568c3.

2021 年 1 月，中央一号文件《中共中央 国务院关于全面推进乡村振兴 加快农业农村现代化的意见》发布，该文件肯定了现代农业建设在"十三五"期间的重大进展，明确了乡村建设的重要性，并强调推进乡村产业、人才、生态、文化、组织层面的全面振兴。① 次月，中共中央办公厅、国务院办公厅印发了《关于加快推进乡村人才振兴的意见》，该文件就如何加快推进乡村人才振兴做出了系统的战略部署，围绕培养、引进、使用乡村人才和乡村人才的评价与服务保障等多个方面提出了保障措施，为乡村人才振兴的推进提供了重要参考。②

2022 年中央一号文件《中共中央 国务院关于做好二〇二二年全面推进乡村振兴重点工作的意见》要求"加强乡村振兴人才队伍建设"，要求从教育、基层事业单位公开招聘、培养和使用农业领域战略科学家等多方面发现、培养和使用高素质的农业人才，以乡村人才振兴服务乡村振兴。③

2023 年中央一号文件《中共中央 国务院关于做好二〇二三年全面推进乡村振兴重点工作的意见》再次对"加强乡村振兴人才队伍建设"这一要求作出了强调，由此可见我国对乡村人才振兴的重视程度。④ 人才是第一生产力，只有满足各方面对人才的需求，才能使各方面得到不断发展，农业的现代化建设、农村的现代化发展、经济文化建设无一不是这样。乡村人才振兴要求乡村在涉农科技、农业生产、农村经济文化建

---

① 中共中央，国务院.中共中央 国务院关于全面推进乡村振兴加快农业农村现代化的意见[EB/OL].（2021-01-04）[2023-11-17].https://www.gov.cn/gongbao/content/2021/content_5591401.htm.

② 中共中央，国务院.关于加快推进乡村人才振兴的意见[EB/OL].（2021-02-23）[2023-11-17].https://www.gov.cn/gongbao/content/2021/content_5591402.htm.

③ 中共中央，国务院.中共中央 国务院关于做好二〇二二年全面推进乡村振兴重点工作的意见[EB/OL].（2022-01-04）[2023-11-17].https://www.gov.cn/gongbao/content/2022/content_5678065.htm.

④ 中共中央，国务院.中共中央 国务院关于做好二〇二三年全面推进乡村振兴重点工作的意见[EB/OL].（2023-01-02）[2023-11-17].https://www.gov.cn/gongbao/content/2023/content_5743582.htm.

设、农村产业多元化发展、农村基础设施建设等各个方面引进、培养和使用高素质人才，这些人才能推进农村各领域、各行业快速发展和进步，是推进乡村全面振兴必不可少的力量。

（二）乡村人才振兴的概念及内涵

在乡村振兴战略中，乡村人才振兴扮演着核心角色，其核心在于提升乡村人才的数量与质量，确保乡村发展得到有效的推进。这一策略的目标是在不断改善乡村基础设施及其环境条件的前提下，建立并发展一个强大的乡村人才队伍，以此支撑乡村的全面发展。乡村人才振兴的内涵涉及多个方面。一方面，乡村人才振兴强调在数量上对乡村人才队伍进行扩充，以应对乡村发展的多元需求；乡村人才振兴重视人才质量的提升，特别是在专业技能和综合素质上的提升，以适应乡村振兴的复杂性和动态变化。这种双线并行的策略，旨在通过优化人才队伍结构和组织体系，使乡村人才更有效地促进乡村经济、文化及社会的发展。另一方面，乡村人才振兴还包含培育和吸引人才的战略，它要求乡村地区通过加强对乡村人才实践技能和创新能力的培养，改善乡村的工作和生活条件，使乡村人才能更好地适应并促进乡村的发展。

乡村人才振兴作为实现乡村全面发展的关键策略，注重在人才的规模与质量上进行综合性提升。这一策略遵循《关于加快推进乡村人才振兴的意见》的指导原则，目标是通过壮大乡村人才队伍，提高乡村人才素质，实现乡村人才结构的优化和能力的提升。在此过程中，加强对乡村人才基础能力和水平的提升尤为关键。将来自不同领域、类别和专业的人才汇集到乡村，不仅丰富了乡村的知识结构，也为特定人才短缺的行业提供了必要的支持。在乡村人才的培养方面，重视实践技能与综合素质的提高是必不可少的。鼓励人才在乡村进行创业和就业，充分利用他们的潜力，不仅能促进个人成长，也能为乡村的发展贡献力量。与此同时，引进优秀人才对于乡村振兴同样重要。通过提供更好的工作和生活条件，增强乡村对人才的吸引力，有助于引导更多优秀人才投身乡村发展。促进城市与乡村间人才的自由流动是推动乡村振兴的重要环节，这不仅有助于平衡城乡发展，而且能为乡村振兴提供新的动力和机遇。城市与乡村间的人才流动，能够促进经验和资源的共享，增强乡村的创新能力和发展潜力。

在乡村振兴战略的全面实施过程中，乡村人才振兴是关键。社会各界的共同参与和努力有助于加快乡村振兴的进程，这要求优化乡村人才队伍的结构和组织方式，提高人才的数量和质量。培育和吸引人才，加强城乡之间的交流与合作则是推动乡村人才振兴和整个乡村振兴战略的有效方法。乡村人才振兴不仅为其他行业的发展提供了动力，还是乡村发展的基石，乡村发展的每一步都与乡村人才的成长密切相关。乡村人才振兴是一个持续的进化过程，在这个过程中，不断地注入新的力量和活力是必要的。个体的进步将推动集体的成长，而集体的成长又将进一步提高乡村的建设水平和发展质量，形成一个良性的发展循环。乡村发展的良性循环，不仅依赖乡村人才个体能力的提升，也依赖国家与社会对乡村振兴的全面支持和助力。乡村人才振兴的实施，不仅能够提高乡村的经济水平，还能够促进乡村社会的文化发展。培养和引进高素质的人才，一方面，有助于更好地解决发展过程中遇到的问题，提高乡村的综合竞争力；另一方面，能加强城乡之间的联系，促进资源的共享，推动城乡一体化发展。

二、乡村人才振兴提出的意义

乡村人才振兴主要有以下几个方面的意义，如图 1-1 所示。

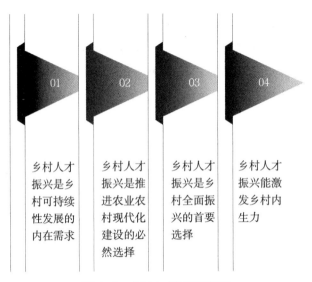

图 1-1　乡村人才振兴的意义

（一）乡村人才振兴是乡村可持续发展的内在需求

乡村人才振兴是乡村可持续发展的内在需求，在中国经济快速增长和城镇化不断深化的背景下，乡村人才振兴显得尤为重要。随着城市化进程的加快，农村地区的发展迫切需要大量高质量劳动力、优化人口结构以及增强社区活力等，这些需求的满足有助于促进农村地区经济的快速发展和社会的和谐稳定，而满足这些需求的第一要素就是推动乡村人才振兴的实施。乡村人才振兴的关键在于吸引和培养能够推动农业现代化、创新农村经营管理以及提升社区服务的人才。这些人才通过运用现代农业科技、发展多元化的乡村产业以及优化资源配置，可以有效地提高农村地区的生产力和经济效益。人才的引进和培养也有助于农村地区的全面建设和发展，如通过教育和卫生项目改善儿童和老年人的生活质量，以及通过社区建设增强乡村的凝聚力和吸引力。乡村人才振兴强调创造有利于人才发展的环境和机制，包括提供终身学习和职业发展的机会、构建创新和创业的平台以及确保公平竞争的市场环境。乡村人才振兴还要求加强对农村地区基础设施的投资，改善居住环境，提高生活质量，吸引更多的人才留在或回归农村，参与农村的现代化、城镇化建设，从而实现乡村的全面振兴。目前，乡村振兴战略的实施，已经为农村地区带来了积极变化，包括经济增长、文化复兴、卫生改善和教育提升。这些成就的取得，离不开政府的财政支持和政策引导。为了确保乡村振兴的可持续发展，政府应继续激发农村地区的人才潜力，鼓励他们为乡村的全面发展贡献力量。

（二）乡村人才振兴是推进农业农村现代化建设的必然选择

乡村人才在推动农业和农村现代化进程中扮演着至关重要的角色，这一点在乡村振兴战略中得到了充分体现。乡村振兴的核心目的在于促进农村地区的全面现代化，这不仅包括农业生产方式的现代化，还涵盖提高农村居民的生活质量、教育水平和文化素养等多个方面。在经济、政治、生态等多个领域的现代化进程中，人才作为一种基础资源，发挥着不可或缺的作用。这不仅表明了"人才是第一资源"[①]这一理念在现代化发展中的重要性，还强调了人的现代化在社会各领域现代化中的核心地位。人的现代化不单是各领域现代化的内在要求，更是与其他方面现代化互相促进、相辅相成的动力。乡村振兴战略不仅关注农业生产的技术进步和效率提升，更注重农村居民生活质量的提升，包括教育、卫生、文化等方面的进步。这种全方位的现代化旨在建设经济繁荣、生态宜居的美丽乡村，实现农村经济、社会、文化的全面发展。就此而言，培养和发展乡村人才，提升他们的综合素质和能力，对于推动乡村现代化具有决定性意义。乡村人才的培养和引进，不仅有助于农村地区经济的现代化发展，更有助于其在社会与文化层面的进步，推动农业和农村现代化建设，从而为中国式现代化贡献重要力量。

---

① 人才资源是第一资源 [N]. 学习时报，2006-06-26 (1).

（三）乡村人才振兴是乡村全面振兴的首要选择

"乡村振兴，关键在人"[①]。乡村人才振兴在乡村全面振兴中占据着核心地位，它是实现乡村产业、文化、生态和组织振兴的首要前提，乡村人才能够为乡村各个领域的全面振兴注入持久的动力。乡村振兴战略的成功实施，依赖一系列综合举措的有效执行，而这一切的核心都离不开乡村人才的积极参与。在乡村产业振兴进程中，乡村青壮年人口的引进与发展可以激活乡村的经济活力。乡村广泛吸引和培养人才，可以带动新技术、新理念的引入和应用，促进乡村产业的转型升级。乡村人才的回流不仅为乡村带来新的发展机遇，还有助于形成多元化、特色化的产业结构，从而提升乡村的综合竞争力和经济效益。在乡村文化振兴方面，乡村文明程度的提升离不开乡村文化的参与者和高质量的乡村人才的引领作用。人才的引入可以丰富乡村文化内涵，传承和创新乡村传统文化，提升乡村文化的吸引力和辐射力。实施乡村文化振兴可以增强乡村居民的文化自信，提升乡村居民的文化素养，从而促进社会和谐与文化多样性。乡村生态振兴的实现需要绿色产业发展的"领头羊"和广大农民群众的参与。乡村人才在推动生态文明建设、发展绿色产业方面发挥着重要作用。他们通过推广环保理念和技术，引导农民实施可持续的生产方式，为构建宜居的乡村环境作出贡献。在乡村组织振兴方面，建设乡村基层党组织和管理架构也离不开优秀的专业人才。这些人才在推动乡村治理现代化、提升服务效能以及增强组织凝聚力方面起着关键作用。他们不仅是乡村治理和服务的执行者，也是乡村精神文明建设的推动者。

（四）乡村人才振兴能激发乡村内生力

乡村人才振兴对于激发乡村内生力量具有至关重要的作用。在乡村振兴战略的实施过程中，优秀人才的培养和引进是关键。对乡村治理主

---

① 张桃林. 乡村振兴 关键在人 [N]. 人民政协报，2018-12-06（3）.

体的科学培养及积极地引入各领域的高素质人才，可以有效地激发乡村的内生动力，从而为乡村的全面发展提供强大驱动力量。人才的引入和培养不仅能为乡村带来新的思想、知识和技能，还能为乡村带来创新的经营理念和管理模式，这对推动乡村经济的多元化发展，提升乡村文化的活力，改善乡村生态环境，以及优化乡村治理结构具有重要意义。优秀人才能够作为乡村发展的引领者，通过自身的实践活动和示范效应，激发乡村居民的积极性和创造性，进而推动乡村社会的整体进步。乡贤作为乡村内部的一类高素质群体，通常具有一定的社会影响力和资源，他们能够凝聚社会各方力量，为乡村发展提供多维支持。他们的参与不仅可以加强乡村治理，还能够增强乡村社区的凝聚力和向心力，促进乡村的发展和进步。

第二节　乡村人才供需概况

一、政策驱动下的人才流向改善

（一）政策吸引力的增强与人才流入

在当代中国，随着乡村振兴战略的深入实施，国家与地方政府采取了如图1-2所示的一系列政策措施，以吸引和留住人才，这一举措已显著优化了专业人才流入乡村的格局。这些激励措施不仅减轻了专业人才的经济负担，更为其在乡村的生活和工作提供了坚实保障。通过政策的引导与激励，乡村开始展现出对人才的较大需求。这些政策与激励措施的实施，无疑增强了乡村的吸引力，促成了更多专业人才的流入，为乡村注入了前所未有的活力。

贷款支持
包括低息或免息贷款，为人才的创业与职业发展提供经济支持

税收减免
吸引社会企业发展农村经济，降低农业人才的运营成本

住房补贴
包括提供经济实惠甚至免费的人才公寓、租房补贴、购房补贴、购房优惠等

子女教育优惠
包括减免学费、提供重点教育支持、完善教学设施设备等

图 1-2 国家与地方政府采取的政策措施

1．住房补贴

为了激励人才在农村从事农业工作，政府计划实施房屋补贴政策。这项政策主要包括为农业人才提供经济实惠甚至免费的住宅，并配备必要的居住设施。此举目的在于缓解农业人才在农村工作时面临的住房难题，从而提升他们的工作热情和生活水平。

2．贷款支持

政府计划推出贷款援助计划，旨在支持农业人才的创业活动和他们的职业发展。这项计划允许农业人才获得低息或免息贷款，这些贷款可用于购买必要的农业生产设备、种植用材料或养殖动物等。此举意在减轻从事农业工作的人才面临的经济负担，同时促进农业的进一步发展和现代化。

3．税收减免

政府拟实施税收优惠政策，旨在激励更多人才投身农村农业工作。根据该政策，从事农业生产和销售的人才将有资格享受税收减免政策。这样的政策将有效降低农业人才的运营成本，同时提高他们在农业投资上的回报，进而促进农业领域的整体发展。

4.子女教育优惠

政府计划推出一项旨在解决农业人才教育后顾之忧的子女教育优惠政策。根据该政策，农业人才的子女将获得特别的教育优惠，如学费减免和重点教育支持等。这项措施旨在鼓励农业人才在农村长期工作，同时为他们的子女提供更优质的教育环境。

专业人才在享受了政策给予的各种福利后，能够集中力量进行乡村建设。这一转变促进了乡村服务的全面提升，尤其是在教育、医疗卫生、农业科技等关键领域。在这一政策的支持和鼓励下，越来越多的年轻人、技术人员及创业者投身乡村，将知识和技能用于乡村的建设与创新。

（二）人才结构的多元化与专业化

在乡村振兴的大背景下，政策的力量在改善乡村人才流向方面发挥着不容忽视的作用，其中尤为显著的便是人才结构的多元化与专业化。在现代化进程中，政策导向带动了乡村人才结构的优化，多元化的人才结构意味着不同领域、不同背景的专业人才相聚乡村，能为乡村发展注入丰富的创新元素和活力，还对提升乡村综合竞争力具有重大意义。

农业技术专家的加入，使乡村农业生产得以借鉴和应用现代科技成果，这不仅推动了农业生产方式的转型升级，也提高了乡村产业的科技含量。与此同时，现代农业知识的普及与技术的推广，也为乡村农业经济的可持续发展打下了坚实基础。教育方面，乡村教育工作者的到来，极大地丰富了乡村教育的内涵，拓宽了农村儿童的视野。这不仅提高了教育质量，还有助于平衡城乡教育资源的分配，确保教育公平，为乡村孩子提供更广阔的成长空间和更为均衡的发展机会。在医疗领域，随着医疗卫生人员的加入，乡村的医疗条件得到了明显改善，包括居民的健康水平和生活质量的提高，良好的公共卫生环境的打造，乡村居民对健康知识的认知和自我保健能力的增强等。卫生人才的流入不仅直接提升了乡村的医疗服务质量，也促进了健康观念的普及。

（三）自我发展能力的持续增强

政策的驱动和人才的引入，改善了乡村的硬件条件，提升了乡村居民的软实力，这包括乡村居民知识水平的提升、技能的增强、健康意识的提高以及自我管理和创新能力的强化。一方面，政策驱动和人才引入有利于促进乡村人才"回流"；另一方面，政策驱动和人才引入对乡村居民自我发展能力的持续增强起到了决定性作用。优惠政策不仅吸引了一批具有专业技能的人才到乡村工作，还通过这些人才的影响力和带动作用，增强了乡村居民的自我发展能力。专业人才的引入，让乡村居民有机会近距离接触并学习现代化的知识和技术。

例如，在农业领域，技术专家不仅直接提高了农业生产效率，还通过培训和教学活动向当地农民传授了现代农业知识与技能，提升了他们对农业科技的认识和应用能力。这种知识和技能的传播，增强了乡村社区对新技术的吸收和创新能力，从而提高了农业生产的自主性和可持续性。在教育领域，教育工作者不仅改善了乡村的教育环境，更重要的是激发了乡村孩子的学习热情，培养了他们的探索精神和创新意识。这种教育的质的提升，为孩子未来的发展奠定了坚实的基础，同时为乡村培育了具有创新能力和发展潜力的新一代。医疗卫生人员的加入，不单为乡村居民提供了更加专业的医疗服务，更通过健康教育，提升了乡村居民对健康的认识，增强了他们的自我健康管理能力。这不仅改善了乡村的卫生状况，还促进了健康生活方式的形成，为乡村人口的健康构建了长效保障机制。

二、产业升级带动的人才需求增长

产业升级带动的人才需求增长主要表现在以下几方面，如图1-3所示。

现代农业经营模式的人才吸引力

农产品加工领域的专业人才需求提升

农村电商平台的人才需求兴起

图 1-3 人才需求增长的表现

（一）现代农业经营模式的人才吸引力

在当代乡村经济的发展过程中，现代农业经营模式已成为吸引人才的重要因素。新型农业经营主体如合作社和家庭农场的出现，反映了乡村经济结构调整与创新的趋势，进而带动了乡村对管理、技术和市场营销等多方面人才的需求的增长。这种需求不仅扩大了就业市场，而且为人才提供了新的职业成长机会。合作社和家庭农场等现代经营实体的出现，对具备专业知识和技能的人才有着较大的吸引力。为了提升农业生产力和产品竞争力，这些新型经营主体亟须引进掌握现代农业技术的人才。这些人才能够通过引入先进的种植技术、病虫害管理技术、土壤改良和水资源高效利用的方法等，显著提升农作物产量及质量，助推农业产业向更高效、可持续的方向发展。市场营销人才在现代农业经营中扮演着至关重要的角色。随着消费市场的多元化和个性化需求增加，精准营销和品牌策略成为农产品成功的关键。因此，有能力洞察市场需求、制定营销策略、并有效推广农产品的人才，成为现代农业经营中的宝贵资产。财务管理人才也是现代农业经营模式取得成功的关键因素之一。优秀的财务管理不仅能够确保经营主体的财务健康，还能通过合理的资金配置和风险控制，增强农业经营的抗风险能力，保障农业生产的稳定性与可持续性。

（二）农产品加工领域的专业人才需求提升

随着农业产业的升级和发展，农产品加工领域的专业人才需求显著提升。这一趋势反映了农业产业结构的变化以及人们对高附加值产品的追求。农产品加工不再局限于传统的原料加工，而是逐渐转向深加工和精细化，这需要更多具备专业技能和知识的人才来支撑。在农产品加工领域，专业人才需求的提升主要体现在对食品科技、质量控制、产品研发和市场营销等方面的专业知识的需求增长。随着消费者对食品安全和食品品质的日益重视，人们对食品加工的质量控制和安全保障提出了更高的要求。因此，精通食品安全标准、检测技术和质量管理的专业人才成为农产品加工领域的宝贵资产。创新是推动农产品加工行业持续发展的关键动力。具有创新能力和产品研发经验的人才能够运用现代科学技术，如生物工程和纳米技术，开发出新型农产品加工方法，创造出符合市场需求和消费趋势的新产品。随着农产品市场竞争的日益激烈，农产品加工领域对懂得市场营销、品牌管理和国际贸易的人才需求也在不断增长。这类人才能够帮助企业开拓国内外市场，制订有效的市场策略，提升产品的市场竞争力。

（三）农村电商平台的人才需求兴起

随着互联网技术的发展和普及，农村电商平台已成为连接农产品生产者和消费者的重要渠道。这一趋势带动了乡村对于具备电商技能的人才的需求增长，这些人才在推动农村电商发展和促进农产品销售中扮演着关键角色。农村电商平台的发展需要一系列专业技能的支撑，包括电子商务运营、网络营销、数据分析、供应链管理等。具备这些技能的人才能够有效管理电商平台，提升农产品的在线销售效率和效果。例如，通过网络营销和社交媒体推广，这些人才可以增加农产品的市场曝光率，吸引更多消费者，提升销售额。数据分析在农村电商平台运营中也显得尤为重要。电商人才通过分析消费者数据和市场趋势，可以为农产品生产和销售提供科学的决策支持。这不仅有助于优化产品组合，还能够根据市场需求调整销售策略，提高销售效率。随着农村电商的发展，供应链管理的重要性日益凸显。有效的供应链管理不仅确保了农产品的品质和及时配送，也降低了物流成本。因此，具备供应链管理知识和经验的人才对于确保电商平台运营的高效性和可持续性至关重要。与此同时，农村电商平台的兴起为当地农民提供了新的就业机会和技能提升的途径，这将促进农业产业和农村经济的进一步升级。

三、教育资源的乡村倾斜

（一）高水平教师资源引进

将高水平教师资源引入乡村，是当前教育资源均衡配置中的一项重要战略。教师质量直接影响教学效果与学生的学习成果，因此提升乡村教师队伍的整体水平对缩小城乡教育差距、提高乡村教育质量具有重要意义。在分析乡村高水平教师资源引进策略时，激励机制的建立是核心要素之一。提升待遇不仅包括教师薪资的增加，还包括住房条件、医疗环境、子女教育等方面的改善，这些都是稳定乡村教师队伍的关键因素。待遇的提高能够在一定程度上弥补乡村教师面临的职业发展限制，从而吸引更多有志于教育事业的优秀人才。职业发展机会的扩大同样不可忽视。教育工作者的职业规划不应仅限于城市学校，乡村教育同样需要开辟职业晋升的通道。为此，学校需要构建一个完善的评价和激励体系，以确保教师在乡村学校任教期间的努力和成就能够得到公正的评价和相应的认可。

学校引入高水平教师时还应注重其在教学内容与方法上的创新。具备较强教学能力和丰富教学经验的教师能够采用更加有效的教学策略，引导乡村学生进行批判性思考，激发学生的学习兴趣，增强学生的学习动力。这种教学内容与方法的改进不仅提升了教育的质量，还有助于缩小城乡学生之间的认知与技能差异。高质量教育内容的传授，以及先进教学方法的应用，是乡村教育质量提升的重要指标。高水平教师通常能够将先进的教育理念和教学方法带入乡村，为乡村教育注入新的活力。通过这些教师的引领与示范，乡村学校的教师队伍的整体素质有望得到提升，同时有助于构建良性的教育生态。教育政策研究者和决策者在实施高水平教师资源引进政策时，还应考虑地区文化和乡村社会结构的特殊性。适应性培训计划对于确保教师能够快速融入乡村社区，了解当地学生的特定需求至关重要。高水平教师的引入还要促进教师与乡村社区的沟通与互动，建立良好的"学校－社区"关系，为教育工作的顺利进行创造有利条件。

高水平教师人才的引进并非一蹴而就的过程，它要求连续、稳定的政策支持。长期而持续的政策支持，不仅能够确保乡村教师队伍的稳定，更能够吸引和留住优秀的教师，从而实现乡村教育的长期和深入发展。

（二）本土人才培养机制建立

教育资源的乡村倾斜旨在通过优化教育环境，培育具有地方责任感与认同感的本土人才，为乡村振兴注入内生动力。本土人才培养机制的建立需着眼于乡村特色与实际需求，形成一种以"土生土长"的教育理念为核心的人才培养模式。乡村教育环境的优化不仅涉及物质资源的改善，更要在教育内容和教育方法上进行革新。教育内容要结合乡村实际，强调对本土文化的传承与发展，使学生在了解外来知识的同时，能够深刻理解和珍视本土文化。这种文化自信是激发学生留在家乡或回归家乡、服务乡村发展的重要精神动力。本土人才的培养还需注重实践能力的锻炼与提升。教育机构应与乡村产业紧密结合，通过校企合作等模式，为学生提供实习实训机会，使其在实践中学习和掌握农业技术、企业管理、社区服务等与乡村振兴密切相关的知识与技能。这样的教育不仅能够使学生对乡村工作有更深入的理解，也有助于其发展成为能够适应乡村振兴需要的复合型人才。培育乡村学生的正确价值观和人生观，是本土人才培养中不可忽视的一环。教育应关注学生全面发展，强化学生的社会责任感、创新意识与团队精神，鼓励他们成为具有良好道德品质和社会责任感的公民。这种教育可以帮助学生建立积极向上的人生目标，为他们未来在家乡乃至更广阔领域的职业发展奠定坚实基础。

四、科技支撑促进乡村人才优化配置

科技对乡村人才优化配置的支撑作用如图 1-4 所示。

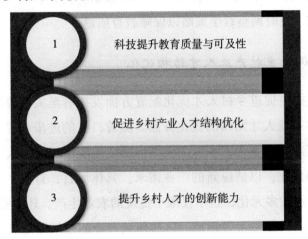

1　科技提升教育质量与可及性

2　促进乡村产业人才结构优化

3　提升乡村人才的创新能力

图 1-4　科技对乡村人才优化配置的支撑作用

（一）科技提升教育质量与可及性

信息技术的应用扩展了教育资源的空间界限，促进了教育公平的实现。通过网络平台，优质教育资源的共享成为现实。远程教育的实践不仅让城市中的优秀教育成果辐射乡村，也为乡村学生提供了与外界同步更新的学习内容。例如，数字图书馆的建立，让边远地区的学生得以访问与大城市同样丰富的学术资源。在线教育平台通过互联网打破了时间和地点的限制，使学生的学习具有极大的灵活性。对于乡村居民而言，这种学习方式不受传统学校制度的束缚，可以根据个人的时间和节奏进行自我学习和提升。课程的多样化选择，包括MOOC（大规模在线开放课程）的出现，给予了学习者更为广泛的专业领域探索机会。与此同时，科技在乡村教师培训和专业发展方面的应用不容忽视。通过在线研讨会和网络研修班，乡村教师能够持续更新自己的教学方法和专业知识。科技为教师的终身学习提供了有力支持，他们的专业成长直接促进了教学质量的提升，从而影响了学生的学习效果。科技在教育评估和质量保证方面同样发挥着重要作用。在线考核和评价系统为乡村学生的学习成效提供了即时反馈，也为教育管理者提供了数据支持，有助于教师时刻监测教学过程、及时调整教学策略以保障教育质量。

（二）促进乡村产业人才结构优化

科技支撑在促进乡村人才优化配置方面发挥着至关重要的作用，特别是在乡村产业人才结构的优化方面。随着科技的进步和应用，乡村的产业结构正在发生变化，乡村产业结构的变化要求相应的人才结构也要相应调整和优化，以适应新的产业需求。具体而言，首先，科技发展带动了乡村产业的多元化，这不仅限于传统的农业生产，还包括农业科技、乡村旅游、农产品加工等领域。这些新兴产业的发展需要具备相关技术知识和管理能力的人才，从而促使乡村人才结构向更多样化的方向发展。科技进步使得农业生产更加依赖科学管理和技术应用，因此乡村对农业技术人才的需求也有所增加。其次，科技的应用也提升了农村地区的教育和培训效率，为乡村人才的培养创造了更多机会。通过远程教育、在线课程等方式，农村地区的居民可以更方便地获取新知识和技能，这有助于提高乡村人才的素质和技能水平，促进人才结构的优化。最后，科技在改善乡村信息传播和资源共享方面的作用不容忽视。信息技术的应用使得农村地区的居民能够更快地获取市场信息、科技动态和把握政策导向，这有助于他们更好地把握发展机遇，调整自身的职业规划和技能方向。此外，信息技术的应用还为农村地区的居民提供了更广阔的资源共享平台，有助于形成更加紧密的人才网络，促进知识和经验的交流。

（三）提升乡村人才的创新能力

科技支撑在乡村人才优化配置中发挥着重要作用，尤其体现在提升乡村人才的创新能力方面。通过科技的引入和应用，乡村人才被赋予了更多创新的机会和潜力，从而能更有效地推动乡村的经济和社会发展。乡村人才通过接触和应用新技术，能够开发和实践新的农业方法和经营理念。例如，智能农业技术的引入使得农民能够利用先进的数据分析和机器学习技术来优化农作物的种植、灌溉和收割。这种技术的应用不仅提高了农业生产的效率和质量，也培养了农民在农业科技领域的创新思维。科技的应用还为乡村人才提供了探索新型农业经营和加工方式的可能。例如，通过应用食品科技，农民可以开发新的农产品加工方法，创造出具有特色和高附加值的产品，从而开拓更广阔的市场。另外，科技支撑还有助于乡村人才在农村社会服务和管理方面的创新。信息技术的运用，如移动互联网和社交媒体平台，使得乡村人才能够更有效地进行信息沟通和资源整合，创新社会服务模式。例如，通过线上平台，农民可以进行知识共享、技术培训以及市场信息交流，促进了乡村社区的协作和发展。

第三节　乡村人才振兴需要多重保障

一、乡村人才振兴需要完善的法律政策框架

在乡村人才振兴的视角下，完善的法律政策框架的作用如图 1-5 所示。

能确保人才引进和培育的顺利进行   能提供人才流动的便利

完善的法律框架

能保护人才的权益   能激发人才的积极性和创新活力

图1-5　法律政策框架的作用

（一）能确保人才引进和培育的顺利进行

完善的法律政策框架在乡村人才引进和培育方面发挥着至关重要的作用。这些政策文件针对乡村人才的特定需求而制定，确保了人才引进和培育活动的顺利进行。在制定政策的过程中，政策制定者考虑到了乡村人才面临的特殊环境和需求，为人才在乡村地区的稳定发展创造了有利条件。在法律政策框架中，教育资源配置是关键部分。通过确保教育资源在乡村的合理分配，政策为乡村人才提供了必要的学习和成长环境。这包括建立和改善教育设施、提供教育资金支持，以及引进高质量的教育人才。这样的政策确保了农村地区的教育资源不仅丰富，而且高效，为乡村人才的培养提供了坚实基础。培训机会的提供也是法律政策框架的重要组成部分。通过提供多样化的培训项目，政策鼓励乡村人才学习新的技能和知识。这些培训机会覆盖了从农业技术到企业管理等多个领域，使乡村人才能够根据自己的兴趣和职业需求选择合适的培训课程。这种政策支持有助于提升乡村人才的专业能力和综合素质。此外，政策提供的创业和就业支持，如创业资金、税收优惠、就业指导服务等，也有助于降低人们的创业风险，增加人们的就业机会。这些支持不仅有助于吸引更多人才到乡村工作，还鼓励乡村人才发挥自身优势，开创自己的事业。

（二）能提供人才流动的便利

在完善的法律政策框架中，提供人才流动的便利是一个重要方面，这对于促进乡村振兴具有重要意义。这些政策措施旨在消除阻碍人才在农村地区流动的障碍，包括户籍限制、地区间的行政壁垒等，从而促进人才在不同地区间的自由流动。首先，政策通过简化流程来提供人才流动的便利。这可能包括简化户籍迁移的程序、减少行政审批环节等，使得人才在不同地区之间的迁移更加便捷。这种简化流程的政策不仅减轻了人才流动的行政负担，也缩短了流动的时间成本，从而鼓励更多人才考虑跨地区流动。其次，通过消除地区间的行政壁垒，这些政策促进了人才的跨地区流动。具体而言，可能包括协调不同地区之间的政策差异、建立跨区域的人才共享机制等。通过这种方式，政策为人才提供了更广阔的发展空间，使得他们能够根据自己的职业发展需求自由选择工作地点。另外，政策还鼓励人才在不同地区之间流动，以更有效地匹配人才与乡村的需求。通过提供各类激励措施，如流动补贴、安家费、职业发展支持等，政策降低了人才流动的经济成本，并增加了流动的吸引力。这种政策支持使得人才能够更加灵活地响应乡村的人才需求，从而为乡村振兴贡献自己的力量。

（三）能激发人才的积极性和创新活力

完善的法律政策框架中包含了一系列旨在激发乡村人才积极性和创新活力的措施。这些措施的实施对于激发人才在农村地区的工作热情和创新能力具有显著影响，能推动乡村振兴战略的成功实施。税收优惠是激发人才积极性和创新活力的关键措施之一。税收优惠不仅能增加人才的净收入，而且在一定程度上体现了对其工作的认可。这种认可是激发人才积极性的重要因素，使他们更加愿意投身乡村工作。创业资助则专门针对那些有意在乡村创业的人才。政策通过提供启动资金、减轻初期运营压力等方式，降低了创业的风险和门槛。创业资助不仅为人才提供了实现创新想法的经济支持，而且鼓励他们将创新应用于实际的业务中。这种支持不仅促进了个人的职业发展，也为乡村带来了新的经济活力和创新项目。奖励制度是激励人才创新的另一个有效手段。政策通过为在工作中表现出色的人才提供奖励和表彰，强化了对其贡献的认可。被认可和奖励的人才由于受到精神鼓舞，在工作中会更加努力，为乡村振兴贡献更多力量。

（四）能保护人才的权益

在完善的法律政策框架中，保护人才的权益至关重要，其中，劳动权益保护是保障人才权益的核心内容之一。政策通过确保人才的工作条件、工作时长、薪酬标准和福利待遇符合法律规定，保障了人才的劳动权。确保人才基本劳动权益的政策不仅维护了人才的合法利益，也提高了他们在乡村工作的积极性和满意度。知识产权保护也是法律政策框架的一个重要组成部分。对于从事科研和创新工作的人才而言，知识产权的保护尤为重要。政策通过确保他们的研究成果能够获得合法的知识产权保护，鼓励了人才的创新活动。这种保护措施不仅对个人有利，也对乡村的整体创新环境和知识产权文化的建设具有积极影响。其他个人权益的保障也是政策的重要方面。这包括确保人才的个人安全、隐私权和言论自由等权利不受侵犯。通过这些措施，政策为人才创造了一个安全和自由的工作环境，有助于激发他们的工作热情和创造力。

二、乡村人才振兴需要多元化的资金支持体系

在乡村人才振兴视角下，多元化资金支持体系的作用如图 1-6 所示。

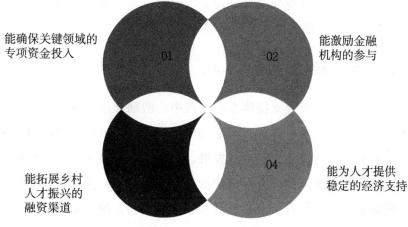

能确保关键领域的
专项资金投入　　01

能激励金融
机构的参与　　02

能拓展乡村
人才振兴的
融资渠道

能为人才提供
稳定的经济支持　　04

图 1-6　多元化资金支持体系的作用

（一）能确保关键领域的专项资金投入

在探讨多元化资金支持体系时，不可忽视专项资金在确保关键领域投入方面的重要性。专项资金的设置显著提升了农村教育、科技创新以及人才培育和引进等关键领域的财政保障。这种财政机制的建立，不仅反映了国家和地方政府对优先发展领域的重视，也展示了一种针对性和战略性的资金分配方法。在农村教育方面，专项资金的投入不仅改善了基础教育设施，还提高了教学资源的可及性。这种投资策略有效缩小了城乡教育差距，促进了教育公平。通过专项资金支持，农村地区的教育质量得到显著提升，农村学生拥有了更多的学习机会和更好的教育环境。科技创新方面的专项资金投入，加速了新技术的研发和推广。这不仅增强了国家在科技领域的竞争力，还促进了产业升级和经济结构的优化。专项资金的使用，特别是在新兴科技和高新技术产业的扶持方面，显著提升了科研机构和企业的创新能力，为社会经济发展注入了新动力。对于人才培育和引进，专项资金的重要性同样不容忽视。专项资金的投入不仅增强了教育和培训机构的教育能力，还为乡村提供了吸引和留住人才所需的资源。通过专项资金支持，政府可以为优秀人才提供更好的工作和生活条件，从而促进人才的流动和优化配置。

（二）能激励金融机构的参与

在构建多元化资金支持体系的过程中，激励金融机构的参与成为一个关键环节。政府通过各种政策激励金融机构参与乡村振兴项目，这不仅可以筹集更多的资金支持乡村发展，还拓宽了资金来源，为乡村振兴提供了坚实的金融支持。金融机构的参与不仅为乡村振兴项目提供了必要的资金支持，还促进了金融产品和服务的创新，使之更加适应乡村发展的实际需要。金融机构的参与还有助于降低乡村振兴项目的融资成本，提高资金使用效率，从而加快乡村振兴的步伐。更重要的是，金融机构的参与可以引入市场化的运作机制和专业化的管理模式，这对于提高乡村振兴项目的运作效率和质量至关重要。金融机构的市场化运作还有助于提升乡村振兴项目的市场适应性和竞争力，为乡村经济的发展注入新的活力。

（三）能拓展乡村人才振兴的融资渠道

在构建多元化资金支持体系的过程中，采取多渠道筹集资金的策略至关重要。这种策略超越了传统的依赖政府资金和金融机构的模式，涵盖了私人投资、非政府组织资助等多种渠道。通过多元化的资金筹集方式，乡村人才振兴在资金上的稳定性和可持续性得到了显著增强。

私人投资作为乡村人才振兴的资金来源之一，不仅为乡村振兴项目带来资金支持，还促进了乡村振兴项目管理和运营的优化。私人投资者通常对投资回报有明确的期待，这促使乡村振兴项目更加注重效率和成果，从而提高了乡村振兴项目的整体质量和可持续性。非政府组织的资助则为乡村人才振兴带来了更多的社会资源和网络支持。非政府组织通常在特定领域有着丰富的经验和专业知识，能够为乡村振兴项目提供专业指导和实践经验。这些组织往往拥有较大的影响力和公信力，能够帮助乡村振兴项目更好地与社会接轨，提升乡村振兴项目的社会影响力和认可度。国际合作资金则为乡村人才振兴提供了国际视野和资源。通过国际合作，乡村振兴项目不仅能获得资金支持，还能引入国际先进的理念和技术。这种国际化的资源整合有助于提升乡村振兴项目的创新性和国际竞争力，也为乡村振兴项目带来了更广泛的国际合作机会。多渠道筹集资金的策略为乡村人才振兴提供了更为坚实和多元的经济支持。这种策略不仅增加了资金来源的稳定性和多样性，还引入了多种资源和管理模式，从而为乡村振兴提供了更加全面和有效的支持。

（四）能为人才提供稳定的经济支持

在构建多元化的资金支持体系中，为人才提供稳定的经济支持是一个核心要素。这种支持不限于基本的工资和生活补贴，还涵盖项目资助、研究经费等多方面。这样全面的经济支持对于激发人才的积极性、支持其长期发展，以及促进其在乡村的创新和创业活动具有至关重要的作用。提供基本工资和生活补贴是确保人才在乡村安心工作和生活的基础。这些直接的经济支持可以减轻人才的经济压力，使他们能够更专注于自己的专业发展。这种直接的经济支持还能提高乡村的吸引力，鼓励更多优秀人才选择在乡村工作和生活。项目资助和研究经费则为人才的创新和研究活动提供了必要的经济基础。这种资金支持不仅能够帮助人才实现他们的研究目标，还能促进科技创新和知识传播。对于那些致力解决乡村特有问题或发展乡村经济的人才来说，项目资助和研究经费尤为重要，它们为这些人才提供了实现其创新想法的资源。这种稳定的经济支持还有助于人才长期留在乡村，持续的经济激励可以促进人才在乡村的职业发展和个人成长。这不仅有助于人才个人的发展，也为乡村的经济发展做出了贡献。

三、乡村人才振兴要有优化的生活与工作环境

（一）能为人才提供优质住宅和基础设施

优化生活与工作环境，尤其是提供优质住宅和基础设施，对于乡村吸引和留住人才具有至关重要的作用。在乡村，通过提供舒适和现代化的住宿条件，能显著提高该地区对人才的吸引力。完善的基础设施，如可靠的交通、通信网络和水电供应，为人才提供了便利的生活和工作条件，这对于确保他们能够在乡村顺利地开展工作至关重要。优质的住宅不仅意味着良好的居住条件，还包括生活环境的整体舒适度和安全性。现代化的住宅配备了必要的设施和舒适的生活空间，使人才能够在工作之余享受高质量的生活体验。值得说明的是，优质住宅还应考虑到环境的美观性，为居住者提供一个宜居的环境，这对于提升居住者的生活质量和幸福感是极为重要的。基础设施的完善，特别是交通、通信和水电供应等方面的完善，为人才提供了必要的生活和工作便利。可靠的交通系统使得人才能够方便地通勤和访问其他地区，这对于他们的工作和社交生活极为重要。良好的通信网络则确保了人才能够高效地与外界沟通和获取信息，这在现代社会尤其重要。稳定的水电供应则为日常生活提供了基本保障，确保了生活的正常运行和工作的连续性。

（二）能改善教育和医疗服务

在优化生活与工作环境的过程中，良好的教育和医疗服务显得尤为关键，特别是对于吸引和留住人才而言。高质量的公共服务不仅能提高人才的生活质量，而且直接影响着人才对工作地点的选择。优质的教育资源能确保人才家庭的教育需求得到满足，良好的医疗服务则能保障人才及其家人的健康，这些因素共同增强了乡村作为人才长期居住和工作的地方的吸引力。教育资源的优质和可获取性对于人才特别重要。优秀

的教育机构不仅能为人才子女提供高水平的教育，还能吸引更多具有长远发展眼光的人才。这种教育环境的优化，不仅有助于提升当地教育水平，还能促进知识传承和文化发展，从而对乡村地区的全面发展产生积极影响。医疗服务的质量和可达性同样是人才考量的重要因素。良好的医疗服务意味着当人才有紧急医疗需求时能够获得及时有效的处理，对于保障人才及其家庭的健康至关重要。除了基础医疗设施，高水平的医疗服务还包括专业医疗人员的可用性和先进医疗技术的应用。这些医疗服务的提供，不仅增加了人才对乡村的满意度，还有助于构建一个健康的社区环境。

（三）需要打造良好的生态环境

打造良好的生态环境对于乡村来说，是吸引和留住人才的关键因素之一。乡村的自然环境本身就具有独特的优势，政府通过保护和利用这些自然资源，可以为人才创建一个绿色、健康的居住和工作环境。这样的环境不仅对寻求高质量生活的人才具有强大的吸引力，而且满足了那些对环境有特殊需求的人才的期望。绿色的环境和丰富的自然资源为人才和他们的家庭提供了丰富的休闲和户外活动机会，增强了他们对乡村生活的满意度。良好的生态环境对于提高人才对工作的满意度也至关重要。一个舒适的工作环境能够激发人才的创造力和工作热情，能帮助人才缓解工作压力，提高工作效率，从而增强工作的愉悦感。特别是对于那些从事创意和研究工作的人才而言，良好的自然环境可以为其提供无限的灵感和宁静的思考空间。因此，打造绿色、健康的居住和工作环境，不仅能够提升人才的生活和工作质量，还有助于乡村的可持续发展。这种对生态环境的重视和投资，不仅是对自然资源的保护，也是一种对人才价值的认可和对未来发展的投资。

四、乡村人才振兴需要持续的人才培训与发展机会

（一）有利于适应乡村振兴的新需求

随着乡村振兴的不断深入，人才面对的工作环境和需求也在不断演变。这些变化可能包括新的农业技术、市场趋势、社区管理方法等，其对人才的能力和知识水平提出了更高的要求。在这种情况下，持续的培训机会成为人才快速适应这些变化的关键。例如，随着科技的发展，新的农业技术的不断涌现，乡村人才不仅要掌握传统的农业知识，还要了解和应用这些新技术。同样，市场趋势的变化要求人才具备更强的市场分析和适应能力，以便更好地推动乡村产品的市场化和品牌化。社区管理的新方法也需要人才具备更加全面和创新的管理思维。通过适应性的培训，人才能够及时更新自己的知识和技能，从而更好地满足乡村振兴的需要。这种培训旨在帮助人才理解和把握乡村发展的新趋势，提高他们的创新能力和解决问题的能力。这不仅对个人职业发展有益，也对乡村的整体发展至关重要。

（二）需要建立常态化的培训体系

建立常态化的培训体系是确保人才持续发展的关键环节。这种体系能够保证人才定期接受新的培训，培训内容不仅涉及专业技能的提升，还包括知识更新和新技术的学习。这样的培训体系有助于人才跟上时代的步伐，持续提高自己的竞争力。常态化的培训体系注重的是培训的持续性和系统性。这种体系不是短期的、偶尔的教育活动，而是一个长期、持续的学习过程。它通过定期的培训课程、研讨会和研究活动，为人才提供了一个持续学习和成长的平台。这种系统化的培训不仅关注当前人才的技能需求，还着眼于未来的发展趋势和挑战，确保人才能够适应不断变化的工作环境。常态化的培训体系强调个性化和多样化的学习路径。

这意味着培训内容不是一成不变的，而是根据不同人才的需求和发展阶段进行调整。这种灵活性使得培训更加贴合个人的职业规划和发展需求，从而提高培训的有效性和吸引力。常态化的培训体系是乡村人才振兴的核心，它为人才提供了一个持续学习和成长的环境，从而确保他们能够在不断变化的环境中保持竞争力和创新能力。

（三）能促进个人职业生涯的持续发展

持续的培训和发展机会对于促进人才个人职业生涯的持续发展具有至关重要的作用。这种培训不单单局限于提升人才现有的专业技能，它还为人才开拓了新的职业道路和发展机会，如从事更高层次的管理工作、参与更广泛的社区服务等。在职业技能的提升方面，持续的培训使得人才能够不断适应新的工作需求和技术变革。这种培训通常涵盖了从基础技能到高级专业技能的各个层面，确保人才在其专业领域内保持领先地位。这种培训还包括对最新行业趋势的了解，使得人才能够预见并适应未来的市场变化和技术革新。在职业路径的拓展方面，持续的培训为人才提供了多样化的职业选择和转型机会。例如，对于那些希望从技术岗位转向管理岗位的人才，培训可以包括领导力、团队管理、项目管理等课程。这样的培训不仅增强了他们的管理能力，还为他们在组织内部的晋升提供了支持。同样，对于那些希望扩展其社会影响力的人才，培训可以为其提供社区服务、公共政策等方面的知识，使他们能够在更广泛的领域发挥影响。

这样的职业发展机会对于提高人才对工作的满意度和忠诚度起着至关重要的作用。当人才感觉到自己的能力得到认可时，他们更有可能感到职业满足，对工作投入更多的热情和精力。这种持续的发展机会还能够帮助人才建立更加稳固的职业身份，从而为他们的长期职业发展打下坚实的基础。因此，持续的培训和发展机会是人才职业生涯发展的重要组成部分。这些机会可以帮助人才在职业生涯的各个阶段都有所成长，实现个人的职业目标和抱负。

第四节 推进乡村人才振兴的措施

一、在人才培养与教育投入方面的措施

（一）不断完善教育体系

在国家推进农村发展建设的过程中，不断完善的教育体系为乡村人才振兴的落实提供了支持。乡村教育体系日益完善有利于向乡村地区各年龄阶段的人提供适当的教育资源，这对留住当地村民和吸引外来人才有很大帮助。加大对乡村地区教育资源的投入，特别是通过建立和完善农业专业学校，使得乡村能够提供更加专业化和系统化的农业教育。乡村教育体系的完善在多个层面促进了乡村的发展。教育体系的完善表现在教育内容的丰富和多样化上。乡村教育不再局限于传统的农业知识，而是包括现代农业技术、农业管理、农业市场经济等课程。多元化的课程设置使得学生能够从多角度理解和掌握农业知识，为其未来在乡村的工作和生活打下坚实的基础。教育体系的完善强调了实践教学的重要性。农业专业学校通常配备先进的实验设施和田间实习基地，使学生能够在实际操作中学习和应用农业知识。这种理论与实践相结合的教育方式，不仅提高了学生的实际操作能力，也增强了他们解决实际农业问题的能力。完善的教育体系还为人才提供了持续学习和发展的机会。随着农业科技的不断进步和市场需求的变化，乡村教育体系需要不断更新课程内容和教学方法。这种持续更新的过程，保证了乡村教育能够跟上时代的步伐，为学生提供最新的知识和技能。完善的教育体系能为乡村培养出具有全面技能和知识的农业人才。这些人才不仅掌握了农业的基本知识和技能，还了解了现代农业的运作模式，能够在乡村的各个领域发挥重

要作用。他们的存在为乡村的持续发展提供了人力资源支持，是乡村振兴不可或缺的重要力量。

（二）推广农业技术培训

农业技术培训在乡村的广泛推广，对提升农业工作者的实际工作技能起着至关重要的作用。农业技术培训的开展不仅强化了实用技能的传授，还直接促进了农业生产效率的提升和农产品质量的改进。农业技术培训的核心在于为农业工作者提供针对性强、实用性高的技能学习。通过农业技术培训，农业工作者能够学习到先进的种植技术，如精准灌溉、智能化作物管理、可持续农业实践等。掌握这些技术对于提高农作物产量、降低生产成本、提升农作物质量具有重要意义。另外，农业技术培训还包括农作物病虫害防治的最新方法，其可以使农业工作者有效地管理农作物并减少农作物损失。除了生产技术，农业技术培训还包括农产品加工的技能。这类技能的培训使农业工作者不仅限于原料生产，还能够参与农产品的深加工和创新，如农产品的加工、包装、品牌建设等。这种技能的提升，有助于增加农产品的附加值，拓宽农业工作者的职业路径。农业技术培训对于促进乡村工作者的持续学习和自我提升也具有重要作用。这种培训不仅为人们提供了技能提升的机会，还激发了农业工作者对新知识和新技术的学习兴趣。通过持续学习，农业工作者能够不断地更新自己的知识和技能，适应农业发展的不断变化。农业技术培训还对乡村的整体发展具有积极影响。当农业工作者掌握了更先进、更高效的农业技术时，整个乡村的农业生产水平和经济效益都会得到提升。这不仅增加了农业工作者的收入，也促进了乡村经济的多元化发展，为乡村振兴的实现打下了坚实的基础。

二、在政策引导与激励机制方面的措施

在政策引导与激励机制方面推进乡村人才振兴的措施如图1-7所示。

图 1-7　在政策引导与激励机制方面推进乡村人才振兴的措施

（一）通过税收优惠激励人才

税收优惠作为政策引导和激励机制的一部分，在鼓励人才投身乡村建设中扮演着关键角色。通过减轻税负，这种激励措施为个人和企业创造了更有利的经济条件，降低了乡村工作的经济门槛，从而吸引更多人才选择在乡村工作和生活。税收优惠对个人的影响主要体现在提高他们的净收入方面。当政府减少对个人所得税的征收或提供其他形式的税收减免时，个人的可支配收入增加，这直接提高了乡村工作的吸引力。对于那些考虑到乡村发展投身乡村建设的专业人才而言，税收优惠成为他们做出这一决定的重要经济因素。对于企业而言，尤其是小型企业和初创企业，税收优惠为其提供了资金上的支持。通过减轻企业的税负，政策制定者帮助这些企业节省了运营成本，因而这些企业可以将更多资源用于业务扩展、技术创新和人才招聘。这对于那些创业者和乡村小企业主尤为重要，因为他们通常面临资金紧张和运营风险较高的问题。值得一提的是，税收优惠还具有激发乡村经济活力的作用。当乡村的企业和个人享受到税收优惠时，他们可能会将节省下来的资金投入当地的经济建设，这种资金的再投入有助于促进乡村经济的发展，提升乡村的整体吸引力。

（二）通过创业资助促进创新

提供创业资助作为一项关键的激励机制，对于促进创新活动具有重要作用。创业资助为那些有志在乡村开展创业活动的人才提供了必要的经济支持，从而降低了创业初期的风险，激发了他们的创新潜力。创业资助对减轻创业者面临的经济压力至关重要。对于许多创业者来说，创业初期的资金缺乏是一个主要的挑战，尤其是在农村地区，资金获取渠道相对有限。政府或相关机构提供的创业资助能够帮助这些创业者克服初始阶段的资金短缺问题，使他们能够集中精力将创新想法实现。另外，创业资助还具有激励人才将创新想法转化为现实的作用。通过提供经济支持，创业者能够将他们的创新想法转化为具体的产品或服务，这对于推动乡村地区的经济发展和社会进步至关重要。创业项目往往需要实验、开发和市场测试，这些活动都需要相应的资金支持。政府的资助不仅使这些活动成为可能，还鼓励创业者在创业过程中大胆创新和改进。创业资助还有助于促进乡村经济的多元化。创业者通常会开发出满足特定市场需求的新产品或服务，这些创新项目有可能带来新的就业机会和经济活动。例如，一些创业项目可能涉及农产品的深加工、农村旅游或可持续能源项目，这些都能够为乡村带来新的经济增长点。

（三）通过职业培训增强人才能力

职业培训在推动乡村人才振兴的过程中扮演着至关重要的角色。职业培训通过为人才提供技能提升的机会，不仅增强了人才的职业竞争力，也为人才适应乡村发展的变化奠定了基础。职业培训的核心在于使人才掌握新的技能和更新知识，这对于提升人才专业能力和增强人才长期工作的信心和动力具有重要意义。

职业培训的一个关键方面是技能的更新和提升。随着乡村经济和科学技术的发展，新的工作技能和知识不断出现。职业培训项目为乡村人才提供了一个技能学习平台，乡村人才可通过该平台学习和了解现代农业技术、农村经济管理、可持续发展实践等内容。这种技能的提升不仅提高了人才在当前职位上的效能，也为其未来的职业发展打开了新的可能性。职业培训有助于知识的更新。随着经济、技术和社会的变化，原有的知识和信息可能变得过时。定期的职业培训确保了人才能够及时获取最新的行业知识和信息，使他们能够更好地应对乡村发展中的新挑战。这种知识的更新对保持人才的职业竞争力至关重要。职业培训还对增强人才的信心和动力产生了积极影响。通过培训，人才感受到自己的能力得到了提升和认可，从而增强了他们在乡村长期工作的信心。这种信心的增强，对于激发人才的积极性和创造力，提高他们的工作满意度至关重要。另外，职业培训还有助于促进人才的全面发展。除了专业技能的提升，许多职业培训项目还涉及领导力、团队合作、创新思维等软技能的培养。全面的技能培训有助于人才在复杂的工作环境中更好地适应和发展，为乡村振兴提供更全面的支持。

三、在创新驱动与示范引领方面的措施

在创新驱动与示范引领方面推进乡村人才振兴的措施如图 1-8 所示。

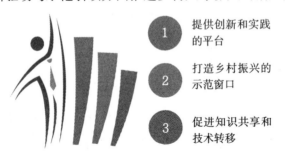

1 提供创新和实践的平台

2 打造乡村振兴的示范窗口

3 促进知识共享和技术转移

图 1-8　在创新驱动与示范引领方面推进乡村人才振兴的措施

（一）提供创新和实践的平台

提供创新和实践平台是推动乡村发展的关键举措之一。建立人才示

范基地和创新创业园区，可以为人才创造一个既能展示其创新能力，又能将其创新想法付诸实践的环境。创新和实践平台的建立对于激发和培养人才的创新精神以及将创新理念转化为具体实践具有重要意义。人才示范基地和创新创业园区通常配备先进的设施和资源。这包括高质量的实验室设备、研究工具，以及创新技术的支持系统。这些资源的提供为人才在科研、技术开发和项目实施方面提供了必要的条件，使他们能够在优越的环境中进行创新工作。在这样的平台中，人才可以自由地探索新的想法和技术。这种自由的探索环境对于激发人才的创新思维至关重要，因为它允许人才在没有限制的条件下思考和实验，从而有可能产生突破性的创新成果。这种自由探索的过程还有助于人才发现和解决实际问题，促进他们在解决问题方面的技能发展。这些创新和实践平台还能将创新理念转化为实际的创新成果。在这些平台中，人才不仅能够研究和开发新技术，还能够将这些技术应用于实际的项目，验证其可行性并优化其性能。这种从理论到实践的转换对于验证创新想法和推动技术进步至关重要。通过在这些平台上展示其创新成果，人才能够为乡村带来新的活力。

（二）打造乡村振兴的示范窗口

将人才示范基地和创新创业园区打造成示范窗口，对于推动乡村发展具有重要意义。这些基地和园区不仅作为创新的孵化器，为人才提供了实验和实践的场所，而且还充当了乡村振兴的示范窗口，展示了成功的创新案例和模式。这些基地和园区的示范作用体现在对成功创新案例的展示上。通过在这些平台上展示创新项目和实践的成功案例，他们为乡村提供了可借鉴的发展模式和经验。这些案例不仅展示了具体的技术和策略，而且还展示了创新对于乡村经济和社会发展的积极影响。示范窗口的作用还在于激发其他乡村进行模式复制和创新实践。通过观察和学习这些成功的案例，其他乡村可以得到启发，进而采取类似的措施来促进自身的发展。这种示范效应促进了知识和经验的传播，为其他乡村提供了实现振兴的可行路径。示范窗口还为乡村发展提供了转型的可能性。通过展示新的技术、方法和思路，这些基地和园区为乡村发展提供了新的视角和方向。这对于那些寻求经济转型或社会结构调整的乡村尤为重要，因为它们可以通过这些示范案例找到切合自身实际的发展路径。通过示范窗口，乡村政府能够加强乡村居民的信心和参与感。当乡村居民看到创新能够带来的积极变化时，他们更有可能积极参与乡村建设。

（三）促进知识共享和技术转移

乡村人才振兴过程中对创新驱动与示范引领的尝试，特别是在促进知识共享和技术转移方面，对于提升乡村的科技和创新水平发挥了显著作用。人才示范基地和创新创业园区作为这一过程的关键节点，为知识和技术的流动提供了有效的平台。这些基地和园区内的知识共享主要通过组织各类研讨会、培训课程和交流活动来实现。这些活动为来自不同背景的专业人士提供了交流思想和分享经验的机会。研讨会和讲座使得最新的研究成果、行业动态和创新思维能够迅速传播，而培训课程则为人才提供了系统学习新知识和技能的机会。这种知识共享机制不仅促进了参与者的个人成长，也为乡村的发展注入了新的灵感。技术转移在这些基地和园区中也得到了有效的促进。通过与高校、研究机构和企业的合作，先进的技术和研究成果能够被快速引入乡村，并在实际项目中得到应用。技术转移不仅包括将理论研究转化为实际应用，还涉及将这些技术和方法传授给乡村人才。这种转移过程加速了新技术的普及和应用，对于提升乡村的科技水平具有重要意义。知识共享和技术转移在促进乡村创新方面发挥着重要作用。通过共享的知识和转移的技术，乡村人才能够开发出新的产品和服务，这些创新对于乡村的经济发展和社会进步至关重要。这种创新不仅能够改善乡村居民的生活质量，还能够提升乡村的竞争力。与此同时，知识共享和技术转移有助于构建乡村的人才网络和创新生态系统。通过这些活动，来自不同领域的专业人士能够建立联系，相互合作，进而形成跨学科和跨领域的合作网络。这种网络不仅为个人提供了更多的发展机会，也为乡村的综合发展提供了支持。

四、乡村人才振兴要求构建多元化人才体系

在乡村人才振兴背景下，构建多元化人才体系的意义如图1-9所示。

图1-9　构建多元化人才体系的意义

（一）有助于促进乡村全面发展

多元化人才体系的构建对于促进乡村全面发展具有重要作用。多元化人才的参与在乡村振兴的各个方面均发挥着关键作用。在农业生产方面，传统的农业技术人才和利用现代技术和方法改进农业生产的专家通过利用原有技术、引入新技术、改进种植和养殖方法，以及实施可持续发展策略，能显著提高农业生产的效率和质量。教育领域的人才能为乡村带来先进的教育理念和方法。他们通过改进教学内容和方法、引入新的教育技术、提高教师素质，有助于提升乡村的教育水平，为乡村儿童和青年提供更好的学习机会。在医疗领域，多元化人才的参与有助于改善乡村的医疗卫生服务。医疗专业人才不仅能提供必要的医疗服务，还能引入新的医疗技术和管理模式，改善乡村的医疗条件和居民健康状况。环境保护领域的人才能为乡村带来可持续发展的理念和方法。他们通过实施环境保护项目、推广绿色技术和实践，有助于保护和改善乡村的自

然环境，促进乡村的生态平衡。另外，社会管理方面的人才也为乡村的发展做出了贡献。这些人才通过改善社区管理、推动社会参与、实施有效的社会政策，有助于提升乡村社区的凝聚力。

（二）有助于加强社区凝聚力

在多元化人才体系构建的过程中，一个重要的成果是增强了乡村社区的凝聚力。多元化人才体系包括乡土人才、外来人才和返乡人才，每一类人才都在乡村社区发挥着独特而重要的作用。多元化的人才结构不仅为乡村社区带来了新的活力，还增强了社区成员在面对挑战时的团结和协作能力。

乡土人才、外来人才和返乡人才的结合，为乡村社区带来了不同的视角和经验。乡土人才对本地的文化和传统有深入的了解，能够在保持乡村文化特色的同时，促进社区内部的和谐。外来人才则为乡村社区带来了新的知识、技能和视角，这对于推动乡村的创新和发展至关重要。返乡人才通常在外地获得了丰富的工作经验，他们能够将这些经验应用于乡村发展中，为乡村带来新的思路和机会。多元化的人才结构促进了不同背景人才之间的相互理解和尊重。每一类人才都有其独特的优势和局限，通过相互学习和合作，他们能够更好地理解彼此的差异和需求。这种理解和尊重使社区成员之间建立了信任和尊重，有助于形成更加和谐的社区环境。另外，多元化人才体系还增强了社区成员面对挑战时的团结和协作能力。不同背景的人才能够在面对共同挑战时，贡献自己的知识和技能，共同寻找解决方案。这种团结和协作不仅有助于有效解决问题，还增强了社区成员之间的联系和归属感。

（三）有助于拓宽人才发展空间

在构建多元化人才体系的探索中，拓宽人才的发展空间是一个关键方向。乡村振兴战略在此方面不再局限于特定类型的人才，而是为具有各种技能和背景的人才提供了更广泛的机会，让他们在乡村振兴的过程中展示才华、实现自身价值。这种开放和包容的环境有助于激发人才的积极性和创造力。当人才感觉到自己的技能和知识被赋予价值并得到认可时，他们更有可能积极参与乡村振兴的各项活动。这种参与不仅基于对物质利益的追求，更是对自身价值实现的追求。在这样的环境中，人才能够自由地发挥自己的想法和创意，这对于推动乡村的创新和发展至关重要。与此同时，多元化的人才体系为个人提供了更为广泛的职业发展路径。乡村振兴的各个领域，如农业技术改进、社会服务、教育和医疗等，都需要不同类型的人才。这为人才提供了在多个领域内发展自己的机会，使得他们能够根据自己的兴趣和专长选择最合适的职业路径。这种多样化的职业选择有助于人才实现更全面的自我发展。

第二章 新型职业农民培育理论基础

第一节 新型职业农民的概念、内涵与特征

一、新型职业农民的概念

（一）知识结构方面

在知识结构方面，新型职业农民的概念体现在以下几个方面。首先，新型职业农民的概念涵盖了对现代农业科技的深入理解。这包括了解并应用农业科学的最新发展成果，如生物技术、精准农业和可持续农业实践。新型职业农民通过掌握这些先进技术，能够有效提高农作物产量，同时减少环境影响，促进农业生态平衡。其次，这一概念包含对农业市场运作的全面认识。新型职业农民不仅要关注农作物的生长和收成，还需要理解农业市场的需求、农产品的价格波动、供应链管理等因素。这种市场意识使他们能够更好地规划生产，适时调整农作物种植结构，以应对市场的变化，从而提高农产品的市场竞争力。最后，这一概念强调了农业管理的重要性。新型职业农民须具备基本的管理技能，如财务管

理、人力资源管理和风险管理。这些管理技能不仅帮助他们更有效地管理其农业生产场所和进行农业生产活动，还能确保农业生产活动的可持续性和营利性。通过运用这些管理技能，新型职业农民可以优化资源配置，提高农业经营的效率和效益。

（二）技能背景方面

在技能背景方面，新型职业农民的概念反映了农业从业者技能的进阶和适应现代农业需求的必要性。这一概念围绕着几个核心方面进行详细阐述。技能的多元化体现在农业新技术的应用上。新型职业农民不仅需要了解传统的耕作方法，而且必须能熟练操作智能农业设备。这包括无人机的使用、智能灌溉系统的管理，以及土壤和农作物健康监测技术的运用。这些技术的掌握使得农业生产更加高效，同时减少了资源浪费。新型职业农民还需要具备农产品加工和市场营销的能力。这涉及从原材料处理到最终产品的转化过程，如农产品的清洗、包装和贮藏技术。市场营销技能包括产品定价、广告策划、品牌建设、线上线下销售渠道的开发等，这些能力使他们能够更有效地将农产品推向市场，提高产品的市场竞争力。客户关系管理也是新型职业农民技能体系的重要组成部分。在现代市场经济中，建立和维护良好的客户关系对于农业的成功至关重要。这包括了解消费者需求、提供优质的客户服务、建立长期的客户信任和忠诚度。通过有效的客户关系管理，新型职业农民能够更好地了解市场动态，提升品牌影响力。

（三）经济角色方面

在经济角色方面，新型职业农民的概念体现了他们在现代农业经济体系中的多重身份和功能。这一转变不仅促进了个体农民的经济增长，也为乡村经济的整体发展作出了贡献。新型职业农民在农业生产链中的多元化角色显著。除了作为传统意义上的农产品生产者，他们还积极参与农产品加工和销售环节。这一参与不仅限于原料的直接出售，还涉及产品加工、包装，甚至直接面向消费者的销售。这种参与使得他们能够在整个生产链中获得更大的经济价值，提升了农民的收入水平和生活质量。新型职业农民还是农业创新和企业经营的推动者。他们通过采用新技术、新方法，不断探索农业生产的新模式，如有机耕作、生态农业等，有机会成为小型企业的创始人或经营者，涉足农产品的深加工、农业旅游、乡村民宿等多个领域。这种创新和多元化经营有助于打破传统农业的局限，为乡村经济注入新的活力。新型职业农民通过将农业活动与商业、旅游等其他领域相结合，拓宽了他们的经济角色。例如，通过发展农业旅游，他们不仅可以销售农产品，还能提供旅游体验服务，如果园采摘、农场体验等。这种多角色的融合不仅为个体农民带来了更多的收入来源，也为乡村的经济发展开辟了新路径。

二、新型职业农民的内涵

（一）职业性

新型职业农民的概念是在现代农业背景下对农民职业内涵的重新定义和拓展。在职业分类上，农民是指长期居住在农村或集镇社区，以农业生产资料为资产，专门从事农、林、牧、渔业生产的劳动者。他们与工人、教师、公务员、商人等职业群体一样，是社会职业体系的一个组成部分。职业农民的标准包括使用农业生产资源、主要从事农业生产、农业收入占主导以及长期居住在农村或集镇社区。职业农民与传统农民的区别在于他们的经营理念、资金技术和抗风险能力。不同于传统农民以种地为生的方式，职业农民把农业当作一种职业，涉足市场竞争，利用土地等农业资源进行经营。他们不仅懂得经营，还享有较高的收入和社会地位。重要的是，城市居民如果符合这些特征，也可以被归类为职业农民。职业农民的一个重要特点是其职业选择基于契约关系，而非天然继承。他们可能是种植专家、养殖专家或农产品经纪人，具备一定的从业条件，不受户籍制度或生活区域的限制。从现代企业管理的视角看，传统农业类似于个体工商业，而现代农业则相当于现代公司制。在这个比喻中，传统农民类似于个体工商业者，而职业农民则类似于现代企业制度中的职业经理人。这种转变标志着农业生产方式的现代化和专业化，职业农民因此成为现代农业发展和新农村建设的中坚力量。职业农民与传统农民的对比如表1-1所示。

表1-1　职业农民与传统农民的对比

要素	职业农民	传统农民
身份属性	身份的变化不影响其职业	职业符合身份
职业属性	有较强的流动性，在符合一定条件的前提下，会根据自身意愿选择和更换职业	有较强的稳定性，以继承为主要获得方式
经营目标	通过社会劳动获取收益	维持家庭生活需要
劳动属性	产业化、专业化、精细化	小生产、小交易，具有小而全的特点

（二）现代性

新型职业农民的现代性内涵体现在他们与非农民、传统农民、兼业农民的显著差异上。这一群体不仅符合普通农民的基本条件，还具有独特的特点和能力，这使他们在现代化的农业环境中扮演着关键角色。传统农民主要为生存而耕种，新型职业农民积极融入市场，视农业为一门产业，并且致力通过各种方式最大化收益，因而通常享有更高的经济收入。这种以市场为导向的思维和经营模式是新型职业农民现代化特征的体现。新型职业农民在经营模式上既继承了传统农业经营的优势，又避免了小规模农户经营的局限。他们在保持家庭经营模式的灵活性的同时，引入了现代农业的科技和管理手段。这种融合传统与现代的经营模式是新型职业农民适应现代农业需求的关键体现，展现了他们在现代化农业环境中的适应性和创新性。

（三）不同类型的新型职业农民

新型职业农民的现代性内涵可从不同类型的职业角色中得到体现，这些类型涵盖了生产经营型、专业技能型、社会服务型以及新生代型。生产经营型职业农民主要以农业为生计，拥有必要的农业资源，掌握专业技能，并有能力进行资金投入。这一类农民，如种植养殖业者、家庭农场主和农民合作社核心成员等，主要依靠农业获取收入，展现了新型职业农民在农业生产和管理上的专业水平。专业技能型职业农民指在合作社、家庭农场、农业公司等从事农业相关工作的专业人员，如农业工人和雇员，以农业劳动为主要的收入来源。他们所具备的专业技能对农业的发展至关重要。社会服务型职业农民则在社会化机构中或以个体的形式提供各阶段的农业服务，并以此作为他们的主要收入来源。这类职业农民，如农机操作员、农业信息员、农产品经纪人、机械防护员和动物防疫员等，展示了新型职业农民在提供农业社会化服务方面的专业能力。新生代型职业农民是新型职业农民中的一个特殊群体，代表着这一群体的未来发展趋势。他们通常接受了农科教育和实际培训，具备农业生产经营管理的能力，这一类别包括农科院校的毕业生、返乡的年轻农民工和退役军人等。

三、新型职业农民的特征

新型职业农民的特征如图 2-1 所示。

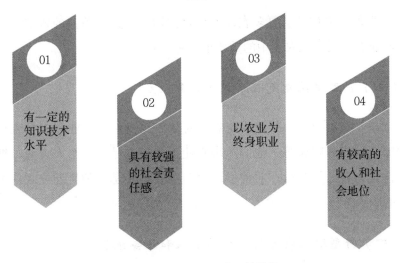

图 2-1　新型职业农民的特征

（一）新型职业农民有一定的知识技术水平

为满足现代化农业发展的需求，新型职业农民必须具有较高的文化知识和技术水平，他们的文化知识水平直接影响着其对新技术和新观念的接纳能力，这包括对环保、食品安全、无公害农产品以及标准化生产的认知。另外，掌握技术是新型职业农民的另一必要条件，他们需要具备农业科学技术知识，并经历技能培训，以提升吸收和应用新技术的能力。只有当农民能够有效利用农业科技成果，并将之转化为实际生产力，农业的专业化、规模化和科技化发展才能得以实现。

（二）新型职业农民具有较强的社会责任感

新型职业农民的职责已经超越了传统的满足家庭生活需要的范畴，开始向满足市场需求并承担社会责任转变。作为农村土地的主要经营者，他们的主要收入来源于农业，因此对土地的可持续利用给予了更多关注。新型职业农民的责任不仅局限于农产品的生产，还扩展到生态环境的保护。他们综合运用文化知识、技术能力和经营技巧，基于较强的社会责任感，致力引领和激励更多农民实现财富增长。这一角色的转变体现了新型职业农民在现代农业中的重要地位和影响力。

（三）新型职业农民以农业为终身职业

与兼业农民相比，新型职业农民对于农民身份、农业和农村表现出更深的认同感和归属感。他们从事农业工作完全是出于个人意愿，把农业工作视为自己的骄傲。对他们而言，务农不仅是一种生计方式，更是一生的职业选择。

（四）新型职业农民有较高的收入和社会地位

由于新型职业农民拥有较强的职业技能和专业化的管理经验，能为农业生产活动带来一定收益，因此，新型职业农民是一个具有较高收入水平、专业化和职业化程度较高，工作环境良好，社会认同度较高的群体。随着农业现代化和新农村建设的快速发展，新型职业农民的职业发展空间将变得更加广阔，其社会地位也将得到显著提升。未来，新型职业农民将获得与教师、公务员等其他职业相同的社会认同和尊重。这种转变标志着新型职业农民在社会经济结构中的地位和价值的提升。

第二节　新型职业农民培育的意义

一、扩大农村劳动力规模需要新型职业农民

（一）农村劳动力规模的扩大需要新型职业农民为其注入活力

扩大农村劳动力规模的关键在于培育新型职业农民。面对农村劳动力的老龄化现象，新型职业农民的培育成为振兴农业的重要手段。对年轻一代的系统培训和教育，以及为其提供现代农业技术和管理知识的学

习机会，可以有效地激发其在农业生产方面的潜能，增强农业生产的活力。新型职业农民的引入，不仅有助于吸引年轻劳动力回归农村，还能提高农业劳动力的整体素质和专业能力。这种高素质、高技能的农民群体，能够更好地适应现代农业的需求，提升农业生产的效率和质量，推动农业向更高效、更可持续的方向发展。此外，新型职业农民的培育还有助于促进农村经济的多元化发展。随着农业技术和管理方法的不断进步，新型职业农民可以通过创新种植模式、发展休闲农业、参与农产品加工和销售等多种方式，为农村经济增添新的增长点。

（二）壮大新型职业女性农民群体能有效扩大农村劳动力规模

壮大新型职业女性农民群体是扩大农村劳动力规模的重要策略。在当前的农业劳动力结构中，女性占据了较高的比例。培育新型职业女性农民，一方面意味着为女性提供专业化的农业技能培训，提升她们的农业生产能力，为她们创造更多的就业机会和职业发展途径，促进性别平等；另一方面有利于扩大农村劳动力规模和平衡农村劳动力的性别结构。通过专业化培训，新型职业女性农民能够掌握现代农业技术，提高农业生产效率和产品质量。这不仅有助于提升整体农业生产力，也能使女性在农业领域扮演更加关键的角色。另外，专业化培训还能增强新型职业女性农民的市场意识和创业能力，鼓励她们参与农产品加工、销售和农业服务等领域，从而推动乡村经济的多元化发展。

（三）培育新型职业农民有利于提高农村劳动力素质

培育新型职业农民对从整体层面提高农村劳动力素质具有重要意义。随着现代农业的快速发展，现代化设备和机械化农业生产工具逐渐活跃在田间地头，农民的身份也从传统的耕种者变成既掌握传统耕种知识，又掌握现代化生产设备操作技能的新型农民，再加之与农业相关的其他产业如绿色食品生产加工、物流、市场营销等方面发展的需求，农村越来越需要具有较高文化水平的劳动力。系统地培育新型职业农民，能从整体层面提高农村劳动力的文化和技术水平，使他们更好地适应现代农业的发展需求。新型职业农民的培育注重综合技能的提升，包括现代农业技术、农业经营管理、市场营销等多个方面。这种全面的培训使农民能够掌握先进的农业知识，提高农业生产效率，从而更好地应对市场变化和挑战。培育出的新型职业农民能够有效地运用现代科技提升农作物的产量和质量，还能通过创新的经营方式增加农业收入。基于此，新型职业农民的培育还有助于推动乡村经济的多元化发展。这些受过良好教育和培训的农民，能够在农业生产之外，探索更多的增收途径，如休闲农业、农产品深加工等，从而为乡村经济发展注入新的活力。

（四）培育新型职业农民有利于提高农村劳动力的专业化水平

培育新型职业农民对于提高农村劳动力的专业化水平具有显著意义。当前，许多农村劳动力由于经济和生活的需要，选择了兼业经营，这种选择在一定程度上分散了他们从事农业生产的时间和精力。新型职业农民可以通过向传统农民提供专业的农业知识和技能来鼓励其更加专注于农业生产，从而显著提高农业的专业化水平。这种专业化培育着重于提升传统农民在现代农业技术、农产品加工、农业市场营销等方面的能力。这些技能的提升不仅有助于传统农民更有效地管理农业生产，还能够增强其产品在农产品市场中的竞争力。通过培养具有专业技能的农民，农业生产不再仅限于传统方法，而是能够融入现代技术和市场运作，从而提高农业效率和收益。另外，经过新型职业农民培育的专业化的农民能够更好地应对农业生产中的各种挑战，如气候变化、土壤退化、病虫害管理等，进而提高农作物的产量和质量，保障农业的可持续发展。

（五）培育新型职业农民能满足农村季节性用人需求

培育新型职业农民对满足农村季节性用人需求具有重要意义。在传统农业生产中，农村劳动力的应用情况往往存在季节性波动，特别是在播种和收获的季节，劳动力需求急剧增加。这时，很多农户不得不依赖外来劳动力完成农业活动，这导致用人成本增加，还影响了农业生产的效率和质量。培育新型职业农民则有助于解决这一问题。他们不仅具备传统农业知识，还掌握了现代农业技术和管理技能。这样的劳动力可以更有效地应对农业生产的高峰期，减少对外来劳动力的依赖。另外，新型职业农民通常对农业产业有更深的理解，能够长期稳定地参与农业生产活动。新型职业农民的引入和培养还能够提高农业生产的连续性和稳定性。他们能够根据季节变化和市场需求，灵活调整种植结构和生产计划，从而更好地适应市场变化，提高农产品的市场竞争力。

二、发展现代农业需要新型职业农民

在现代农业发展过程中，新型职业农民的作用如图 2-2 所示。

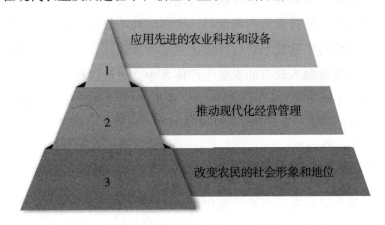

图 2-2 新型职业农民的作用

（一）应用先进的农业科技和设备

在现代农业的发展过程中，新型职业农民在应用先进的农业科技和设备方面发挥着至关重要的作用。他们的专业知识和技能使得现代技术得以在农业生产中得到高效利用，从而提升农业生产的整体效率和质量。新型职业农民通过运用先进的农业科技，如精准农业技术、生物技术和信息技术，能够在农业生产中实现更精确的管理和高效的资源利用。精准农业技术使农民能够根据农作物的具体需求进行精确的水肥管理，从而减少资源浪费，提高农作物产量和质量。生物技术的应用，如抗虫害和抗病毒的农作物品种，不仅减少了农药的使用，也提高了农产品的安全性。信息技术的使用，如卫星定位和远程传感技术，使农民能够更有效地监测和管理农田，及时响应各种农业生产环节的需求。

新型职业农民在运用高效率农业设施装备方面也显示出巨大潜力。现代化的农业机械如智能化的播种和收割设备、自动化的灌溉系统，能够大幅提升农业生产的效率，减轻劳动强度。这些设备的应用不仅提高了生产效率，还保证了农作物生长过程的均一性和稳定性，从而提高了农产品的整体质量。为了更好地应用这些先进技术和设备，新型职业农民需要接受持续的技能培训和学习。这些培训不仅包括基础的技术操作知识，还包括对于新技术背后科学原理的深入理解，以及如何将这些技术和设备有效地融入现有的农业生产体系中。通过这样的培训，新型职业农民能够不断提升自己的专业能力，更好地适应现代农业的发展需求，为现代农业的持续发展提供强有力的支持。

（二）推动现代化经营管理

培养新型职业农民在推动现代化经营管理方面具有重要意义，对提升农业整体竞争力和实现可持续发展起着关键作用。新型职业农民不仅是农业生产的实践者，更是现代农业经营管理理念的推动者和创新者。现代化经营管理的核心在于将先进的管理理念和方法应用于农业生产中，这包括精细化管理、市场导向的生产规划以及高效的资源配置等。新型职业农民通过掌握这些管理技巧，能够根据市场需求和资源条件，制订出更为科学合理的农业生产计划。例如，通过精细化管理，新型职业农民能够更准确地评估土地、水资源和气候条件，为农作物种植提供最佳方案，从而提高农作物产量和质量。新型职业农民在市场导向的生产规划方面也显示出极大的潜能。他们通过对市场趋势的分析和预测，可以灵活调整生产策略，以满足市场需求的变化。这不仅增强了农产品的市场竞争力，也为农民创造了更多的盈利机会。

新型职业农民在资源配置方面的高效性也不容忽视。他们通过运用现代化的工具和技术，如智能灌溉系统、精确施肥设备等，能够确保资源的最优利用，降低生产成本，减少对环境的影响，从而实现农业的可持续发展。新型职业农民还通过创新和创业活动，为农业带来多元化发展的机会。例如，他们可以探索和发展农村旅游、休闲农业、农产品深加工等新兴领域，这不仅为农民创造了新的收入来源，也促进了乡村经济的多样化发展，提升了乡村的整体经济活力。

（三）改变农民的社会形象和地位

培养新型职业农民对于改变农民的社会形象和地位具有深远的影响。在传统观念中，农民往往被视为生活水平较低、教育程度不高的群体。然而，随着新型职业农民的出现和发展，这一形象正在发生积极的转变。新型职业农民通过运用先进的农业科技和管理方法，展示了农业工作的专业性和技术性。他们在农业生产中的专业知识和技能，以及在运用现代化技术进行精细化管理方面的能力，展现了农民群体的新面貌。新型职业农民不仅仅是传统意义上的耕种者，更是现代农业的创新者和实践者。他们的存在和努力有助于提升社会对农业工作的认可和尊重，改变了人们对农民的传统印象，使农民职业成为一种值得尊敬和追求的职业选择。

新型职业农民在乡村经济发展和社会服务中的作用也是改变其社会地位的重要因素。他们不仅致力于提高农业生产的效率和质量，还积极探索乡村经济的多元化发展道路，如乡村旅游、休闲农业等。这些活动不仅为乡村经济的发展带来了新的动力，也为农民提供了更多样的收入来源。通过这些创新和创业活动，新型职业农民展示了自身的创造力和潜力，提升了农民的社会地位和形象。新型职业农民的出现和发展也鼓励了更多的年轻人和高学历人才回归农村，投身农业生产和农村建设。这些年轻人和高学历人才带来了新的思想、知识和技术，为农村带来了新的活力。他们的参与不仅丰富了农村文化，还促进了农村社会的发展，进一步提升了农民的社会地位和形象。

三、有利于进一步增强农业、农村的发展活力

在乡村人才振兴的进程中，农民扮演着不可或缺的角色，他们是推动农村社会进步的关键。实现农村的现代化，建设社会主义新农村，以及加速农业和农村的发展，都离不开新型职业农民的参与。新型职业农民的价值观和认知水平在很大程度上影响着人际和利益关系的调整，以及权利诉求的表达。农民之间的互动，包括个人和群体间的交流，依赖于他们的知识结构、教育水平和信息处理能力。而这些能力的形成，源于农民接受的教育培训的广度和深度。农村政治、经济和文化建设的进展与农民的科学文化素养、对科技的了解和掌握，以及对经济行为的认识紧密相连。农民的权利意识和正确行使权利的方式、手段，以及对社会责任和国家公民意识的认识，决定着村民自治和民主管理的有效实施。农民素质的提高不仅提升了他们对精神文化的追求，也增强了其对文化产品的需求。总之，培育新型职业农民，不仅有助于乡村物质文明、政治文明和精神文明的建设，还能有效激发农民为建设美好家园、创造美好生活的积极性，从而增强农业和农村的发展动力。

第三节　新型职业农民的培育理论

一、人的全面发展理论

马克思的人的全面发展理论为理解个人成长提供了深刻的视角，强调了人的能力发展与社会环境之间的紧密联系，鼓励人们超越狭隘的专业化限制，追求更加全面和多元的发展，在实践活动中实现自我价值。这一理论认为，人的发展超越了单纯的自然力增长，转而在实践活动中通过知识、经验和情感意志的积累而逐渐形成。这种发展是全面而多维的，包括物质和精神两方面的成长。[①] 在马克思的视角下，人的本质被视为社会关系的总和。[②] 这表明，个人的成长和发展不仅是个体的事务，而且深受社会结构和社会关系的影响。马克思对于传统社会分工的批判揭示了其局限性：过度的专业化和职业界定不仅限制了个人在特定职业和领域内的发展，还可能导致"职业的痴呆"。因此，这种观点挑战了现代社会分工的做法，激发了对于如何在社会中寻找平衡以实现个人全面发展的反思。马克思进一步阐述了人类的特性，即自由自觉的活动。[③] 人的发展是一个自我实现的过程，这个过程通过实践活动得以实现，其核心在于个体自身。与被动接受外界赋予的标签和角色不同，个人应通过积极的实践和生产活动来塑造自己的本质。这种理论强调了个人主体性和创造性的重要性，并鼓励人们在实践中不断探索和实现自我。这一理论为今天的社会发展、教育和个人成长提供了宝贵的启示。特别是在培育新型职业农民等方面，这一理论为他们的全面发展和自我实现提供了理论基础。

---

① 张丹峰. 论马克思关于人的全面发展理论的当代启示 [N]. 山西市场导报，2023-08-08（C01）.

② 杨柳. 马克思人的本质思想的演变过程及内涵概要 [N]. 科学导报，2023-11-10（B02）.

③ 徐俊忠. "人的类特性是自由的自觉的活动"：一个带有浓厚思辨色彩的命题 [J]. 贵州社会科学，1988（12）：26-29.

二、主体教育论

在教育系统中，人们围绕教师和学生这两个重要的教学主体，形成了"教师中心论"和"学生中心论"两种教育理念。到了 20 世纪 80 年代，这两种观点逐渐融合，关于教育主体性的争论延续了原有的讨论主题，还在学生主体性的培养上取得了突破，形成了强调学生在教学过程中的主观能动性的教育理论。

主体教育理论在新型职业农民培育中扮演着至关重要的角色。该理论将农民视为具有独立性、主观意识和丰富农业实践经验的个体。在教育过程中，农民不是被动的接受者，而是积极参与者，具备主动性、能动性和创造性。农民在教育目标的接受、教育内容与教学方式的选择以及自身发展等过程中，都表现出自主的分析、理解和判断能力。他们会根据自身的需求和理解选择性地接受教育内容，并通过教学交流对培育活动产生影响。[①] 这种主体性的表现对教育者而言是不可忽视的，它既是人类成长发展的基本规律，也是教育过程的重要组成部分。农民作为现代农业发展的主体，在这一过程中的主体性发挥对传统农业的转型与现代农业的发展具有直接影响。因此，如何在新型职业农民培育中彰显农民的价值、地位和作用，如何培养他们的主体性，成为决定教育理念、方向以及农业发展效果的关键性问题。主体教育理论是新型职业农民培育的关键学术思想，值得在研究和实践中深入探讨和应用。

三、马斯洛需求层次理论

马斯洛的需求层次理论是对人类价值体系的一种深入解读，它将人的需要分为低级和高级两类。在这一理论框架中，低级需要（如生理需求）随着其满足程度的提高，对个体的激励作用逐渐减弱，并不再成为

---

① 丁林志. 突出"农民"主体教育地位的探讨 [J]. 高等农业教育，2007（9）：89-91.

行为的主导动因。相反，高级需要（如自我实现）则随着生物进化而显现出更大的价值。需求层次理论指出，当人们的基本需求得到满足之后，更高层次的需求（如热情和创造性）便成为推动个体行为的主要原因。在马斯洛看来，自我实现是人的最高需求，这一需求体现为以最有效和最完整的方式发挥个人潜力，达到个人的最佳状态。在这一过程中，个体可能会经历"高峰体验"，这是一种极度兴奋和完美的状态，代表着人类存在的最高点。[①] 这种体验不仅是个人成就感的极致表达，也是个体创造力和潜能发挥的最佳证明。马斯洛还提到，个体的基本需要通常是无意识的，而这些无意识的动机在很多情况下比有意识的动机对个人而言更为重要。[②] 这表明，在个人的日常行为和决策过程中，那些深藏于意识之下的需求和动机发挥着重要作用。经验丰富的个体能够通过特定技巧，将这些无意识的需求转化为有意识的需求，从而更有效地促进自我实现的过程。马斯洛的需求层次理论在心理学、教育学以及人力资源管理等多个领域都有着广泛的应用和深远的影响，为理解人类行为和促进个人发展提供了宝贵的框架和工具。

第四节　乡村人才振兴对培育新型职业农民的新要求

一、对新型职业农民的新要求

在乡村人才振兴背景下，培育新型职业农民的新要求如图 2-3 所示。

---

① 马斯洛. 马斯洛论自我超越 [M]. 石磊，编译. 北京：中国商业出版社，2016：78-127.

② 马斯洛. 马斯洛论自我超越 [M]. 石磊，编译. 北京：中国商业出版社，2016：154.

图 2-3　培育新型职业农民的新要求

（一）具备良好的文明素养

　　乡村人才振兴对新型职业农民提出了新的要求，特别强调文明素养的重要性。在这一背景下，新型职业农民不仅需要具备较高的学历和知识水平，还应拥有良好的文明素养，这包括思想的活跃性、民主意识、协作精神以及竞争意识和抗风险能力。只有具备良好的文明素养，新型职业农民才能够与时俱进，适应社会和经济的快速转型。新型职业农民不仅是传统农业技术的传承者，更是新时代农业发展的推动者。他们能够理解和实践现代农业管理理念，运用现代科技提升农业效率，带动乡村经济的发展，引领乡村社会向更加文明、和谐的方向发展，还能引领乡村实现经济繁荣，在文化、社会治理等多方面实现现代化，促进乡村全面振兴。

（二）具备创新精神与变革能力

乡村人才振兴要求新型职业农民不仅要掌握传统农业技术，更要具备创新精神与变革能力。这意味着新型职业农民需要适应农业的现代化转变。这种转变不仅涉及农业生产本身，也包括经营、管理、服务和技术开发等各个方面。具备创新精神和变革能力的新型职业农民能够开发和应用新技术，改进传统的农业生产方式。他们能够创新农业经营和管理方法，提高农业生产的效率。这不仅有助于提升农产品的质量，也能促进农业经济的可持续发展。

（三）具备预见未来发展趋势的能力

在乡村人才振兴的背景下，新型职业农民需要具备预见未来发展趋势的能力。这意味着他们应能主动适应不断变化的经济和市场环境，通过提前学习和掌握未来发展所需的知识和技能，为乡村的未来发展做好准备。这样的能力使新型职业农民不仅能够应对当前的挑战，而且能够预测和规划未来的发展路径。能够预见未来的新型职业农民对于推动乡村经济和社会的全面发展至关重要。他们能够根据市场需求和技术进步，适时调整农业生产和经营策略，引导乡村社区向更高效、更可持续的方向发展。而这种前瞻性的思维也有助于新型职业农民在经济全球化和数字化时代中找到乡村发展的新机遇，为乡村振兴战略的成功实施作出贡献。

（四）具备复合应用能力

在乡村人才振兴过程中，新型职业农民需要具备复合应用能力，这是实现乡村全面发展的关键。复合应用能力意味着新型职业农民在掌握农业生产、经营、管理的专业技能和丰富实践经验的基础上，还要能够跨界思考，将第一、第二、第三产业融合发展的需求纳入考量，从而推进乡村经济的多元化发展，增强乡村的综合竞争力。这种能力使新型职业农民能够为乡村面临的问题提出创新的解决思路、破解方法和应对策略，更重要的是，他们能够将这些方案有效地应用于实际工作中。

（五）具备更强的引领、示范和带动能力

在乡村人才振兴过程中，新型职业农民被赋予了更重要的角色，其中包括具备更强的引领、示范和带动能力。这不仅意味着新型职业农民要在自身事业上取得进步和发展，更重要的是他们要能够在一定范围内发挥示范引领作用。这种能力让他们能够激励和鼓舞周边的传统农业从业者采取行动或进行必要的变革。具有强大引领和示范能力的新型职业农民对于传统农业从业者来说是重要的榜样和动力源泉。他们通过自己的实践和成就，展示了新技术、新方法和新理念在农业及乡村发展中的应用价值。这不仅有助于提高传统农业的生产效率和质量，还有助于推动乡村经济的全面发展。具备这种引领和示范能力的新型职业农民能为乡村振兴战略的成功实施贡献力量。

（六）具备良好的市场经济意识

在乡村人才振兴的背景下，新型职业农民需要具备良好的市场经济意识。新型职业农民应具有洞察市场需求的能力，能够理解市场运作的规律，并能基于市场变化灵活调整农业生产和经营策略，从而摆脱传统的小农经济意识。拥有良好市场经济意识的新型职业农民能够有效地将农业产品与市场需求对接，提高农产品的市场竞争力和农业生产的市场适应性。他们能够利用市场信息，制订科学的种植和养殖计划，优化资源配置，提高农业效益。新型职业农民可以基于自身良好的市场经济意识、现代营销理念和技术，如电子商务平台的引入，将传统农产品转化为市场热销商品，为乡村经济发展开辟新路径。

（七）具备较强的法治观念

在乡村人才振兴的背景下，新型职业农民具备较强的法治观念显得尤为重要。这意味着他们不仅要深入了解国家法律法规，还要在日常生产经营活动中严格遵守法律，尊重法律的权威。新型职业农民的法治观念是乡村社会健康发展的基石。知法、守法、敬法不仅是个人素质的体现，更是对乡村社会责任的彰显。他们通过合法的方式进行农业生产和经营，能够有效防止和减少法律纠纷，维护乡村社会的稳定和谐。具备较强法治观念的新型职业农民能够在乡村治理中发挥示范作用，引导乡村居民正确理解和运用法律，提升整个乡村社区的法治意识。这对于构建和谐乡村社会、推动乡村振兴战略的实施具有重要意义。通过法律教育和实践，新型职业农民能够帮助乡村社会建立起更加健全和完善的法治环境，为乡村的持续健康发展提供坚实的法治保障。

二、对新型职业农民队伍建设的新要求

在乡村人才振兴背景下，建设新型职业农民队伍的新要求如图2-4所示。

图2-4　建设新型职业农民队伍的新要求

（一）新型职业农民队伍建设要有明确的方向

乡村人才振兴对新型职业农民队伍建设提出的新要求，关键在于确立明确的发展方向。这涉及对高端人才的引领、分类开发的注重、示范先行的强化以及整体推进的坚持。明确的方向能够指导新型职业农民队伍的优化和升级，确保人才建设与乡村振兴的目标高度契合。在此背景下，对农村人才队伍的规模、结构和素质的优化成为重要任务，其目的是确保人才队伍能全面适应乡村振兴的各项需求。创新人才工作机制，完善选拔、培养、评价、激励及服务体系对于提升新型职业农民队伍的整体效能至关重要。加大新质人才培养力度，对于满足农业新模式、新业态的发展需求尤为关键。这不仅涉及技术和管理层面的专业人才，也包括对复合型人才的培养。加大土地流转力度，为实现多种形式的适度规模经营提供基础，也是推动人才队伍建设的重要方面。在政策支持方面，加强对乡村人才的扶持和优化乡村人才的成长环境，是确保乡村成为人才成长沃土的关键。这包括为乡村人才提供必要的资源支持、强化人才安居保障等。通过这些综合措施，新型职业农民队伍建设将更加符合乡村人才振兴的要求，将为乡村的全面振兴提供坚实的人才支撑。

（二）新型职业农民队伍建设要有清晰的思路

乡村人才振兴对新型职业农民队伍建设提出的新要求，核心在于形成清晰且具有前瞻性的思路。随着资源、市场、政策、资金等各类要素的迅速汇聚，区域经济展现出蓬勃的活力，为农村实用人才工作机制和培养模式带来新的机遇。这要求新型职业农民队伍建设不仅聚焦于当前农业和农村服务的需求，还需为城市建设和城乡统筹发展服务。在这一背景下，人才队伍建设须具备多维度的发展视角。这意味着人才队伍建设不要仅关注眼前的发展需求，更需着眼于长期可持续发展的战略规划。人才培养不应局限于第一产业，而是应涵盖第一、第二、第三产业，旨在培养能够适应多元化发展需求的复合型人才。此外，人才队伍建设不仅要重视专业技能的培养，更需重视综合素质的提升。这包括市场经济意识、法治观念、创新精神和领导能力等，这些综合素质对于新型职业农民在现代社会中有效发挥作用至关重要。

（三）新型职业农民队伍建设要有合理的目标

乡村人才振兴在人才队伍建设方面强调设定合理的目标，以应对农业发展的新趋势。当前，农业已进入转型升级的关键时期，这一时期的特征包括传统农业生产规模的收缩和现代农业的蓬勃发展。现代农业不仅包括生产加工，还涉及休闲观光、科技研发、产业孵化和资本运作。其中，产业化经营也逐步形成，其以农业龙头企业、农民专业合作社为核心，实现种养、加工、流通的一体化。在这样的背景下，现代生产要素如农业科技、自动化、信息技术变得日益重要。鉴于这些发展趋势，农村实用人才的培养目标必须与现代农业的需求相契合。这意味着培养规划、培养内容和培养方式需要不断调整和更新，以适应未来的发展趋势。

（四）新型职业农民队伍建设要以振兴乡村为基本任务

乡村人才振兴对新型职业农民队伍建设提出的新要求，关键在于将振兴乡村作为基本任务来引导人才培养的方向。城镇化和农业现代化的同步推进使得农村经济发展方式发生了显著变化，孕育出一批现代新型农村。这些新型农村的兴起揭示了农业和农村发展的新趋势：土地不再是农民增收的唯一途径，生产劳动也不再是农村生活的全部。在这一背景下，新型职业农民队伍建设的核心任务是培养能够适应并推动这一变化的人才。这不仅限于农业技术方面的人才，而且涵盖金融、管理、文化等多个领域的实用人才。这些人才将在整合农村自然资源、引进资金、人才、技术以及转变农业经营模式等方面发挥关键作用。

第五节 新型职业农民培育的发展趋势

一、趋于组织化的新型职业农民培育走向

（一）农业合作社的发展和增长

随着新型职业农民培育趋向组织化，农业合作社的发展和增长成为这一趋势的关键体现。农业合作社是基于土地流转和适度规模经营的组织形式，它标志着新型职业农民在组织化方面的重要进步。根据《中国合作经济发展研究报告（2023）》，截至 2022 年底，我国存续的农民专业合作社数量达 22436 万家，这一数据明确显示出农民组织化程度的显著提升。农业合作社不仅是新型职业农民之间信息交流的有效平台，还促进了业内合作和跨行业间的互补。通过这种合作，农业合作社加强了新型职业农民之间的联结，使他们能够在更广泛的范围内实现资源共享和互助，从而大大提高了农业生产的抗风险能力。另外，农业合作社还有助于农业要素的有效配置，这不仅提高了生产效率，还促进了农业产业的整体发展。在现代农业的背景下，农业合作社起着推动农业现代化的作用。通过集体经营，合作社能够更有效地利用现代化农业技术，提高生产力和产品质量。农业合作社还为成员提供了更多经营管理和技术培训的机会，从而提升了新型职业农民的整体专业素质和经营能力。农业合作社的发展还促进了农村经济的多元化。通过合作社，新型职业农民能够开展多种经营活动，如农产品深加工、农村旅游等，这不仅增加了农民的收入来源，还丰富了农村的经济结构。不断发展壮大的农业合作社将在推动农业现代化和农村经济发展中发挥更加重要的作用，为新型职业农民提供更广阔的发展空间和更多的就业机会。

（二）组织功能的多样化与转变

在新型职业农民培育的组织化趋势中，其组织功能的多样化和转变显得尤为重要。随着现代农业的不断进步和发展，新型职业农民组织已经超越了最初的信息交流功能，转向实现更广泛的合作目标。这些目标包括同业合作和跨行业互补，它们不仅加强了组织成员之间的联系，也为成员开辟了更多的发展机会。组织功能的这种转变为新型职业农民提供了在更高层次、更大平台和更广范围内合作的机会。这些合作关系有助于新型职业农民与整个产业链建立更紧密的联系，进而使他们能够更灵活地应对市场的变化和挑战。例如，通过跨行业合作，新型职业农民能够更好地整合资源，提高产品的市场竞争力，并实现资源的优化配置。需要说明的是，新型职业农民组织功能的多样化也体现在为成员提供技术支持、市场信息、财务管理和法律咨询等方面。这些服务不仅提升了新型职业农民的专业能力，也增强了他们应对市场波动和风险的能力。通过共享资源和信息，新型职业农民能够更有效地规划和管理他们的经营活动，从而提高整体的生产效率和盈利能力。组织功能的转变还促进了新型职业农民在社会责任和生态保护方面的积极参与。新型职业农民组织不仅关注经济利益，也致力推动可持续农业实践和生态环保活动。通过这些组织，新型职业农民可以更有效地推广环保农业技术，参与社区和环境保护项目，进而提升自身在社会中的形象和影响力。

（三）产业链紧密联结与合作拓展

组织化的新型职业农民正在以其紧密的产业链联结和合作拓展，开创更广阔的发展前景。通过组织化，新型职业农民与整个产业链建立了紧密的联系，这不仅为其提供了丰富的合作机会，还扩大了他们的发展空间。这种紧密联结使新型职业农民能够更灵活地适应市场的变化，并有效地应对新技术和新模式所带来的挑战。在农业生产、销售和服务等多个领域，组织化的新型职业农民实现了资源的有效整合和协同发展。例如，通过与科研机构的合作，他们能够引入先进的农业技术，提高生产效率和产品质量。在销售方面，新型职业农民可以通过组织化的平台进行集体营销，扩大市场覆盖范围，提高产品的市场竞争力。另外，他们还能提供农业技术服务、农产品加工和农业旅游等多样化服务，拓展经营范围和增加收入来源。组织化的新型职业农民通过加深与产业链的紧密联系，增强了其产品的市场竞争力，并开辟了更多的增收渠道。这种紧密联结还促进了农业产业的整体升级和发展，推动了农业向更加现代化、多元化的方向发展。新型职业农民能够通过组织化平台与各方力量进行合作，共同推进农业的创新和优化，实现共赢。组织化的新型职业农民在推动农业产业链的紧密联结和合作拓展中，发挥了促进农村经济多元化和社区发展的作用。他们通过与地方政府、企业和其他组织的合作，为农村地区带来了新的经济活力，改善了农村的经济结构，促进了地方经济的发展。

二、趋于规范化的新型职业农民培育走向

（一）制度化的新型职业农民培育体系

制度化的新型职业农民培育体系，在中国乡村振兴的大背景下显得尤为重要。2018 年中央一号文件的发布，标志着这一体系的全面推进，其核心在于强化人才支撑，旨在全方位建立关于培育新型职业农民的制度，以及与此配套完善的政策体系。这一举措不仅是对新型职业农民培育工程的延伸，更是对农村基本经营制度的重要补充与提升。制度化的新型职业农民培育体系涉及多个方面，包括深入研究新型职业农民的需求与特点、构建稳固的制度框架、创设与实施有效的政策措施，以及对整个体系的不断完善。这一体系的目标在于促进城乡人才要素的双向流动，实现人力资源的优化配置。此体系的制度设计具有明显的指导性。

它不仅为新型职业农民的注册与认定提供了清晰的框架，而且通过制度的设定，吸引和留住高素质劳动者成为可能。这种制度化的过程，超越了简单的门槛设定，更多地关注如何通过政策引导，激励农民提升自身素质，从而实现劳动力资源的优化配置和农业生产效率的提升。在实践层面，制度化的新型职业农民培育体系通过提供专业培训、技术支持、市场信息以及政策倾斜等多种方式，鼓励农民转变传统观念，拥抱现代农业。这样的转变不仅提升了农民的生产技能和管理能力，还有助于推动农业产业的现代化，促进农村经济的健康发展。

（二）新型职业农民的自由选择和保障

在探讨趋于规范化的新型职业农民培育走向中，新型职业农民的自由选择和保障是一个关键议题。随着农业的职业化发展，"农民"这一角色逐渐演变成为一种自由选择的职业。这种转变背后是制度作为农民选择的有效保障所发挥的核心作用。系统性的制度设计是国家对农业重视和支持的具体体现，它反映了重农、强农、惠农的政策导向。例如，2019 年将农业（职业）经理人正式纳入新增职业范畴，这一行动不仅加强了农民职业的地位，也为农民提供了更广泛的职业选择空间和更好的发展平台。该制度的实施意味着职业农民可以在一个更加公平和有利的环境中发展其职业生涯。通过提供适宜的教育、技术支持和政策激励，国家助力农民实现自身价值，促进其在农业领域的专业成长。这不仅使得农业成为一个具有吸引力的职业选择，也有助于提升整个行业的效率和生产力。进一步而言，这种制度保障还包含了对新型职业农民的权益保护，例如，保障其劳动报酬、工作环境和职业健康。通过这些措施，农民在选择职业时能够感受到更多的安全感和尊重，从而更加积极地投身农业生产和乡村建设。

（三）平等待遇和社会保障的探索

在趋于规范化的新型职业农民培育走向中，对平等待遇和社会保障的探索是一个关键议题。国家未来的目标在于赋予新型职业农民与城镇职工相同的社会保障待遇，这包括养老保险、医疗保险等关键领域。这样的探索不仅是对农民权益的保护，也是对农民劳动价值的认可。赋予新型职业农民平等的社会保障待遇，意味着在养老、医疗等基本生活保障方面，农民将与城镇职工享受同等的权益。这种政策的实施，将显著提升农民的生活质量和社会保障水平，减少城乡之间的福利差距，有助于缓解农村地区的社会不平等现象。为新型职业农民提供一定的补贴，体现了国家对农业工作的重视。建立补贴制度，为农民提供一定补贴，可以有效地支持农民在农业生产中的持续投入，也是对农民劳动价值的合理补偿。这不仅有助于提高农民的经济收入，还能激发他们对农业工作的热情和积极性。建立失业救助及保险制度，是对新型职业农民社会安全网的进一步强化。这些措施能够为农民提供更多的经济保障，使其在面临自然灾害、市场波动等不可预见事件时，减轻他们的经济压力。这也是对农民在农业生产中所承担风险的一种补偿和保护。通过这些措施，新型职业农民的社会地位将得到进一步的提升。确保他们在社会保障方面与其他职业群体享有平等的权利和待遇，是社会公平正义的体现，也是国家对农业和农村发展重要性认识的具体表现。这不仅有利于提升农民的生活水平，还有助于促进农业的可持续发展和乡村振兴战略的有效实施。

三、趋于市场化的新型职业农民培育走向

（一）市场在资源配置中的关键作用

在趋于市场化的新型职业农民培育中，市场机制在资源配置中的关

键作用不容忽视。市场化意味着在职业农民的培育过程中，必须充分利用市场的规则和机制，以实现资源的优化配置和效用的最大化。这种市场化的取向是实现"帕累托最优状态"的关键，即在这种资源配置方式下，无法通过改变资源配置使某一方受益而不使另一方受损。市场机制的引入，可以有效地指导资源流向最需要的领域。例如，市场需求可以决定哪些农业技术和技能培训更受欢迎，哪些农产品在市场上更有竞争力。这种市场驱动的培育方式，不仅提升了新型职业农民的适应性和灵活性，还能确保他们的技能和知识与市场需求紧密对接。市场化的新型职业农民培育还强调效率和效益的最大化。在资源有限的情况下，通过市场机制的运作可以确保资源被分配到最能产生价值的地方。市场在资源配置中的关键作用还体现在促进创新和竞争方面。市场的竞争机制激励农民不断学习新技术、采用新方法，提高农业生产的效率和质量。这种竞争促进了农业技术的不断创新，有助于农业的可持续发展。

（二）政府引导与市场机制的结合

在趋于市场化的新型职业农民培育走向中，政府引导与市场机制的结合成为实现资源有效配置和制订培育策略的关键。中国农业正在经历转型升级的关键时期，新型职业农民培育需求的快速变化要求培育策略具备高度的灵活性和适应性。政府引导在新型职业农民培育中发挥着不可或缺的作用。政府可以通过制定政策、提供资金支持和建立培训标准来引导培育方向和质量。然而，单纯依赖政府的力量可能难以完全解决实际问题或实现资源的最佳配置。为了充分利用资源，政府需要借助市场机制来集成和优化培训资源。政府引导和市场机制的结合既可以保证新型职业农民的培训资源得到有效整合，也可以充分利用市场在资源配置中的基础性作用。市场机制的加入，为新型职业农民培育带来更多的灵活性和创新性。市场可以根据需求和效率来调整资源分配，从而更加精准地满足新型职业农民的培育需求。市场竞争也促进了培训质量的提升和多样化培训方式的发展，使农民能够获得更加贴合实际需要的技能和知识。政府和市场的结合还意味着在保障新型职业农民权益和提升职业吸引力方面的共同努力。政府通过制定政策保障农民权益，而市场机制则通过提供竞争性的工作机会和合理的经济激励，提升新型职业农民的社会地位和经济收入。

（三）持续发展的内在动力

市场化手段在新型职业农民培育中引入的可持续发展内在动力，是推动农业现代化和新型职业农民成长的关键因素。市场不仅为新型职业农民提供了丰富多样的培训资源，而且还促进了培育策略的创新与多样化。这样的市场化环境使新型职业农民能够接受更加符合市场需求的培训，从而提高他们的专业技能和市场适应能力。市场化的培育策略在新型职业农民培育中应用的关键在于其能够根据市场需求的变化及时调整培训内容和方法。随着市场需求的变化，新型职业农民必须不断提升自己的技能和知识，以适应新的市场环境。市场化的环境促使培训内容保持更新，确保新型职业农民能够掌握最新的农业技术和管理知识，从而在激烈的市场竞争中保持竞争力。另外，市场化培育策略还能激发创新和个性化的培训方法。在市场驱动下，培训机构和教育者被激励去探索更高效、更具吸引力的培训方式，从而更好地满足新型职业农民的个性化需求。这种创新和个性化的培训方法不仅提高了新型职业农民的学习效率，还增强了他们对新知识的吸收和应用能力。

第三章 乡村人才振兴背景下的新型职业农民培育供需分析

第一节 教育供给与需求基础理论

一、教育有效供给

教育供给表示各级各类教育机构在一定时期内向学生提供受教育的机会，以培养高素质劳动者和专门人才，进而促进经济、社会和个体的发展。这一概念与教育需求相对应，教育需求指社会和个体对教育机会的支付能力需求。教育供给的重要性在于，它提供了实现国家经济运行的前提条件，即高素质劳动者和专门人才的培养。人才作为一种生产要素，是国家发展的重要驱动力。教育供给的状况直接影响着人才的数量、质量和结构，这种影响不仅体现在劳动市场上，也体现在国家和地区的经济发展水平上。教育供给的充足与否、适合与否，以及供给质量的高低，是判断一个国家或地区经济活动状况和发展潜力的重要标准。因此，教育供给不仅是一个教育领域的概念，它还是评价和分析国家经济和社会发展状况的一个关键因素。在更广泛的意义上，教育供给不仅限于传统的学校教育，还扩展到成人教育和在职培训等领域，为社会成员包括农民提供多样化的学习机会。

教育有效供给是一种较为理想的教育供给状况，关注市场优胜劣汰的西方经济学家普遍认可"供给"的有效性，但不同专家学者对"有效供给"的理解各不相同。在西方经济学中，有效供给被定义为与消费需求和支付能力相匹配的供给，即实现供需平衡。① 这种平衡主要体现在产品的品种、质量以及成本和价格之间的关系上。在经济学的范畴内，有效供给着重考虑产品的使用价值、价格、质量以及消费者的支付能力。虽然马克思的著作中没有对"有效供给"这一概念进行明确解释，但围绕其形成条件进行了总结，即人们购买某种商品是因为生产者为该商品附加了社会需要的使用价值，而生产商品所消耗的劳动力则不能超过社会必要劳动的限制。②

由于中西方有不同的经济文化背景，我国学者就本国经济状况，从多个角度对有效供给进行了讨论。刘诗白认为，有效供给是指由各个微观主体生产和提供的能最大限度地适应各类购买者需求的总供给和供给结构，它包括产品总量、类别结构、各类产品的数量。③ 史宏协认为，教育有效供给包括总量均衡及供求结构均衡两个方面，具体表现为教育产品在供给总量上与总需求达到均衡，或者是各类别产品的供给与各类别的市场需求相均衡。④ 华桂宏认为，有效供给的实质是经济发展中生产可能性边界的持续扩张以及与收益递增趋势并存的供给机制，它是一个动态的、广义的、多层次的范畴。⑤ 吴锦程认为，有效供给实际上是

① 陈伟.西方经济学[M].北京：北京理工大学出版社，2021：23-55.

② 马克思，恩格斯.马克思恩格斯全集：第二十三卷[M].中共中央马克思恩格斯列宁斯大林著作编译局，译.北京：人民出版社，1972：103.

③ 刘诗白.我国转轨期经济过剩运行研究[M].成都：西南财经大学出版社，2000：197.

④ 史宏协.论我国农村教育的有效供给[J].经济体制改革，2005（1）：80-83.

⑤ 华桂宏.有效供给与经济发展[M].南京：南京师范大学出版社，2000：76-82.

与消费需求和消费能力相适应的供给，即产品的供需平衡，产品的需求和供给情况对其在市场中的价格与产量具有决定性影响，在他看来，教育有效供给的核心是在经济社会发展的背景下，最大限度地满足、适应并引导各种教育需求。这种供给不仅要适应社会发展的水平，还应追求高效率。在分析教育供给不足的现象时，可以将其归纳为3种主要情形。一是教育资源不能满足有效需求，表现为教育机会的供给少于学生的学习需求，或者教育机构培养的人才无法满足社会的实际需求。二是教育供给在质量与效率方面有待提高。三是供给过剩问题。供给过剩又可细分为绝对过剩和相对过剩。绝对过剩指供给的教育机会超过了有效需求，而相对过剩则表现为教育供给与社会需求不匹配，导致结构性剩余。①

综合多位学者对教育有效供给的界定可以看出，虽然学界尚未对教育有效供给的定义达成共识，但可以明确的是，教育有效供给并非绝对的概念。它更多地关注资源的有效配置，而不是完全满足和适应所有教育需求。因此，教育供给的主体应更多地关注制订或选择最优方案的过程，而不是单纯追求满足所有需求。在实际操作中，这意味着教育机构需要不断调整教育资源配置，以适应社会发展的变化，并致力提高教育质量和效率，以期达到教育资源利用的最佳状态。

二、公共产品供给理论

公共产品供给理论在当代西方财政学中占据核心位置，它深入分析了公共资源配置中各种供给主体的效用，并特别强调政府供给所产生的社会效益，为世界各国在公共资源配置方面提供了重要指导。这一理论的提出基于萨缪尔森（Samuelson）于1954年在《公共支出的纯理论》一书中提出的公共产品定义，即任何群体对公共产品的消费都不会影响其他人对该产品的消费。公共产品的主要特征可以归纳为效用的不可分割性、消费的非竞争性、受益的非排他性几个方面。这些特征明确区分了

---

① 吴锦程．农民教育供给制度研究[D]．福州：福建农林大学，2011.

公共产品与私人产品的本质区别。其中，非排他性指一旦公共产品被提供，所有人都有权利进行消费或使用，无法排除其被某人或某类人使用。这意味着公共产品一旦存在，便对所有人开放，无法实行专有或排他性的消费。受益的非竞争性体现为公共产品的消费者数量增加不会导致生产成本的上升，换句话说，即使有更多的消费者，每增加一个消费者所引起的社会边际成本也接近于零。这与私人产品不同，私人产品在消费者增多时，往往会出现资源竞争，导致成本增加。

在《公共财政》中，布坎南（Buchanan）扩展了萨缪尔森关于公共产品的定义，指出实际社会中的产品多数是介于纯公共产品和私人产品之间的"混合产品"或"准公共产品"。这一观点揭示了人们在分析具体的供给行为时存在的匹配难题，因为大量产品并非完全符合纯公共产品的假设条件。公共产品的供给问题被学术界视为公共产品理论的核心。公共产品容易引发"搭便车"问题，即个体不为公共产品的提供付出代价，但却享受其带来的好处。以萨缪尔森为代表的福利经济学派认为，由于公共产品的非排他性和非竞争性特征，政府在供给公共产品方面比市场更具有效率。① 教育是一个重要的准公共产品示例。它具有明显的外部性，带来显著的社会效益。作为一种稀缺资源，教育产品在被消耗时又具有一定的排他性。因此，教育产品本质上是具有正外部性的准公共产品，并不属于纯公共产品范畴。为优化教育资源的配置，可以适当引入市场机制。这意味着通过市场调节教育供给和需求，补充办学经费，以促进教育系统的完善。市场机制的引入不仅可以提高教育资源的有效性，还可以提高教育质量，确保资源得到更合理的分配。这种机制的运用，将有助于教育领域更好地实现其社会和经济目标，从而在满足社会需求的同时，提高整个教育系统的效率和效益。

在农民教育的供给体系中，政府、市场和私人部门成为主要的供给

---

① 苏晓艳，范兆斌. 农民收入增长与农村公共产品供给机制创新 [J]. 管理现代化，2004（4）：47-50.

主体，而政府供给在其中起着核心作用。特别是在新型职业农民教育领域，政府的角色更加凸显。这类教育展现出非竞争性的特征，旨在为新型职业农民提供技能提升的机会，从而带来经济效益和社会效益的双重提升。新型职业农民教育不仅有助于个人技能的提升，还能在更广泛的层面产生影响。例如，提高新型职业农民的创新能力将间接促进农业技术的革新，进而提升农业现代化水平和整体工作效率。这种效应体现了新型职业农民教育的显著外部性，即其所产生的社会效益远远超出了个体受益的范围。鉴于这些特点，新型职业农民教育可以被归类为具有正外部性的准公共产品。这一定性为进一步分析新型职业农民教育有效供给奠定了基础。作为一种农村准公共产品，新型职业农民教育的供给分析需要依据公共产品供给理论进行。在提出提升教育供给效率的策略或政策建议时，专家及相关组织机构还需重视供给主体——政府的主导作用。

三、供需均衡理论

供需均衡分析作为经济学的一个核心概念，体现了供给与需求之间的关系。在公共物品的供给领域，这一分析显得尤为重要。公共物品由于其特殊性，如非排他性和非竞争性，往往导致市场机制无法有效地提供适量的公共物品。这通常会导致供给量低于"帕累托最优状态"，即无法实现资源配置的最优效率。学术界为了解决这一问题，提出了几种公共物品均衡模型，包括庇古均衡、林达尔均衡、萨缪尔森均衡和马斯格雷夫均衡。这些模型旨在寻找有效的公共物品供给方法，以实现资源的最优配置。

萨缪尔森一般均衡模型在经济学领域扮演着重要角色，该模型的分析基于两种核心的假设。第一种假设认为，在社会范围内，所有产品均可被明确分为公共产品和纯粹的私人产品，这一分类便于人们理解不同产品类型间的供需动态及其对经济系统的影响。第二种假设强调信息的完全对称性，即社会上所有与产品相关的供给和需求信息都是公开且透明的，在这种环境下，每个消费者能够真实且准确地表达自己对于产品的支付意愿和需求偏好。这种信息对称性是市场进行有效运作的前提条件。基于这些假设，萨缪尔森一般均衡模型推导出公共产品最优供给的一般均衡条件。具体而言，当公共物品与每一种私人物品的边际转换率等于所有家庭对这两种物品的边际替代率总和时，便实现了公共物品的最优供给。这种均衡状态在理论上意味着资源分配达到了最高效率，确保了社会福利的最大化。庇古均衡模型的分析立足基数效用理论。该模型假定每个人在消费公共产品时都能从中获得一定程度的正效用，而每个人的纳税义务都会对公共产品的生产产生影响，引发税收的负效用。庇古均衡模型的核心在于寻找有效供给公共产品的最优条件，即当公共产品消费带来的边际效用等同于税收的边际负效用时，便达到了公共产品的有效供给。

在探讨公共产品供给均衡模型时，庇古和萨缪尔森的理论均强调了在公共产品均衡供给中个人需求偏好所扮演的重要角色。这些理论对理解并优化新型职业农民教育有效供给提供了宝贵的视角，并指明供需关系在这个领域中的重要作用。有效供给不只是需求和供给简单的互相作用，它是一个复杂的过程，其中需求的引导、满足和超越都是关键因素。在农业领域，新型职业农民教育作为一种以传统农民为教育对象的准公共产品，其有效供给必须紧密围绕传统农民的实际需求。教育内容和方式的设计需要基于传统农民的具体需求，供给主体也应在满足这些需求的基础上进行宏观层面的引导。这种做法不仅迎合了当前的需求，还能在更大程度上影响和塑造未来的需求，实现供需之间的有效平衡。若要将供需均衡理论应用于新型职业农民教育领域，供给主体必须同时关注供给和需求两个关键维度。这要求研究者在实践中寻找供给和需求不匹配的根源，探究影响两者均衡的各种因素。基于供需均衡理论的分析方法，结合实际数据和基础理论，为农民教育的供给提供全面的视角。在后续的研究中，对新型职业农民教育的供给进行数量、结构和质量的比较分析将是重点。通过这种方法，研究不仅能揭示当前的供给状态，还能为未来的策略制订提供科学依据，确保农民教育既符合现实需求又能引导未来发展，从而实现社会经济的可持续发展。

第二节　新型职业农民培育供给与需求的基本特征

一、多元性和动态性

（一）多元化的教育内容与方法

在乡村人才振兴背景下，新型职业农民培育的核心在于提供多元化的教育内容与方法，以适应不断变化的农业环境和多样的学习需求。这种多元化不仅体现在教育内容的广泛性上，也体现在教学方法的多样性上。教育内容的多元化体现在培育内容的广泛性上，主要指教育内容涵盖了从传统农业技能到现代农业科技的广泛知识，如农作物栽培、病虫害防治、水土保持技术等传统领域，以及生物工程、信息技术在农业中的应用等现代领域。考虑到农业的商业性和可持续性，农业管理和市场营销的知识也成为培育内容重要的组成部分。这些内容的多样性能够帮助农民全面提升农业生产的技术和管理水平，以适应市场和技术的变化。在教学方法方面，多样化的教学模式对于提高教育效果至关重要。线上与线下教学的结合能够为农民提供更灵活的学习方式，满足不同地区的农民的学习需求。例如，线上课程可以通过视频、网络研讨等形式，让其他地区的农民也能够获得高质量的教育资源。线下教学则能为农民提供实地操作的机会，如实地参观、现场示范等，使农民能够直观地学习和实践新的技术。将理论与实践操作相结合，能够使农民更加深入地理解和掌握农业知识。理论学习为农民提供了基础知识，而实践操作则使农民将这些知识进行巩固和应用。例如，通过模拟农场的操作，农民可以在实际环境中应用所学知识，以提高技能的实用性。专家讲座与互动研讨也是多样化教学方法的重要组成部分。专家讲座可以提供最新的农业知识和信息，而互动研讨则促进了知识的交流和思想的碰撞，有助于提升农民的创新能力和问题解决能力。此外，农业政策解读和市场趋势分析等教育内容，对于农民适应多变的农业环境也至关重要。了解政策变化可以帮助农民更好地规划生产活动，而市场趋势分析则能够指导农民作出更为精准的市场决策。

（二）需求的动态变化与适应

在乡村人才振兴背景下，新型职业农民培育在现代农业发展中扮演着关键角色。在这一过程中，供给与需求特征的多元性和动态性成为研究的重点。在此背景下，分析需求的动态变化及其对培育策略的影响显得尤为重要。随着农业的发展和技术的进步，农民对知识和技能的需求呈现出明显增长趋势。例如，随着生物技术、信息技术在农业中的应用，农民需要掌握新的农业技术，了解市场动态，并对农业政策有一定的认识。这种需求的变化不仅是量的增加，更体现为质的提升。对此，新型职业农民培育的供给需要具备高度的灵活性和适应性。培育机构须具备前瞻性和敏锐度，能够及时捕捉农业技术市场的最新动态，并快速将这些信息融入培训课程中。例如，引入智能农业管理的培训课程，让农民学习如何利用信息技术提升农作物产量和质量。有效的信息反馈机制在新型职业农民培育供给的动态调整中起到不可或缺的作用。通过建立反馈渠道，如定期的农民调查、在线反馈系统等，培育机构能够实时掌握农民的新需求和面临的问题。这种信息的及时获取，使得培育策略能够快速调整，更好地满足农民的实际需求。考虑到农民群体的多样性，培育供给还应当注重个性化和差异化。不同地区、不同类型的农民对知识技能的需求存在差异，因此，培育内容和方法应当因地制宜，具有针对性。例如，水稻种植区的农民可能更需要接受水稻种植技术的培训，而果蔬种植区的农民则更需要了解果蔬种植和市场营销的相关知识。

二、专业化与系统化特征

（一）培育内容的专业化

在乡村人才振兴背景下，新型职业农民培育在当代农业发展中发挥着至关重要的作用，其供给与需求的特点之一便是培育内容的专业化。培育内容的专业化不仅提高了农民的技能水平，也使他们能够更好地适应现代农业的发展和市场的变化。专业化培育内容的重要性在于，它可以将最新的农业技术、市场营销策略、农业企业管理等领域的知识纳入农民的学习体系中。例如，智能化农业工具的应用（如无人机、智能灌溉系统），不仅提高了农业生产的效率，还降低了劳动强度。这些技术的引入，需要农民具备相应的操作技能和理解能力，而这正是专业化培育的重要内容之一。可持续农业实践的知识和技能也是专业化培育的重要组成部分。随着人们环境保护意识的提升和资源消耗量的增加，可持续农业的实践变得越来越重要。例如，农民对有机农业、生态农业、循环农业等模式的学习和实践，不仅能够提高农业的环境友好度，还能提升农产品的市场竞争力。农产品市场营销策略的专业化培育也是一个关键点。在市场经济条件下，农民不仅要懂得如何生产，还要了解如何销售。这包括市场调研、品牌建设、电子商务利用等多方面的知识。通过专业化的市场营销培训，农民可以更有效地将自己的产品推向市场，提高收入。农业企业管理的专业知识和技能也是新型职业农民培育中不可或缺的部分。随着家庭农场和农业企业的发展，农民不仅是生产者，也逐渐成为管理者。因此，农业企业的财务管理、人力资源管理、生产经营管理等方面的知识，对于提升农民的管理能力和经营效率至关重要。

（二）教育与培训体系的系统化

在乡村人才振兴背景下，新型职业农民培育展现了教育与培训体系的系统化特征。系统化的教育与培训体系不仅覆盖了基础知识与高级技能培训的全部内容，还包含了多种教学模式的组合和对培育效果的持续跟踪与评估，确保农民能够适应未来农业的发展。

系统化教育与培训体系体现在其内容的全面性上。从基础的农业知识，如土壤学、植物学、农业气象学，到高级技能培训，如高效耕作技术、病虫害综合管理、农产品加工与营销，这一体系涵盖了现代农业所需的各个方面。这种全面性不仅帮助农民打下扎实的基础，也为他们提供了进一步专业化和高效化的路径。教育与培训体系的系统化还体现在多样化的教学模式上。其中，传统的课堂教学可以让培训者利用面对面授课的方式向农民传授理论知识；在线学习，为农民提供灵活的学习时间和空间，尤其对于偏远地区的农民来说，这是一个重要的学习途径；实地实习则让农民能够将所学理论知识应用于实践，通过亲身体验提升技能。这种多样化的教学模式能够满足不同农民的学习需求，提高教育的有效性。系统化教育与培训体系的另一重要方面是对培育效果的跟踪与评估。通过定期评估培训效果，培训者可以及时了解农民的学习进展和存在的问题，从而对教育内容和方法进行调整和优化。持续支持，如提供继续教育机会、技术更新信息等，也是系统化教育的一部分。这种持续的支持确保了农民能够不断更新其知识和技能，适应农业的快速发展和市场的变化。

（三）对农民个性化需求的满足

在乡村人才振兴背景下，新型职业农民培育对农民个性化需求的满足也是其核心特征之一。个性化培育策略的核心在于根据每位农民的背景、经验和兴趣，制订适合他们的学习计划。这种策略不仅提高了教育的有效性，也增强了农民的学习动力和参与度。个性化培育需要考虑农民的背景差异。不同的农民可能来自不同的地域、拥有不同的教育水平和文化背景，这些因素都会影响他们的学习需求和方式。例如，城郊区的农民可能更加关注都市农业的发展，而偏远地区的农民可能更关心传统农业技术的改进。因此，培育内容应根据农民所处的具体环境和实际需求进行调整。农民的经验也是个性化培育中的一个重要考虑因素。有些农民可能已经拥有多年的农业经验，他们需要的可能是对现有知识的深化和更新，而初入农业领域的农民则可能需要从基础知识学起。因此，根据农民的实际经验水平提供不同层次的培训内容，对于提高培训的针对性和有效性至关重要。

对农民兴趣和偏好的关注也是个性化培育的一个重要方面。兴趣是最好的老师，当培训内容能够引起农民的兴趣时，他们的学习效率和积极性会大大提高。例如，对于有机农业特别感兴趣的农民，可以为其提供更多关于有机农业技术和市场的专题培训。除此之外，个性化培育还意味着灵活多变的教学方式。这可能包括面对面的教学、在线学习、小组讨论等多种形式，以适应不同农民的学习习惯和时间安排。提供多种学习途径，可以确保所有农民都能找到适合自己的学习方式。

（四）与社会经济发展的紧密结合

在乡村人才振兴背景下，新型职业农民培育与当前社会经济发展趋势的紧密结合体现了其时代性和前瞻性。这种结合不仅拓宽了传统农业技能的范围，还包括经济管理、市场分析、环境保护等与农业紧密相关的领域。这样的培育模式有助于农民更好地理解和融入现代农业市场，提升其市场竞争力和可持续发展能力。在社会经济发展的大背景下，农业不再仅仅涉及生产活动，它还与市场经济、环境保护等多个领域密切相关。因此，新型职业农民的培育内容需要包含这些领域的知识和技能。例如，经济管理知识可以帮助农民更好地理解市场规律，制订有效的生产和销售策略；市场分析能力的提升则使农民能够根据市场需求调整生产结构，提高产品的市场竞争力；环境保护知识的融入则有助于农民采取更加可持续的生产方式，保护生态环境。随着科技的进步和信息化水平的提高，农业生产方式和市场营销渠道也在发生变化。智能农业技术的发展、电子商务在农业领域的应用，不仅提高了农业生产的效率和质量，也为农产品的销售提供了新的渠道。社会经济发展的快速变化还带来了对农民继续教育和终身学习能力的需求。在这个过程中，培育机构需要提供持续的学习资源和更新服务，确保农民能够及时获取最新的知识和技术，不断提升自己的能力。农业与社会经济发展的紧密联系还意味着农民需要具备一定的社会责任感和全球视野。例如，理解和实践可持续发展目标、响应气候变化等问题，是现代农民不可或缺的能力。

三、互动性与参与度

（一）供需之间的互动性

在乡村人才振兴背景下，新型职业农民培育的供给与需求之间的互动性在培育体系中发挥了重要作用。这种互动性确保了培育内容和方法能够实时响应农民的需求和期望，从而提高教育和培训的效果。在这个体系中，供给方（如农业培训机构或政府部门）不仅承担着提供教育和培训服务的职责，更重要的是其要在整个过程中积极倾听来自农民的反馈。反馈机制至关重要，它可以包括对培训内容的评价、对教学方法的建议，以及对未来课程需求的指示。例如，农民可能对某些培训课程的实用性、针对性或者教学方式提出反馈，这些反馈信息对于供给方调整和优化培训方案至关重要。基于农民的反馈，供给方能够调整培训内容，使其更加符合农民的实际需求。如果农民对某种新型农业技术表现出浓厚兴趣，培训机构可以相应地增加该技术课程的深度和广度，甚至可以邀请专家进行深入讲解或实地演示。这种灵活调整不仅提升了培训内容的相关性，也增强了其实用性。供需之间的互动性还体现在教学方法的优化上。农民对于教学方式的反馈，如对于线上学习平台的使用体验、小组讨论的有效性等，都是供给方优化教学方法的重要依据。通过这些反馈，供给方可以更好地设计和实施教学活动，使其更加贴近农民的学习习惯和需求。供需之间的互动还促进了培训效果的持续评估与改进。通过定期收集和分析农民对培训效果的反馈，供给方可以及时调整培育策略，确保培训项目始终处于不断完善和更新的状态。

（二）农民的参与度

在乡村人才振兴背景下，农民的参与度在新型职业农民培育中占据着极为重要的地位。它不仅影响个体农民技能和知识的吸收效率，还对整个农村地区的农业发展和农民社群的知识共享产生深远影响。高参与度的农民通常能够更有效地吸收所学的知识和技能。这种吸收不仅在于理论知识的掌握，更在于将这些知识应用于日常的农业实践中。当农民积极参与学习过程时，他们更容易理解和掌握新技术，将这些技术转化为提高生产效率和产品质量的实际行动。参与度的提高并不仅限于参加农业培训这一行为本身，真正有效的参与包括在学习过程中的积极互动，如主动提问、参与课堂讨论、参加实践活动等。这种互动不仅促进了农民对知识的深入理解，也增强了农民对学习的兴趣，提高了他们对新技术和新方法的接受度。

高参与度的培育过程为农民提供了一个交流和分享经验的平台。通过互相交流，农民可以分享各自的成功经验和面临的挑战，从而学习更多实用的知识和技能。这种知识和经验的共享不仅有助于个人技能的提升，也促进了农民社群之间的互助和合作，提高了整个农业社区的能力和创新性。农民参与度的提高还有助于培育体系的改进。农民在培训过程中的反馈、建议和评价是培育机构调整培训内容和方法的重要依据。

这种来自一线的实际反馈能够使培训更加贴近农民的实际需求，更有效地解决他们在农业生产和经营中遇到的实际问题。

四、创新性与可持续性特征

（一）教育内容的创新

在乡村人才振兴背景下，新型职业农民培育在供给方面应注重教育内容的创新，这是适应当前农业发展趋势和提升农民综合能力的关键。教育内容的创新不仅涉及传统农业技能的更新，更包括最新农业科技、可持续农业实践及智能化农业工具的应用等多个方面。教育内容创新的一个重要方面是引入新的农业科技知识。随着科技的进步，现代农业更多地依赖高新技术。教授农民如何利用卫星定位和遥感技术进行农作物监测，可以帮助农民更加精确地进行农作物种植和管理。教育内容创新的另一个重要方面是可持续农业实践的教育。面对全球气候变化和环境退化的挑战，可持续农业实践成为现代农业发展的重要趋势。教授农民农业有机耕作、生物多样性保护、水资源管理等知识，可以促进农民对生态友好型农业方法的理解和应用。智能化农业工具的应用教育也是教育内容创新的一部分。随着物联网、人工智能等技术在农业领域的应用，如何有效使用智能化农业工具成为农民必须掌握的技能。教育内容可以包括智能灌溉系统、无人机喷洒技术、自动化农业机械操作等，掌握这些技术有助于提高农业生产效率和农作物质量。除此之外，农产品的深加工和市场营销也是教育内容创新的重要方面。随着市场经济的发展，如何将农产品转化为具有更高附加值的产品，如何将产品有效地推向市场，成为农民需要学习的关键技能。这包括农产品加工技术、品牌建设、电子商务等方面的知识，旨在提升农民的市场竞争力。

（二）教学方法的创新

在乡村人才振兴背景下，新型职业农民培育中的教学方法创新是提高教育效果和满足农民多样化需求的关键。创新的教学方法能够使教育资源更加丰富，教学方式更加多元化和灵活，从而提高教育的可接受性和有效性。混合式教学是线上和线下相结合的教学模式，是教学方法创新的一个重要方面。这种教学模式允许农民根据自己的时间和地点的便利性选择学习方式。线上学习具有一定的灵活性，使得农民可以通过互联网访问课程，从而打破时间和空间的局限。线下教学则为农民提供了面对面交流和实地操作的机会，使得农民可以直接与培训者互动，增加学习的实践性。案例研究是另一种重要的教学方法创新。通过分析具体的农业案例，农民可以更好地理解理论知识在实际农业生产中的应用过程。案例研究不仅增强了教学的针对性和实用性，而且提高了农民解决实际问题的能力。互动式学习方法，如小组讨论、研讨会、实地考察等，也是教学方法创新的重要组成部分。这些方法能够促进农民之间的交流与合作，提高他们对新知识的理解和应用能力。通过小组讨论，农民可以分享自己的经验和观点，增进彼此间的相互理解；实地考察则使得农民能够直观地观察和学习先进的农业技术和管理方法。利用信息技术和远程教育手段也是教学方法创新的一部分。例如，建立在线学习平台、应用虚拟现实（VR）和增强现实（AR）技术等，可以使教育内容更加生动和直观，增加教育的趣味性和互动性，激发农民的学习兴趣。

（三）长期可持续性的考虑

在乡村人才振兴背景下，新型职业农民培育对其长期可持续性的考虑显得尤为重要。这种考虑方式超越了对技能短期提升的关注，更加侧重于农民的综合素质培养和长远发展。提供继续教育机会是实现长期可持续性的关键。农业技术和市场环境不断变化，农民需要不断学习新知识、新技能以适应这些变化。继续教育可以通过线上课程、研讨会、工作坊等多种形式实现，这些活动不仅为农民提供了最新的农业知识和技术，还鼓励农民持续学习和自我提升。更新技术培训内容也是实现长期可持续性的重要途径。随着科技的发展，新的农业技术不断涌现，如精准农业、生物技术等。更新培训内容不仅可以提升农民的生产效率和产品质量，还能帮助他们降低对环境的影响。增强农民的环境保护意识对于实现农业可持续发展同样至关重要。随着全球对环境问题的日益关注，可持续的农业实践变得更加重要。有机耕作、生物多样性保护等可持续的农业实践，不仅有助于保护生态环境，也符合全球农业的发展趋势。提升农民的市场适应能力也是实现长期可持续性的重要内容。农民需要了解市场需求的变化，学会如何将自己的产品更好地推向市场。这包括了解市场营销的基本原则、使用电子商务平台、建立品牌意识等。这些技能的提升不仅可以帮助农民提高收入，还可以提升他们对市场变化的适应能力。

第三节　新型职业农民培育供给与需求的理论框架

一、新型职业农民培育基于需求侧的合理分析

（一）市场需求与农民技能匹配分析

在乡村人才振兴与新型职业农民培育的双重背景下，市场需求与农民技能匹配的分析显得尤为关键。这一分析涉及对农产品市场的当前需求、未来发展趋势的深入了解，以及探讨如何使农民的技能和知识与这些市场需求相匹配。市场需求的分析涉及对农产品市场的当前状况的全面评估。这包括对消费者偏好的变化、市场上流行的农产品类型，以及农产品价格趋势的深入了解。分析应涉及农业技术的发展趋势，以及这

些技术如何改变农业生产的方式和效率。对未来趋势的预测是市场需求分析的另一个重要方面。通过对经济发展趋势、人口增长、消费者行为等因素的分析，培训主体可以预测未来市场对特定农产品的需求，从而指导农民培训的方向。例如，随着健康意识的提高，未来农产品市场对有机和生态农产品的需求可能会增加。依据市场需求趋势的导向探讨如何使农民的技能和知识与市场需求相匹配也很重要。这意味着培训内容的设计应与市场需求紧密相关。例如，如果市场对有机农产品的需求增加，那么在农民培训课程中应增加有机农业技术、生态种植方法等相关内容。

技能匹配分析应包括对农民现有技能的评估和提升。了解农民在当前市场环境下的技能盲点，可以帮助培训主体设计更加具有针对性的培训计划。例如，对于缺乏数字技术应用能力的农民，培训主体可以为其提供数字技术培训，如使用智能手机管理农场、利用在线市场推广农产品等。值得注意的是，市场需求与农民技能匹配的分析应考虑培训的持续性和适应性。随着市场需求的不断变化，培训计划也应相应调整，确保农民的技能始终与市场需求保持一致。这不仅提高了农民适应市场变化的能力，也有助于提升农业生产的整体效率和效益。

（二）农民培训需求的深入评估

在乡村人才振兴背景下，在新型职业农民培育的过程中，对农民的培训需求进行深入评估是至关重要的。深入评估农民的培训需求是一个多维度、复杂的过程，涉及对农民现有技能、知识水平的评估，以及农民对新技术和新方法的需求的评估。这一评估还需考虑农民的个人特征和地区特性，以确保培训计划的有效性和针对性，最终促进农民技能的提升和农业生产的发展。深入评估农民培训需求的一个关键环节是对农民现有技能的全面分析。这包括对基本农业操作技能、农作物管理、畜牧养殖技术以及其他传统农业实践的了解。对这些技能的评估不仅涉及技术层面，还应考虑农民在实际操作中的经验和效率。对农民知识水平的评估则涵盖了农民对农业科学、市场趋势、农业政策等方面的理解。随着农业市场和政策的不断变化，对农民进行此类知识的评估，可以帮助他们认识其在理解新市场环境和政策变化方面可能存在的差距。农民对新技术和新方法的需求评估则是培训需求评估的另一重要方面。随着农业技术的快速发展，新的农业机械、生物技术、信息技术等不断涌现。评估农民对这些新技术的接受度和应用能力，对于培训机构设计相应的培训计划至关重要。评估过程还应考虑到农民的个人特征，如年龄、教育背景、学习习惯等因素。这些因素可能会影响农民对特定培训内容的接受度和学习效率。例如，年轻农民可能更容易接受新技术和信息技术的培训，而年长农民可能更倾向于传统农业技术的深化学习。除此之外，深入评估农民培训需求还应考虑地区特性，如气候条件、土壤类型等。这些因素直接影响农业生产的实际情况，对应的培训需求也会有所不同。例如，干旱地区的农民可能更需要灌溉技术和水资源管理的培训。

（三）政策环境对农民培育的影响

在乡村人才振兴与新型职业农民培育的双重背景下，政策环境对新型职业农民培育的影响不可忽视。政策环境，包括政府支持、财政补贴、法律框架等，对新型职业农民培育需求具有显著的影响。政府支持是推动新型职业农民培育的关键因素之一。政府可以通过制定相关政策、提供指导和资源来促进农民培育。例如，政府可以设立专门的农民培训中心，提供技术支持和教育资源，从而帮助农民提升技能和知识。政府还可以通过举办研讨会、讲座和实地培训等活动，为农民提供学习和交流的机会。财政补贴在新型职业农民培育中同样扮演着重要角色。通过提供财政补贴，政府可以降低农民参与培训的成本，激励更多农民参与培训计划。这些补贴可以用于减免培训费用、购买学习材料或支持农民参加远程教育课程。法律框架为新型职业农民培育提供了必要的规范和保障。例如，相关法律可以规定农民培训的基本标准和质量要求，确保培训机构提供高质量的教育服务。法律还可以保护农民的学习权利，确保他们能够在公平和合理的环境中接受培训。政策环境还直接影响农民对培训内容的需求。政府的政策方向往往决定了培训的重点领域。例如，如果政府推广可持续农业，那么农民培训的重点可能会放在生态农业技术和可持续发展实践上。政府还可以通过出台政策鼓励农民学习特定技能，如现代化农业管理或农产品市场营销等。政策环境对促进培训方法的创新也具有重要作用。政府可以通过提供资金支持和技术指导，鼓励培训机构采用更加先进和高效的教学方法，如在线教育、模拟训练等。

（四）培训计划的适应性与创新

在乡村人才振兴与新型职业农民培育的双重背景下，培训计划的适应性与创新对于满足农民多样化和不断变化的需求至关重要。适应性在于培训计划能够灵活响应市场变化和农民需求的转变。随着农业技术的发展和市场环境的变化，农民对新技术、新方法的学习需求不断增长。培训计划需要定期进行市场和技术趋势的分析，及时调整培训内容，包括引入新的农业技术、生产方法和市场营销策略。例如，随着数字技术在农业中的深入应用，培训课程中应加入智能农业设备的使用和数据管理的技能培训。创新在于培训计划应采用新的教学方法和手段，以增强培训的吸引力和提高学习效率。创新的教学方法可以包括互动式学习、案例研究、角色扮演等，这些方法能够激发农民的学习兴趣，增加他们对课程内容的理解。利用现代教育技术，如在线学习平台、虚拟现实和增强现实技术，可以为农民提供更加生动和直观的学习体验。个性化是培训计划适应性和创新的另一个重要方面。由于农民的背景、经验和需求存在差异，个性化的培训方案能够更好地满足他们的具体需求。这可能涉及根据不同地区的特定农业条件和市场需求设计不同的课程内容，或者为不同经验水平的农民提供不同难度的课程。

二、基于供给侧结构性改革新型职业农民培育理论模型

（一）培训资源配置

为了推进乡村人才振兴，在供给侧结构性改革的背景下，新型职业农民培育的成功在很大程度上依赖培训资源的有效配置。供给侧结构性改革背景下的培训资源配置应当全面、合理且具有前瞻性，这包括教育材料、讲师和设施等多个方面，每一方面都对培训质量和效果有着直接的影响。教育材料的配置是培训资源配置中的关键环节。在供给侧结构性改革的背景下，教育材料不仅需要涵盖传统的农业知识和技能，还应包括最新的农业技术、市场趋势、政策法规等内容。这要求教育材料的更新速度要快，内容要与时俱进，还要确保材料的实用性和可理解性。由于数字化时代的到来，电子教材和在线学习资源的配置也变得越来越重要。此外，讲师的配置也是至关重要的。讲师不仅要有扎实的理论知识，还要有丰富的实践经验。因此，在讲师的选拔和培训上，培训机构应重视他们的实际操作能力和对现代教育技术的应用能力。优秀的讲师应能够有效地将理论知识与实际应用结合起来，激发农民的学习兴趣和参与热情。设施的配置也是培训资源配置中的一个重要方面。培训设施不仅要满足基本的教学需求，还要适应新技术和教学方法的应用。例如，现代化的教室、实验室、演示农场和远程教育设施等都是必不可少的。这些设施应该能够支持各种教学活动，如理论讲授、实践操作、在线学习等。除此之外，对于培训资源的配置还需考虑区域差异和农民的特定需求。不同地区的农业条件、市场需求和文化背景不同，培训资源的配置应当因地制宜，满足不同地区农民的特定需求。例如，水稻种植区的农民可能需要更多关于水稻种植技术的培训资源，而干旱地区的农民则可能需要更多关于水资源管理和节水技术的资源。

（二）培训内容的创新与更新

为了推进乡村人才振兴，在供给侧结构性改革的背景下，新型职业农民培育的培训内容的创新与更新成为关键因素，以适应不断变化的农业环境和市场需求。培训内容的更新不仅仅是对已有知识的重复或简单的更新，而是需要引入新的技术、理念和教学方法，以提高农民的技能，增强他们的市场适应性和竞争力。更新的培训内容应包括最新的农业技术。随着科技的快速发展，新型的农业技术如精准农业、生物技术、智能化农业设备的使用等不断涌现。这些技术能够显著提高农业生产的效率和产品的质量。因此，将这些最新技术纳入培训内容对于提升农民的技术水平和满足市场需求至关重要。需要说明的是，可持续农业实践的知识也是重要的培训内容。面对全球气候变化和环境退化的挑战，培训计划需要强调环境保护和可持续发展的重要性。指导农民如何进行节水灌溉、有机耕作、生物多样性保护等可持续的农业实践，不仅有助于保护生态环境，也符合现代消费者的偏好。农业市场和商业技能的培训同样不可忽视。随着市场经济的深入发展，农民不仅需要掌握农业生产技能，还需要了解市场营销、品牌建设、电子商务等商业技能。这类培训可以帮助农民更好地将产品推向市场，提高经济效益。创新的教学方法也是培训内容更新的一部分。传统的教学方法可能无法满足现代农民的学习需求。因此，采用案例研究、互动式学习、在线课程等现代教育技术，可以提高教学效果，激发农民的学习兴趣。例如，利用虚拟现实技术进行农业机械操作的模拟训练，可以为农民提供更真实的学习体验。

（三）培训机制改革

为了推进乡村人才振兴，在供给侧结构性改革的背景下，政策驱动的培训机制改革是新型职业农民培育的一个重要方面。这种改革涉及多个层面，包括政策支持、激励措施和法律框架的建立和完善，旨在提升培训效率和质量，保证培训内容与市场需求和技术进步保持一致。政策支持在培训机制改革中扮演着关键角色。政府可以通过制定有利于农民培训的政策，为其提供必要的资源和资金支持。这包括对培训机构的资金补贴、提供教育资源和建设培训设施。政策支持还可以体现在简化行政程序、提高培训机构运营效率上，从而降低培训成本，增加培训供给。激励措施是推动培训机制改革的另一个重要方面。政府可以通过财政补助、税收优惠等方式激励农民参与培训。对于完成特定培训课程的农民，政府可以通过为其颁发证书、提供就业指导等方式提升他们的参与积极性。激励措施不仅提高了农民参与培训的积极性，也有助于提高培训的实际效果。法律框架的建立和完善也是推动培训机制改革的重要组成部分。制定有关农民培训的法律法规，可以为培训机制提供法律依据和规范。这些法律法规应涵盖培训质量标准、培训机构的认证和监管、农民的学习权利等方面，确保培训机制的正当性和有效性。政策驱动的培训机制改革还要注重培训内容和方法的现代化。培训内容应与最新的农业技术和市场需求保持一致。

（四）培训成效的评估与反馈机制

为了推进乡村人才振兴，在供给侧结构性改革的背景下，建立新型职业农民培训成效的评估与反馈机制是确保培训计划有效性和适应性的关键。有效的评估和反馈机制能够为培训计划的持续优化提供必要的信息和指导。培训成效的评估首先需要制定明确的评估标准和指标。这些标准和指标应涵盖培训的各个方面，包括知识和技能的掌握程度、培训内容的适用性、参与者的满意度以及培训后的行为改变等。评估可以采用量化方法，如考试、测试和问卷调查，也可以采用定性方法，如访谈和案例研究。反馈机制是培训成效评估的重要组成部分。反馈可以来源于多个方面，包括培训参与者、培训机构、农业专家和市场分析师等。这些反馈应该被系统地收集和分析，以识别培训过程中的优势和不足，为未来的培训计划提供改进的方向。持续优化是培训成效评估的最终目标。基于评估结果和反馈信息，培训计划应不断调整和改进。这可能包括调整培训内容以覆盖新出现的技术和方法、改变教学方式以提高学习效果，或者增加实践环节以提升培训的应用性。适应性也是培训成效评估的关键考量点。培训计划需要灵活适应市场需求和技术变化。这要求评估机制不仅关注当前的培训效果，还要预测未来的技能需求和市场趋势，确保培训内容与时俱进。

三、基于理论模型选择适当的新型职业农民培育内容与方式

（一）根据新型职业农民培育需求选择培训内容

在乡村人才振兴背景下，在新型职业农民培育的过程中，选择适当的培训内容是至关重要的。培训内容的选择要求基于对农民培育需求的深入理解和分析，确保培训内容既符合当前市场的实际需求，又能够预见未来农业发展的趋势。分析新型职业农民的培育需求涉及对现代农业市场趋势的理解。这包括对新兴农业技术的需求、可持续农业实践的重要性，以及对农业市场和营销策略的了解。例如，随着人们环保意识的增强，可持续农业如有机耕作、生物多样性保护等培训内容变得越来越重要。培训内容的选择还需考虑农民的现有技能和知识水平。对于技能水平较低或缺乏某方面知识的农民群体，培训内容应侧重为农民提供基础性的知识和技能，如土壤管理、农作物栽培技术和农业机械操作等。对于已具备一定基础的农民，则可以重点为其提供进阶课程，如农业供应链管理、农产品加工技术等。培训内容还应包括新兴技术和创新方法的学习。随着科技的发展，农业领域出现了许多创新技术，如精准农业、智能灌溉系统、无人机在农业中的应用等。这些技术的培训不仅能提升农民的技术水平，也能帮助他们适应现代农业的发展趋势。另外，对于

特定地区和农作物类型的培训需求也需要得到重视。不同地区由于气候、土壤和水资源条件的差异，对农业技术的需求也不尽相同。因此，培训内容应当因地制宜，培训机构应针对不同地区的特定条件和主要农作物类型设置相应的课程。考虑到农业市场的不断变化，培训内容的更新和调整也是必要的。这要求培训机构持续关注市场变化和技术发展趋势，定期更新培训课程，确保培训内容能够与时俱进。

（二）结合新型职业农民培育意愿选择培训组织形式

在乡村人才振兴背景下，在新型职业农民培育中，选择适当的培训组织形式是实现有效教育的关键。这一选择不仅要基于农民的培育意愿和需求，还要考虑到教育资源的可用性和最新的教育理念。结合新型职业农民的培育意愿，培训组织形式的选择应考虑到农民的具体生活和工作环境。对于大多数农民来说，他们需要在保持农业生产的同时参加培训，因此，灵活的培训时间和模式变得尤为重要。例如，培训机构可以利用周末或晚上，以及在农忙季节之外安排密集的培训课程，以适应农民的农事安排。远程教育和在线学习平台的使用也是一个有效的培训组织形式。培训机构利用互联网技术提供的在线学习资源，可以帮助那些居住在偏远地区或无法亲自参加培训课程的农民获得相同的学习机会。在线平台还可以为农民提供丰富的学习材料，如视频教程。集中式培训和分散式培训的结合也是一个有效的培训组织形式。集中式培训，如在培训中心集体上课，适合向农民传授基础知识和理论；而分散式培训，如社区小组讨论和现场研讨会，有助于农民讨论具体问题和分享经验。培训的组织形式还应被允许进行定期的评估和调整。通过对培训效果的持续评估，培训机构可以根据农民的反馈和学习成效调整培训计划。这种灵活的调整机制确保培训内容和形式能够持续适应农民的需求和市场的变化。

（三）围绕新型职业农民培育特点灵活选择培训方式

在乡村人才振兴背景下，新型职业农民培育根据农民自身及其生产方式的特点灵活选择培训方式是必要的。培训方式的选择不仅影响培训效果，还关系到培训的可接受度和实际应用性。新型职业农民的特点包括对新技术的需求、多样化的学习背景，以及对灵活和多元化学习方式的偏好。选择合适的培训方式应重视实践操作和实地演示的重要性。农业技能的学习很大程度上依赖实际操作。因此，培训方式应包括在农田、实验室或模拟环境中的实践操作，让农民直观地进行新技术的学习。例如，可以实地演示最新的农业机械的操作过程，或者在实验室内展示先进的种植技术。考虑到新型职业农民学习背景的多样化，培训方式应包括不同难度级别的课程。对于初学者，培训机构应为其提供基础课程，基础课程应涵盖农业基础知识和技能；对于有一定基础的农民，机构可以为其提供进阶课程，深入探讨高级技术和管理技巧。线上学习平台和远程教育工具的使用也是新型职业农民培训中不可或缺的一部分。线上平台能为农民提供丰富的课程和灵活的学习时间，使农民能够根据自己的时间安排自由选择学习内容，这对于那些无法脱离日常工作参加线下课程的农民来说尤为重要。互动式学习和小组讨论的引入同样重要。培训机构通过组织小组讨论、研讨会，不仅能够促进农民对知识的深入理解，还能增强学习的互动性和参与感。这种方式尤其适合探讨农业政策、市场趋势和管理策略等抽象主题。培训方式的选择还应考虑对持续学习和技能更新的支持。随着农业技术和市场的不断发展，持续学习成为新型职业农民的新追求。因此，培训机构应鼓励和支持农民在完成初步培训后继续更新和提升其技能和知识。

第四节　乡村人才振兴背景下新型职业农民培育需求体系设计

一、需求体系设计模型的结构

（一）需求产生

在乡村人才振兴的背景下，新型职业农民培育需求体系设计模型结构中的"需求产生"环节涵盖导致培训需求产生的多种因素，主要涉及环境变化和人员变化两个方面。环境变化导致的培训需求主要来自农业增长方式的转变、现代消费观念的演进以及农产品结构的调整和优化。随着农业向更加科技化、市场化的方向发展，乡村对金融和技术人才的需求显著增加。这些人才不仅需要具备基础的农业知识，还需掌握现代农业技术，如精准农业、生物技术等。随着现代消费者对农产品的需求越来越倾向于高质量、多样化，这要求农民不仅要了解市场动态，还需具备较强的经营管理和营销能力，能够有效地将农产品推向市场。与此同时，农产品结构的调整使农业对专业农业人才的需求有所增长，这里的专业农业人才指的是掌握特定农作物种植、农产品加工等领域的专业知识和技能的人才。人员变化导致的需求则更多关注农民个人的职业发展和生活质量提升。随着农业行业的发展，农民迫切需要提高自己的技能和知识，以增加收入和提高生活水平。政策支持对农民职业发展同样重要，如政府的补贴政策、教育培训支持等。此外，获得他人尊重、取得相关证书的需求也促使农民参与培训，这不仅有助于提高他们的职业地位，也是个人成就感的体现。

（二）组织支持

在乡村人才振兴背景下，新型职业农民培育需求体系设计模型中的组织支持发挥着重要作用。培训的顺利进行依赖政府、培训机构以及农民自身的支持。每一个环节都是培训成功的关键因素，共同促进了新型职业农民培训计划的有效实施。政府的支持对新型职业农民培育尤为关键。作为培训工作的发起者和组织管理者，政府不仅负责提供必要的资金支持，还担负着制定相关政策、法律框架以及监督培训质量的重要职责。政府的支持还体现在为培训提供资源和宣传，确保培训信息的广泛传播和农民对培训机会的了解。政府还需要确保培训计划与国家的农业发展战略和乡村振兴目标保持一致，从而保证培训的方向和效果。培训机构作为连接政府和农民的桥梁，其支持同样不可或缺。培训机构需确保培训方式、时间和地点的设计满足农民的需求和实际情况。培训机构的专业态度和能力直接影响培训的质量和效果，对农民培训的健康、有序发展起着决定性作用。农民作为培训的直接受益者，他们的支持对培训计划的成功实施同样重要。农民的参与动机、积极性和主动性在很大程度上决定了培训的参与率和效果。他们对培训内容的反馈和建议对于课程的持续优化至关重要。此外，农民对培训成果的应用和传播在一定程度上也反映了培训计划的有效性。

（三）需求分析

在乡村人才振兴背景下，将新型职业农民培育需求体系设计模型中的需求分析作为模型的核心，对确定培训内容和目标起着决定性作用。需求分析主要通过调研的方式进行，涵盖组织分析和农民培训意愿分析两个关键方面。组织分析关注对培训实施环境的宏观分析。这一分析涉及对组织资源、组织气氛和外部环境的全面考察。组织资源的分析重点在于评估可用于培训的资金、设施和人员资源，确定资源的充足性和适用性。组织气氛的考察则关注培训机构内部的学习文化和员工对培训的态度，这直接影响培训的效果。外部环境分析则涉及政策支持、市场需求和技术发展等因素，这些因素为培训内容的设定和培训方向提供了重要参考。农民培训意愿分析则是组织分析的延伸和深化。农民培训意愿分析通过对农民的意愿需求进行调查，以更准确地确定培训的具体内容和方式。这包括了解农民对于不同培训内容的偏好，他们希望通过培训达成的目标，以及他们对培训方式和模式的期望。另外，农民对于培训机构的师资结构、培训能力和水平也有特定的要求，这些要求对于提升培训质量和满足农民需求至关重要。组织分析与农民培训意愿分析这两大模块相互衔接，共同构成了培训需求分析的整体框架。这两个方面的综合分析确保了培训计划的有效性和针对性，也提高了农民对培训的满意度。通过对这些关键因素的全面分析，培训机构能够设计出更符合农民需求和现代农业发展趋势的培训计划，有效地促进乡村人才振兴和农业的持续发展。

二、需求体系设计模型的主要内容

（一）组织模块

1.组织资源

组织资源包括人力、时间、资金等关键元素，这些资源的充分利用和有效组织是提升培训质量的基础。人力资源的分析应聚焦于培训机构的人员配置，包括讲师团队的专业水平、行政人员的工作效率，以及其他辅助人员的配备情况。优秀的讲师队伍对于保证培训内容的质量和深度至关重要，而行政人员则能确保培训计划的顺利进行。时间资源的合理安排也是组织资源管理的关键。考虑到农民的工作特点，培训计划需要在不影响农民日常工作的前提下进行。这要求对培训时间进行精细化管理，如选择农民相对空闲的季节或时间段进行培训。资金资源的充分利用和有效管理是组织资源中的另一重要方面。考虑到农业的公益性、弱质性和风险性，培训计划的资金需求可能较高。因此，对于培训资金的筹集、分配和使用需要进行精心规划，确保资金的高效利用。

2. 组织氛围

组织氛围的好坏直接影响到农民的学习态度和参与热情，从而决定了培训的实际效果。积极、开放的组织氛围能够有效激发农民的学习兴趣。在这样的环境中，农民更容易感受到学习的价值和重要性，意识到为适应市场变化而更新自己的知识和技能的必要性。良好的组织氛围还能帮助农民认识到学习不仅是应对市场变化的需求，也是个人成长和提升的机会。积极、开放的组织氛围还可以促使农民从被动学习转变为主动学习。在这种氛围中，农民更有可能主动寻求新知识，积极参与培训活动，这不仅提高了培训的参与度，还有助于提升农民的学习效果。因此，营造积极、开放的组织氛围是提升农民培训效果的关键。这需要培训机构和政府部门共同努力，通过提供良好的学习环境、鼓励的言辞和行为，以及对农民学习成果的认可和奖励，营造出一个有利于农民学习和成长的氛围。这种方式可以有效提高农民的学习动力，加强他们对培训内容的吸收和应用，从而更好地满足乡村人才振兴的需求。

3. 外部环境

在乡村人才振兴背景下，新型职业农民培育需求体系设计模型中的外部环境分析对于培训机构至关重要。这一分析关注的是培训机构所处的宏观环境，包括政治、经济、社会和技术等各个方面，这些因素共同影响着培训的内容、方法和效果。首先，政治环境的稳定性和政策导向对培训有着直接影响。政府的农业政策、教育支持和资金补助都是培训机构能否有效运作的关键。例如，政府对农业技术和可持续发展的支持，会直接影响培训内容的设计和方向。其次，经济环境决定了培训的财务可行性和市场需求。经济发展水平、农业市场的变化和消费者需求都需要在培训内容和方法的设计中予以考虑。例如，市场对某种农产品需求的增长可能意味着农民对相关种植技术培训的需求上升。再次，社会环境的变化，包括人口结构、教育水平和文化观念的变迁，也对培训机构构成影响。例如，随着人们环保意识的提高，农民对于有机农业和生态友好型技术的学习兴趣可能增加。最后，技术环境的发展为培训提供了新的工具和方法。例如，数字技术的进步使得远程教育和在线培训成为可能，这为农民提供了更多灵活的学习机会。

（二）农民培训意愿模块

在乡村人才振兴背景下，新型职业农民的培训意愿模块应包括以下几种因素，如图 3-1 所示。

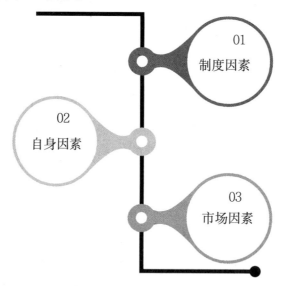

图 3-1　影响新型职业农民培训意愿模块的 3 种因素

1. 制度因素

制度因素对于农民是否满意培训有决定性影响，它主要包括培训目的、培训层次以及培训内容与农民期望的符合程度。其中，培训目的指的是向新型职业农民传授至少一门技术，使其获得更高的收入或者相应的学历证书或政策补贴，并得到更多来自社会层面的尊重。新型职业农民身份的获得要求农民立足自身长远发展，通过标准化、系统性的培训，逐步掌握更先进的农业技能，掌握更科学的农业生产与经营管理方面的知识。在新型职业农民培育过程中，培训机构应将农民最需要、最想了解和学习的知识与技能作为首要培训内容，要在考虑培训内容是否符合农民意愿及其自身发展需要的基础上为其制订相应的培训计划，以确保新型职业农民培育有效供给。

2.自身因素

在新型职业农民培育的过程中，培训机构必须考虑农民自身的因素，包括其文化程度、年龄等。通常情况下，文化程度越高的人，对培训的接受意愿会越强，其接受新知识、掌握新技能的速度也就越快，这类人能在接受培训后快速找到自身的优势与短板，从而使自身进步得更快。不同年龄的农民对新鲜事物的接受程度不同，年龄较小的农民通常对新知识、新技术、新工具有较高的接受度，愿意尝试新鲜事物，创造能力也相对于年龄较大的农民更强，因此，培训机构可按年龄层次划分受教育对象，实施不同层次的新型职业农民培育。

3.市场因素

培训机构对新型职业农民的培训应重点考虑市场因素，对农业市场现状有清晰认知，在准确把握市场需求变化趋势、迎合未来市场变化的基础上，根据农民自身的条件与需求选择培训方式和培训内容。新型职业农民的培训方式有很多种，如政府培训、实地培训、网络培训、模拟练习、课堂演练等。培训机构要注意培训方式的灵活性与针对性，以便于农民学习以及帮助农民有效掌握所学内容。在培训过程中，大部分农民倾向于面对面授课和实地培训，由培训专家带领其实操，帮助其快速掌握要领，准确掌握培训内容。在培训内容的制定上，培训机构应结合社会发展、当地实际生产环境与生产条件、农民意愿、项目收益水平预估报告等多方面，制定符合农民生产生活意愿、贴近农民生产生活实际、密切关联农民的生产经营活动且能调动农民参与兴趣的内容。培训机构可将农民划分为不同群体，对其分类培训，如针对以农产品经营为主要活动内容的农民，可围绕电商、物流、市场营销等方面制定培训内容；针对以养殖业为主要从事内容的农民，可围绕新养殖技术、智能养殖设备、新繁育技术、兽病防治相关知识等进行培训；针对专业从事农业生产的农民，可围绕选种、育种与播种技术、病虫害防治、新型灌溉设备与新农机工具的使用与维修等方面进行培训；针对从事地方特色农业活动的农民，可围绕其特色农产品进行规模种植（养殖）等方面制定培训内容；针对从事服务业、旅游业的农民，则可对其进行与具体的服务管理、服务技巧、服务设施、服务知识等方面相关的培训，以确保新型职业农民培育的有效供给，助力乡村人才振兴，推动乡村振兴战略的实施。

第四章　基于乡村人才振兴的新型职业农民培育基本框架构建

第一节　多元化主体

在乡村人才振兴背景下，构建新型职业农民培育的基本框架需要以下主体共同完成，具体如图 4-1 所示。

图 4-1　构建新型职业农民培育基本框架的多元主体

一、政府

（一）政府的主导地位

在乡村人才振兴的背景下，政府在新型职业农民培育中居于主导地位，其作用主要体现在引导和促进社会组织、涉农企业和高职院校积极参与这一过程。在政府促进社会组织参与方面，政府通过政策引导和资金支持，激励社会组织积极参与新型职业农民的培育。这些社会组织包括非政府组织、农民协会、专业合作社等。政府提供的支持可能包括财政补贴、政策优惠等，以鼓励这些组织开展农民教育、技能培训和创新实践活动。社会组织凭借其灵活性和接地气的特点，能够更直接有效地满足农民的实际需求。在政府促进涉农企业参与方面，政府通过建立合作平台和提供激励机制，鼓励涉农企业参与新型职业农民的培育。这些企业不仅在农业技术、产品开发和市场运营方面具有专业优势，而且能为农民提供就业机会和实践平台。政府可能提供税收减免、资金扶持等优惠政策，鼓励企业参与农民技能培训、新技术推广等活动。在政府与高职院校合作方面，政府通过与高职院校的合作，推进新型职业农民的教育和培训工作。高职院校在农业技术教育、职业技能培训方面具有丰富经验和资源。政府可以通过资助项目、建立实习基地等方式，促进高职院校与农业生产的紧密结合，提供理论与实践相结合的教育模式，从而提升农民的专业技能和理论水平。

（二）政府的角色定位

在基于乡村人才振兴的新型职业农民培育过程中，政府的角色多元而关键。政府作为公共服务提供者，需要确保所有新型职业农民都能获得必要的支持和服务，包括提供农业技术咨询、市场信息、金融服务等。通过这些服务，政府能够帮助农民应对农业生产中的各种挑战，提高他们的生产效率和经济收入。政府在政策制度的设计与实施方面扮演着核心角色。这些政策和制度涵盖农业生产、市场准入、税收优惠、补贴政策等多个方面。政府需要确保这些政策既能促进农业发展，又能保护农民的利益，从而创造一个有利于新型职业农民成长的环境。在农业基础设施建设方面，政府的职责是建设和维护必要的物理设施，包括灌溉系统、交通网络、仓储设施等，这些基础设施对于提升农业生产效率和确保农产品质量至关重要。作为教育与培训资源的统筹者，政府需要确保新型职业农民能够获得高质量的教育和培训。这包括提供农业技术培训、经营管理课程、市场分析等。政府需要与高校、研究机构及行业专家合作，提供科学、实用的培训内容，帮助农民提升其专业技能和综合素质。作为培育质量的监管者，政府负责监督和评估新型职业农民培育的效果。这包括制定评价标准、监测培训质量、收集反馈信息等。通过这些监管机制，政府能够及时调整和优化培训策略，确保培训计划的效果与目标相符。

（三）政府作用的发挥

在新型职业农民培育过程中，政府不仅围绕农业发展和农村建设的需求来进行这一工作，更通过一系列策略和措施来推动这一工作的展开，包括完善社会保障制度、加大财政支持、推出惠民政策、优化顶层设计以及强化政策创新等。政府在完善社会保障制度方面所做的努力，包括但不限于医疗保障、养老保险、失业保险等，这些措施显著提升了农民的生活质量，减轻了他们的后顾之忧，为他们专注于农业生产和自身发展提供了条件。政府在加大财政支持力度方面，投入了大量资源用于新型职业农民培育工作的开展及其培育环境的建设。其中，政府在新型职业农民培育工作上的资源投入包括但不限于专业人才引进、专业设备引进、专业技术引进、培训课程引进等，政府在新型职业农民培育环境建设上的财政投入不仅包括对农业基础设施的建设，还包括对农业科技创新的资助，旨在推动农业生产方式的现代化和高效化。政府推出的惠民政策对于激励农民积极参与农业生产具有重要作用。农产品价格补贴、农业生产成本补贴等惠民政策的推出，旨在减轻农民的经济负担，增加他们的经济收入，激发他们的生产热情。在优化顶层设计方面，政府需要确保新型职业农民培育工作与国家的农业发展规划、乡村振兴战略相协调。这需要政府对现有政策进行审视，确保政策的连贯性和实效性，为新型职业农民的培育提供有力的政策支撑。强化政策创新是推进新型职业农民培育工作的另一个关键。政府需要不断探索和实践新的政策方法，以适应不断变化的农业发展需求和农村社会环境。这包括但不限于农业科技创新政策、新型农业经营模式的推广、农村教育和培训计划等。

二、社会组织

（一）行业协会的角色定位

在新型职业农民培养的过程中，社会组织扮演着以下角色：一是行业标准的制定者。行业协会不应仅作为信息交流的平台，还应积极参与行业标准的制定和推广。这包括制定符合行业发展需求的标准、规范，为行业提供根本遵循，从而提升整个行业的质量和效率。二是技术创新的推动者。行业协会应成为技术创新的推动力量。通过组织和参与研究开发活动，协会可以促进新技术、新方法的应用和普及。例如，协会可以搭建平台，促进行业内的技术交流和合作，加速技术创新的步伐。三是市场发展的引导者。行业协会应承担起引导市场发展的职责。协会可以通过分析市场趋势、提供市场研究报告等方式，帮助行业成员更好地理解市场动态，制订有效的市场策略。协会还可以为企业提供市场拓展的机会和建议。四是培训和咨询服务的提供者。行业协会应通过组织各种培训课程和提供专业咨询服务，增强对农业行业成员的支持。这些培训和咨询服务应覆盖农业技术、市场营销、企业管理等多个领域，旨在提升行业成员的专业技能和管理水平。

（二）社区的协调和支持作用

在新型职业农民培育的过程中，社区扮演着至关重要的角色。作为政府、市场与农民之间的桥梁，社区发挥了必不可少的作用。首先，社区能够有效地协调各方资源，解决农民在培育过程中遇到的问题。这种协调作用主要体现在将政府的政策指导和市场的需求信息有效传达给农民，并根据农民的实际需要调整资源配置，确保资源的有效利用。其次，社区通过组织各种培训班，为农民提供必要的职业技能培训。职业技能培训可能涉及现代农业技术、农产品营销策略、农村电商服务等内容，帮助农民提升专业技能，适应新型职业农民的要求。再次，社区可以通过成立互助小组的方式促进农民之间的交流和合作。互助小组有助于增强农民的团结意识，提升其共同应对市场变化的能力。最后，社区还可以为农民提供各类信息服务，包括市场动态、政策变化、技术创新等方面的信息。这些服务能帮助农民及时了解外部环境的变化，做出更为合理的决策，提高其应对市场变化的能力。

（三）农村社会组织的支持和保障

积极培育农村社会组织是为新型职业农民队伍的发展提供环境保障的关键措施。这些组织能够更加贴近农民的实际需求，为其提供精准有效的服务和支持。这些组织的活动和服务设计更能反映农民的具体需求，有效地解决他们在生产、生活中遇到的问题。相较于其他主体，农村社会组织提供的服务和支持更为精准和具体，如农业技术指导、市场信息共享、经营管理咨询等。这些服务直接对接农民的实际需求，帮助他们提升生产技能、管理水平和市场应对能力。在新型职业农民培育过程中，农村社会组织（如农民合作社、农业技术推广组织）在农民技能培训方面发挥着重要作用。它们通过举办各类培训班、工作坊等形式，为农民提供农业技术培训、新型经营模式指导等，有效提升农民的职业技能和生产管理能力。此外，农村社会组织中的农村非营利组织等可以在产品销售和技术创新方面为农民提供帮助，如通过建立销售平台、促进市场接入、引入新技术等方式，帮助农民拓宽销售渠道，提高产品竞争力，同时鼓励和支持农民进行技术创新。

三、涉农企业

（一）涉农企业能为培养新型职业农民提供市场信息

在新型职业农民培育的过程中，涉农企业扮演着市场信息提供者的角色。这些企业向农民提供关于种子、肥料、饲料价格，农机工具使用，以及农副产品供需情况等各类市场信息，不仅有利于农民对市场供需情况、生产成本情况有清晰的了解，还能提高他们对市场变化的敏感度和适应能力，以便农民更好地理解市场需求和趋势，更准确地把握市场变化，从而有效地指导农业生产和产品销售。市场信息对于农民来说是至关重要的，它不仅影响着农民的种植和养殖决策，也关系到产品的销售策略和农民的收入水平。涉农企业所提供的市场信息可以帮助农民减少盲目性，提高生产的针对性和效率。例如，通过了解市场对某种农产品的需求，农民可以进行精准的市场定位，调整种植结构，优化产品组合，避免产量过剩或产能不足。对农副产品的供需情况的了解，有助于农民规避市场风险，合理安排生产计划。

（二）涉农企业提供了资源支持与收入保障

在新型职业农民培育的过程中，涉农企业扮演着为农民提供资源支持与收入保障的关键角色。企业通过多种方式为农民提供必要的支持，能促进农业生产效率和农产品质量的提升，也能确保农民获得稳定的收入。首先，涉农企业为农民提供现代化农业设备、种植和养殖技术的支持，这些资源对提高农业生产的效率和农产品质量至关重要。现代化的农业设备能够大幅提升农作物种植和畜禽养殖的效率，减少人力成本。先进的种植和养殖技术可以帮助农民提升农作物和畜产品的质量，增加农产品的市场竞争力。其次，涉农企业提供市场渠道接入的支持，这对于农民拓展销售渠道、增加收入至关重要。通过企业的市场网络，农民能够更容易地将产品销售到更广阔的市场，从而提升销售额和收益。此外，市场渠道的拓展也意味着农民可以接触到更多的市场信息和需求，有助于他们更好地调整生产策略，以适应市场的变化。最后，涉农企业还可以与当地农民达成定向合作，这种合作模式对于培育新型职业农民具有重要意义。企业根据自身对特色农产品、养殖产品或特种农副产品的需求，可以为农民制订种植或饲养计划。涉农企业通过这种定向培养，能帮助农民提高个人能力，使他们能够专业化地从事农业生产活动。这不仅有助于提高农民的生产技能，还确保了他们有稳定的销路和收入来源，有助于提升他们的整体生活水平。

四、高职院校

（一）强化新型职业农民的专业知识和技能

高职院校在强化新型职业农民的专业知识和技能方面发挥着重要作用，高职院校为农民提供系统的教育和培训，以满足现代农业发展的需求。这些院校通过精心设计的课程和实践活动，使农民能够掌握先进的农业技术、经营管理知识以及市场营销策略，从而提升他们在农业领域的专业能力和竞争力。具体而言，高职院校通过开设与现代农业紧密相关的课程，如植物栽培技术、动物养殖、农业机械操作、农产品加工技术等，确保农民能够了解和应用最新的农业知识和技术。高职院校还着重于农业经营管理和市场营销的教育，这包括农业市场分析、经营策略规划、电子商务等课程，帮助农民更好地管理自己的农业活动，提升产品的市场竞争力。除了理论教学，高职院校还注重实践技能的培养。通过建立试验田、示范基地、实习工厂等，农民可以在实际操作中学习和锻炼，更好地将理论知识转化为实际技能。这些实践活动还能帮助农民理解农业生产的整个过程，从种植、养殖到产品加工和销售，形成完整的农业知识体系。通过这些综合的教学方法，高职院校有效地提升了农民的专业知识和技能，为他们成为适应现代农业要求的新型职业农民打下了坚实的基础。这不仅有助于提高农业生产效率和产品质量，也为农民个人的职业发展和农业产业的整体升级提供了支持。

（二）提高新型职业农民的道德和法律素质

高职院校在新型职业农民培育的过程中，除了提升农民的专业技能，对其道德素质和法律知识的培养同样重要。在道德素质提升方面，高职院校应将道德教育纳入新型职业农民培训课程。高职院校可围绕诚信经营、负责任的农业生产、环境保护意识等内容开展道德教育，培养农民的社会责任感和职业道德，使他们在追求经济效益的同时，注重社会责任和环境保护。在法律素质提升方面，高职院校应开设法律相关课程，帮助农民了解和掌握与其生产经营活动密切相关的法律知识。一方面，法律教育可以提升农民的法律意识，避免经营过程中的法律风险；另一方面，从整体层面提高未来农民群体的法律素养，有助于维护农村社会的稳定，进一步提高农村基层管理效率。

（三）开拓新型职业农民的现代化视野

高职院校在开拓新型职业农民的现代化视野方面起着至关重要的作用，高职院校通过教育和培训项目帮助农民了解并适应现代农业的发展趋势。高职院校利用其教育资源和专业优势，向农民传授现代农业技术、经营管理知识、市场营销策略等，使农民能够跳出传统农业的局限，获得农业的现代化和国际化视野。在课程设计上，高职院校立足国际，结合国际先进的农业知识和技术手段，如高效种植技术、智能化养殖、智能化农产品加工、市场分析、国际农业趋势等方面的知识，帮助农民构建全面的现代农业知识体系。高职院校通过组织农学院学生进行国际交流、拓宽学生的国际视野，可以使他们了解和学习国际上的先进农业技术和经营理念。通过这些活动，农学院学生不仅能学习到现代农业的新技术和新模式，还能了解全球农业发展的趋势和面临的挑战。高职院校还强调农业创新和创业教育的重要性，鼓励农学院学生发挥创新精神，探索适合自身条件的农业发展道路。这包括创新种植养殖模式、开发新型农产品、运用现代营销手段等，帮助新型职业农民拓宽自身的现代化视野，在现代农业市场中找到自己的定位。

第二节　新型职业农民培育良性运行机制的构建

一、基于新型职业农民培育效果的激励机制

在乡村人才振兴背景下，新型职业农民的培育需要从以下几个方面着手构建良性运行机制。具体如图 4-2 所示。

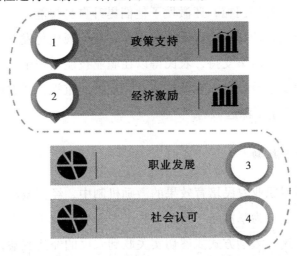

图 4-2　构建新型职业农民培育良性运行机制需要考虑的 4 个方面

（一）政策支持

在乡村人才振兴的背景下，在基于新型职业农民培育效果的激励机制中，政策支持起着至关重要的作用。政府通过提供一系列的政策措施，如财政补贴、税收优惠和优惠贷款等，旨在降低农民参与职业培训的经济负担，激发他们的学习积极性，从而促进农民技能的提升和农业现代化的发展。财政补贴直接减轻了农民在职业培训过程中的经济压力，使他们能够更加专注于学习而无须过分担心费用问题。这种补贴可能包括培训费用的直接减免、交通和住宿的补贴等，使培训更具吸引力。税收优惠则为参与培训的农民或与培训相关的企业提供了经济上的激励，通过减少税负鼓励他们进行职业技能的提升。这不仅有助于提高个人的职业技能，还促进了相关农业企业的发展，带动了整个农业行业的进步。优惠贷款为农民提供了获得必要资金的渠道，支持他们在培训后应用新技术和管理方法，开展农业创新或扩大生产规模。通过这些金融支持，农民能够更加灵活地运用新学到的知识和技术，提高农业生产的效率和农产品质量。这些政策支持构成了一个全方位的激励体系，不仅降低了农民参与培训的经济门槛，还激发了他们提升自身技能、参与现代农业的积极性，对促进新型职业农民的成长和农业的现代化发展起到了积极作用。通过政府的政策支持，农民得以在职业技能培训中获得实质性的帮助，这也显示了政府对农业发展和农民福祉的重视，对农业的持续发展和乡村振兴产生了深远影响。

（二）经济激励

在基于新型职业农民培育效果的激励机制中，经济激励扮演着至关重要的角色。通过为掌握新技术和提高了农业生产效率的农民提供直接的经济奖励，这种激励方式能够切实关联到农民的经济利益，激发他们学习新技术和提升职业技能的动力。例如，对于那些通过学习新技术而实现增产增收的农民，政府或相关机构可以给予其一定的奖金，这不仅是对其所取得的成果的肯定，也为其他农民做了积极示范。这种经济奖励机制使农民意识到提升个人技能和采用新技术可以带来直接的经济收益，从而增强他们参与培训和学习的积极性。此外，经济激励还可以通过为农民提供更有利的市场销售条件、高价回购保障等方式实现。例如，政府或企业可以承诺对使用新技术生产的农产品给予更高的收购价格，这样的承诺为农民提供了明确的经济收益预期，鼓励他们积极应用在培训中学到的新技术和方法。经济激励还体现在对创新和创业的支持上，为那些愿意尝试新种植或养殖方式、开发新产品或服务的农民提供启动资金、技术支持和市场推广等方面的帮助，能激发他们的创新精神和创业热情。

（三）职业发展

在基于新型职业农民培育效果的激励机制中，职业发展是一个关键组成部分，职业发展旨在为农民提供更广阔的职业晋升渠道和多样化的就业机会。这种激励机制的核心是拓展农民的职业视野，鼓励他们通过学习新技术和技能，向更多元化的职业方向发展。例如，通过培育项目，农民可以被引导成为农业技术专家，掌握先进的农业生产技术，提升农业生产的效率和质量。他们也可以被激励成为农业企业家，运用所学知识和技能创办自己的农业企业，进行高效经营，开拓市场。这样的职业发展不仅为农民个人提供了更多的发展机会，也为农业行业的现代化和乡村振兴贡献了新的动力。职业发展的激励机制还包括提供必要的支持，如创业指导、市场信息、技术支持等，帮助农民在新的职业道路上取得成功。确保农民能够在职业转型和升级的过程中得到充分的帮助和指导。通过这样的激励机制，农民能够感受到社会对他们职业成长的重视和支持，从而增强他们探索新职业领域、实现自我价值的动力和信心。

（四）社会认可

在基于新型职业农民培育效果的激励机制中，社会认可是一个至关重要的方面。社会认可主要通过媒体宣传、评选表彰等方式来提升新型职业农民的社会地位和形象，以及强化公众对新型职业农民工作价值的认可和尊重。这种社会认可不仅提高了农民自身的荣誉感和成就感，还增强了社会对农业工作和农民群体的尊重和理解。通过媒体宣传，新型职业农民的成功案例和先进经验被广泛传播，展示了他们在农业生产、技术创新和乡村振兴中的重要作用，提升了公众对这一群体的正面认识。评选表彰机制，如设立"优秀新型职业农民""农业技术创新奖"等，不仅肯定了农民的努力和成就，也激励了其他农民向他们学习，追求更高的职业成就。这样的社会认可机制为农民提供了精神上的激励，鼓励他们持续提升技能和拓展职业领域。社会认可也有助于形成对农民工作的正面社会风气，鼓励更多人尊重和支持农业，尤其是现代农业的发展。通过这些途径，新型职业农民得到了社会的广泛认可和尊重，他们的职业地位和形象得到了显著提升，进而为新型职业农民培育工作营造了良好的社会氛围，为农业现代化和乡村振兴的长远发展奠定了坚实的基础。

二、基于新型职业农民培育工作开展的保障机制

在乡村人才振兴背景下，新型职业农民培育工作的开展需要从以下几个方面着手构建保障机制。如图4-3所示。

图 4-3　构建新型职业农民培育工作保障机制的 5 个切入点

（一）政策和法律制度保障

政策和法律制度保障在乡村人才振兴背景下对于新型职业农民培育工作至关重要。有效的政策法规制定是确保新型职业农民培育工作顺利进行的基础，也为新型职业农民的学习和成长提供了法律保障。为此，政府需要针对新型职业农民培育的特点和需求，制定和完善相关政策和法规，如职业教育政策、农业技术推广政策以及财税优惠政策等。这些政策法规不仅为农民提供学习新技术的机会和条件，还为他们的职业发展提供了必要的支持和保护。职业教育政策需要注重农民的实际需求，包含针对性强的培训内容，确保农民能够接受与现代农业发展紧密相关的教育和培训。农业技术推广政策则应着重于引导和支持农民学习和应用新技术、新方法，促进农业生产方式的现代化。财税优惠政策可以为农民提供经济上的支持，减轻他们的经济压力，激励他们更加积极地参与培训和学习。相关的法律制度的制定对于确保新型职业农民培育工作的正当性和有效性同样重要。法律制度不仅为新型职业农民培育活动提供了规范和指导，还确保了所有相关活动都在乡村法治的框架内进行，保障了农民的合法权益，维护了新型职业农民培育工作的公正性和透明度。在稳定的乡村法治环境中，农民能够更加安心地学习和成长，为实现职业发展和乡村振兴作出贡献。

（二）多部门协调联动保障

多部门协调联动保障在新型职业农民培育过程中发挥了重要作用。这种保障机制涉及农业、教育、财政、人力资源和社会保障等多个部门的紧密合作，他们以乡村人才振兴为共同目标，共同策划和执行培育策略，整合各自领域的资源，形成强有力的合作网络。跨部门的协调和合作，可以确保新型职业农民培育工作在多方面得到有效推进，从而更好地服务新型职业农民的成长和发展。农业部门在提供农业技术和市场信息方面发挥着主导作用，教育部门负责设计和实施培训课程，为农民提供必要的职业教育和技能培训。财政部门则提供必要的资金支持，确保培育计划的顺利执行，而人力资源和社会保障部门则在农民就业服务和社会保障方面提供支持。这种多部门的联动合作不仅可以使资源得到更有效的利用，还可以使各项政策和措施更好地衔接，共同推动新型职业农民培育工作的顺利进行。这种协调联动保障机制还有助于政策的互补，使得各项政策措施在实施过程中能够相互支持，相互强化，从而提高整个培育体系的效率和效果。例如，教育部门的职业培训与农业部门的技术推广相结合，可以更好地满足农民的实际需求，财政部门的资金支持又能确保这些计划的顺利实施。通过这样的多部门协调联动，新型职业农民培育工作能够在多方面得到有效支持，为农民提供全面的服务和帮助，从而更好地促进乡村人才的振兴和农业的现代化进程。

（三）人力资源保障

人力资源保障在新型职业农民培育工作的成功实施中起着至关重要的作用。这种保障机制能确保培育活动拥有充足和专业的人力资源，从而提高培育质量并实现乡村人才的振兴。一方面，人力资源保障涉及专业的教育培训人员、技术指导专家和管理人员的培养与引进。这些专业人员的作用不可忽视，他们负责设计和实施符合农民实际需求的培训课程，提供技术和管理上的专业指导，确保培育内容既有理论深度又有实际应用价值。专业人员的高素质和专业能力直接影响到培训的效果和质量，对于提升农民的技能和知识水平至关重要。另一方面，人力资源保障还包括为乡村人才振兴提供新生代农民资源。这涉及本土人才的培养和外来人才的引进。对本土人才的培养意味着挖掘乡村内部的潜在人才，通过教育和培训使他们成为能够推动乡村发展的新型职业农民。外来人才的引进则是为乡村注入新鲜血液，通过吸引外部专业人才和技术专家，为乡村带来新的思想、技术和经验，促进乡村创新和发展。这种双向的人力资源保障策略不仅能够确保乡村拥有足够的人才支持现代化农业的发展，也能够保证乡村人才队伍的持续更新和发展。

（四）教育资源配置保障

教育资源配置保障在新型职业农民培育工作中起到了至关重要的作用。其关乎如何高效、合理地整合和利用高职院校、职业培训机构以及在线教育平台等各类教育资源，以构建一个覆盖广泛、内容丰富、形式多样的教育培训体系。这样的体系能够为农民提供全面、系统的职业技能和知识培训，以满足不同层次和需求的农民学习要求，对培养高质量新型职业农民、推进乡村人才振兴具有重要意义。教育资源配置保障的关键在于确保教育资源的广泛覆盖和高效利用。高职院校作为专业教育机构，能够提供理论知识与专业技能的培训；职业培训机构则更侧重于实用技能和操作实践的教学；在线教育平台则打破了地域限制，为农民提供了更加灵活便捷的学习方式。多元化教育资源的整合，可以确保农民在培育过程中接触最新的农业知识、技术以及市场信息，也能够根据自身条件和需求选择最适合的学习路径。此外，教育资源配置还需注重教育内容的实用性和针对性。针对乡村实际情况和农民的实际需求定制教学内容，确保培训课程既符合农业发展的趋势，又贴合农民的学习能力和实际应用场景。这不仅有助于提高教育资源的利用效率，更能够确保培育效果的有效性和实用性。

（五）基础设施配套保障

基础设施配套保障是新型职业农民培育活动顺利进行的物质基础，对于提升培育效果和质量具有重要意义。这一保障机制主要包括建设和改善培训场所、实验实训基地、信息网络等关键设施，以确保农民能在良好的环境中学习和实践。培训场所的建设和改善是基础设施配套保障的重要组成部分，这些场所需要配备适宜的教学设施和学习资源，如现代化的教室、图书资料和学习设备，为农民提供舒适和高效的学习环境。实验实训基地的建设同样至关重要，这些基地应配备先进的农业技术设备和设施，如温室、试验田、养殖设施等，使农民能够在实际操作中学习和体验现代农业技术。通过在实训基地中的学习，农民可以将理论知识与实践操作相结合，更好地掌握农业生产的各个环节，提高其实际操作能力。信息网络的建设和完善也是基础设施配套保障的重要方面。随着信息技术的发展，网络成为传播知识、分享信息的重要平台。因此，为农民提供稳定、快速的网络连接，使他们能够利用在线教育资源、参与远程学习，是提升培育效果的关键。这种网络支持不仅能够帮助农民接触更广泛的知识和信息，还能够促进他们与外界的交流。

三、基于新型职业农民培育的质量保障机制

在乡村人才振兴背景下，在新型职业农民培育的过程中，其质量保障机制的构建要满足如图 4-4 所示的几个条件。

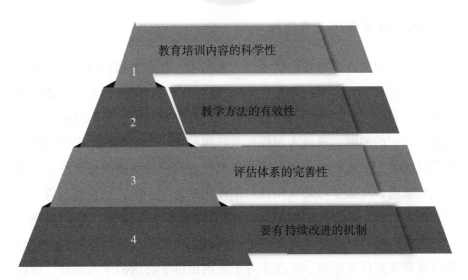

教育培训内容的科学性
1

教学方法的有效性
2

评估体系的完善性
3

要有持续改进的机制
4

图 4-4 影响新型职业农民培育质量保障机制构建的 4 个条件

(一)教育培训内容的科学性

在新型职业农民培育的质量保障机制中，教育培训内容的科学性是质量保障的基石。培育项目应全面涵盖现代农业生产的各个方面，以确保培训内容与现代农业发展的需求相符合。这不仅包括现代农业技术的教授，如高效种植、智能化养殖、生态环保技术等，也涉及农业经营管理和市场营销等更为广泛的领域。这种全面的教育内容设计旨在为农民提供一个全方位的知识体系，帮助他们在现代农业领域内全面提升技能和知识。教育培训内容的更新应与时俱进，及时反映市场趋势。这意味着培训机构需要不断跟踪农业领域的最新发展，如新型农业机械的应用、生物技术在农业中的应用、市场需求的变化等，确保农民能够接触并学习到最前沿的知识和技术。通过这样的教育内容设计和更新，农民不仅能够及时了解农业领域的最新动态，还能够提前适应市场和技术的变化，增强其在现代农业市场中的竞争力。

（二）教学方法的有效性

在新型职业农民培育的质量保障机制中，教学方法的有效性对提升培育质量起着至关重要的作用。实施理论与实践相结合的教学方式是提高教学效果的关键。例如，结合课堂教学与现场实习，可以使农民在学习理论知识的同时，通过实际操作来巩固和应用所学知识。案例分析与角色扮演等互动式教学方法也同样重要，它们可以帮助农民更好地理解复杂的概念，增强学习的实用性。多样化的教学手段，如视频教程、在线学习平台等，为培训增加了互动性和趣味性，从而提高了学习的吸引力。其中，视频教程可以直观展示农业技术和操作过程，帮助农民更好地理解和掌握技术要点。在线学习平台则提供了灵活的学习方式，使农民能够根据自身的时间和节奏进行学习，也便于他们反复查看教学内容，加深理解。这种将传统教学方法与现代教育技术相结合的方式，不仅提高了培训的覆盖面和便利性，也增强了教学的有效性。通过采用多元化和创新的教学方法，农民不仅能够获得必要的理论知识，还能够有效地将这些知识应用于实践中，从而提高他们的技能水平和职业能力。

（三）评估体系的完善性

评估体系的完善性在新型职业农民培育的质量保障机制中占据着极其重要的地位。一个科学合理的评估体系能够对农民的学习成果进行有效的量化和定性分析，从而不仅衡量培育的直接效果，还为未来的教育方案和方法提供重要的参考和依据。这样的评估体系通常包括多种评估方式，如理论考试、实操考核和项目评估等，确保评估能够全面而客观地反映农民的学习和实践能力。理论考试主要用于测试农民对于课程内容的理解和掌握程度，是评估他们理论知识水平的重要手段。而实操考核则更侧重于评估农民的实际操作技能和应用能力，这对于新型职业农民尤为重要，因为农业生产活动很大程度上依赖实际操作技能。项目评估则是一种更为综合的评估方式，通常涉及农民在一定时间内完成的具体项目或任务，评估的内容包括项目规划、实施过程以及最终结果等多个方面，能够全面反映农民的综合能力和实际应用水平。通过这些多元化的评估方式，评估体系能够确保对农民培育效果的全面评价，也促进了农民对自身学习成果的自我认识和反思。评估结果的反馈对于培训机构而言同样重要，它们可以根据评估反馈调整教学内容、方法和培育策略，不断优化教育培训程序，提高培育效果的质量。评估体系的建立和运行还有助于激发农民的学习动力和参与度，使他们更加积极主动地参与学习和实践活动。评估体系的完善性是新型职业农民培育质量保障的重要环节，这样的评估体系不仅能够准确评估和指导农民的学习与成长，也为培育工作的持续改进和优化提供了坚实的基础，有助于新型职业农民培育工作更加科学、系统地进行，为乡村振兴和农业现代化作出更大贡献。

（四）要有持续改进的机制

在新型职业农民培育的质量保障机制中，持续改进的机制是推动培育质量不断提升的重要动力。培训机构应定期收集和分析农民的反馈、市场的反馈以及专家的建议，这些信息对于及时调整和优化培育方案至关重要。反馈机制的建立，可以确保培训内容和方法始终保持与现代农业发展趋势的同步，还能够确保培训满足农民的实际需求和期望。建立持续学习和改进的文化对于提升培育质量同样重要。这种文化不仅适用于农民，也同样适用于教育工作者。鼓励农民持续学习不仅是为了提升农民的技能和知识，更是为了使他们能够适应农业发展的快速变化，抓住新的机遇。对于教育工作者而言，持续的专业发展和知识更新是确保他们能够提供最前沿、最有效的教学内容的关键。这种持续改进的文化鼓励所有参与者都保持开放和成长的心态，不断寻求改进和创新的途径。通过这样的持续改进机制，培育工作能够不断适应新的挑战和需求，提高其效果和效率。农民通过参与这样的培育活动，不仅能够提升自身技能，还能够为未来的发展打下坚实的基础。同时，这种机制能够激发农民和教育工作者的积极性和创新精神，为新型职业农民培育质量的持续提升提供了强大的动力。总的来说，持续改进的机制是新型职业农民培育质量保障的关键组成部分，为确保培育活动的有效性和适应性提供了强有力的支持。

第三节　乡村人才振兴背景下的新型职业农民培育模式与体系构建

一、新型职业农民培育模式的构建

（一）新型职业农民培育模式概述

1.概念

在《现代汉语词典》中，模式被解释为"某种事物的标准形式或使人可以照着做的标准样式"。在《大学生创业基础》一书中，全广东指出，模式指事物的标准样式。模式其实就是解决某一类问题的方法论。把解决某类问题的方法提升到理论高度就是模式。他还说明，模式是一种指导，良好的指导对人完成任务、制作出优秀的设计方案、找到解决问题的最佳办法都有一定帮助。①

由此而言，新型职业农民培育模式是为保障新型职业农民接受更多职业知识与技能等的一种方法论，培育内容的制定、培育方式的选择、组织形式的确定等组成了新型职业农民培育模式。随着农村现代化进程的加快和农村经济的多元化发展趋势，新型职业农民培育模式中的培育内容、培育方式、组织模式等也会随之不断变化，以响应农村在发展建设中持续变化的需求，满足农村在不同发展阶段的人才振兴需要。

---

① 全广东.大学生创业基础[M].开封：河南大学出版社，2010：107.

2.内涵

新型职业农民培育模式的提出，是对传统农业人才培养方式的重要创新。这种模式不仅关乎农业的持续发展，也是农村现代化的关键。新型职业农民培育模式涵盖培育目标、培育主体、培育客体、培育内容、培育评价和培育保障等多个方面，体现了系统化的特点。培育目标能够指导整个培育系统的培育方向。新型职业农民培育模式注重农民的全面发展，不仅仅是技能的提升，更包括知识、理念和创新能力的培养。这样的目标更适应现代农业的需求，有利于提升农民的整体素质和农业的竞争力。培育主体主要包括政府、教育机构、企业和社会组织等。这些主体各司其职，共同构建起一个多层次、多元化的培育网络。政府在其中扮演着政策制定和资源整合的关键角色，而教育机构则负责专业知识和技能的传授。培育客体即培育的对象，主要指现代农业生产、经营和管理中的农民。新型职业农民不仅仅是传统意义上的耕种者，更是农业创新和经营的主体。他们需要具备良好的农业生产技能、市场经营能力和环境适应能力。培育内容是新型职业农民培育模式的核心。包括农业技术、市场经营、农业政策等多方面的知识。这些内容的设置应与时俱进，适应农业发展和市场需求的变化，帮助农民不断提升自身的竞争力。培育评价是对培育效果的衡量。一个有效的评价体系不仅可以检验培育结果，还能为培育模式的优化提供反馈。这种评价既包括对农民技能和知识的评估，也包括对其创新能力和实际应用能力的考量。培育保障是确保培育模式顺利实施的基础，涉及政策支持、资金投入、教育资源等多个方面。只有形成一套完善的保障机制，新型职业农民培育模式才能在实践中发挥出最大的效能。

3.新型职业农民培育模式有别于传统农民培育模式

在职业农民的培育上，新型模式与传统培训有着本质的区别。要把握新型职业农民培育与传统农民培训之间的差异，关键在于明白两者的本质区别。新型职业农民与传统农民在内涵上截然不同，这种不同也反映在培育与培训的过程中。从根本上说，"培育"是农民教育理念的一种进步，它更符合新的历史背景和时代要求。随着社会发展和农民教育水平的提高，农民教育的重点发生了转变。从原先注重文化知识和基础技能的提升，转向更加重视产业技能和经营管理素质的培养。这种培养不仅限于文化素质，还涉及农民的政治觉悟、文化认知、精神风貌、道德修养，以及生态意识等多方面的全面提升。新型职业农民的培育模式应当紧跟时代发展的脚步，适应现代农业的发展需求。它应对社会变化和经济体制的革新作出响应，并与国际化的生活和消费模式、职业流动的节奏保持同步。这种模式的实施，旨在使农民不仅适应当前的农业发展，也为未来的变革做好准备。

（二）构建新型职业农民培育模式的原则

在乡村人才振兴背景下，新型职业农民培育模式的构建应依据以下原则，如图 4-5 所示。

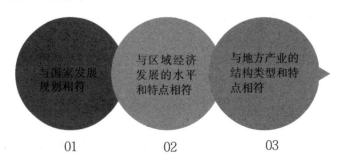

图 4-5　新型职业农民培育模式的构建原则

1. 与国家发展规划相符

构建新型职业农民培育模式时，须密切关注并符合国家发展规划的原则，这是确保其效果与持续性的关键。国家发展规划通常包含对农业发展方向、农村经济结构以及农民生活质量的全面考虑，因此，新型职业农民培育模式需要与之相协调。这样的培育模式应注重农民的全面发展，不仅仅局限于技能的提升，还应包括知识、理念和创新能力的培养。模式的设置应体现对国家发展战略的响应，如推广绿色农业、智慧农业等，以适应现代农业的需求。考虑到国家发展规划往往涉及农村经济的转型升级，新型职业农民培育也应包括市场经营、农产品营销等方面的知识和技能，帮助农民更好地适应市场经济。此外，新型职业农民的培育还应关注农民的精神文化生活，提升其生活质量，与国家对于全面建设社会主义现代化国家的目标保持一致。只有这样，构建的新型职业农民培育模式才能真正促进农业和农村的可持续发展，实现农民幸福。

2. 与区域经济发展的水平和特点相符

构建新型职业农民培育模式时，须紧密结合区域经济的发展水平和特点，这是实现农业与农村现代化的关键。区域经济的不同发展阶段和特色决定了农民培育的侧重点和方式。对于经济较为发达、农业现代化水平较高的地区，新型职业农民的培育应注重科技农业、精准农业等高端农业技术的学习和应用，以及强化市场意识和创新能力的培养，使农民能够在现代农业竞争中占据有利地位。反之，在经济相对落后或农业传统较为浓厚的地区，培育模式应更多着眼于基础技能的提升、传统农业的现代化转型以及适应性技术的引入，以此促进农民的现代化。考虑到不同区域的资源禀赋和农业特色，培育模式应充分挖掘和利用当地特色资源，如开发特色农业、乡村旅游等，从而推动区域经济的特色发展和多元化。该模式还应包括环境保护、可持续发展等内容，以确保农业发展与生态环境的和谐共生。通过这种方式，新型职业农民培育模式将更贴合地区经济的实际情况，有效促进农业生产方式的转型升级，为区域经济的全面发展提供坚实的人才支持。

3. 与地方产业的结构类型和特点相符

在构建新型职业农民培育模式的过程中，须与地方产业结构类型和特点相符。这意味着培育模式应根据地区产业的具体特征进行设计。地方产业的多样化和特色化决定了农民培育需求的差异性，因此，对于以特色农产品、乡村旅游或高效生态农业为主导的地区，培育模式应重点培养农民在相关领域的专业技能和市场营销能力，使其能够有效参与并推动当地特色产业的发展。对于现代农业较为发达的地区，培育模式应侧重农业科技知识的学习和应用，提升农民在现代农业技术方面的操作能力和创新能力。针对不同产业类型，培育内容应包括生产管理、资源利用效率、环境保护等方面，确保农民能够适应和推动产业的可持续发展。此外，培育模式还应强调农民全面素质的提升，包括提升他们的信息化水平、增强自主创新和风险应对能力，以应对市场变化和挑战。这样，新型职业农民培育模式不仅能够与地方产业结构相协调，还能促进农民个人发展与地方产业的互动和协同，从而为区域经济的稳健发展提供坚实的人才基础和智力支持。

（三）构建新型职业农民培育模式的策略

在乡村人才振兴背景下，新型职业农民培育模式的构建可尝试以下策略，如图 4-6 所示。

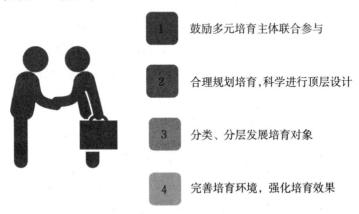

1　鼓励多元培育主体联合参与

2　合理规划培育，科学进行顶层设计

3　分类、分层发展培育对象

4　完善培育环境，强化培育效果

图 4-6　新型职业农民培育模式的构建策略

1.鼓励多元培育主体联合参与

构建新型职业农民培育模式时，鼓励多元培育主体联合参与是其关键因素。这种模式强调不同主体之间的协作和资源共享，从而形成更加全面和有效的培育体系。政府、教育机构、企业以及非政府组织等多种力量的汇聚，能够为农民提供更丰富、更有针对性的培育资源。政府在这一过程中扮演着政策制定者和协调者的角色，其通过制定有利于农民培育的政策和提供资金支持，为农民搭建多元主体参与的平台。教育机构则通过专业的教学和研究，为农民提供科技知识和技能培训。企业，尤其是农业企业，可以通过实际的生产经营活动，为农民提供实践经验和市场信息。非政府组织及其他社会力量则能够在基层中发挥更直接的作用，如组织社区活动、提供个性化的辅导和支持等。这种多元主体的协作不仅可以增强培育内容的实践性和针对性，还有助于构建一个更加开放和灵活的培育环境，使农民能够从不同角度和层面接受教育和培训。另外，多元主体的参与还能促进资源的优化配置和高效利用，避免资源浪费，确保培育效果的最大化。

2.合理规划培育，科学进行顶层设计

构建新型职业农民培育模式的过程中，合理规划和科学的顶层设计是至关重要的。这种规划应基于对现代农业发展趋势的深入理解和对农民实际需求的准确把握。科学的顶层设计意味着在制订培育计划时，必须考虑农业发展的宏观背景、区域经济特点，以及农民的个性化需求。在此基础上，培育计划应涵盖农业科技、市场经营、生态保护、法律法规等多方面内容，确保农民能够全面提升自身的技能和知识。合理规划还要求对培育资源进行优化配置，如合理分配教育资源、科学安排培训课程，以及有效利用现代技术手段等，以提高培育效率和质量。顶层设计还应包括对培育模式的持续评估和调整，确保培育活动能够适应农业发展的变化和农民需求的演变。这样的设计不仅促进了农民技能和知识的全面提升，也为农业持续发展和乡村振兴提供了坚实的人才支撑。

3.分类、分层发展培育对象

构建新型职业农民培育模式时，将培育对象进行分类和分层发展的方法要求培训机构基于对农民群体差异性的认识，识别不同农民的具体需求和潜力，从而提供更为精准和有效的培育方案。例如，针对初入农业领域的年轻农民，培育重点可能放在基础农业技能和现代农业知识的学习上，而对于经验丰富的老农民，更多的是提供先进技术的培训和市场经营能力的提升。考虑到不同地区农业发展水平和特色产业的差异，培育内容应相应调整，以适应地方特色和发展需求。这样的分类和分层方法，能够使培育更具针对性和有效性，帮助不同类型的农民在各自领域实现技能提升和发展。同时，这种方法还有助于资源的合理分配和利用，确保培育资源能够更有效地服务不同需求的农民，从而促进整个农业行业的均衡发展和提质增效。

4.完善培育环境，强化培育效果

在构建新型职业农民培育模式的过程中，完善培育环境与强化培育效果是不可忽视的两个方面。一个良好的培育环境是提高培育质量和效果的基础。这包括提供充足的培育资源，如教育设施、技术支持和资金投入，并确保这些资源的有效利用。培育环境的优化还需涉及农民的实际生活和工作条件，如改善居住环境、提供必要的生活支持，以及创造利于学习和交流的社会氛围。强化培育效果的措施应包括定期评估培育成果，确保培育内容与实际需求相符合。激励机制如奖学金、技能比赛等，可以增强农民参与培育的积极性和获得感。更重要的是，培育模式应灵活多变，能够根据农业发展趋势和市场需求的变化进行及时调整。通过这些方法，不仅能够提升农民的综合素质和技能，还能够激发他们对农业工作的热情和创新精神，从而实现农业生产的持续发展和农民福祉的提高。

（四）新型职业农民培育模式的类型

在乡村人才振兴背景下，新型职业农民培育模式的类型如图 4-7 所示。

"工程型"模式
以政府为主导

"市场型"模式
以校企合作为主导

"协同型"模式
以政校企联动为主导

开放式的"远距离"模式

图 4-7　新型职业农民培育模式的类型

1. "工程型"模式——以政府为主导

新型职业农民培育模式在现代农业发展中扮演着重要角色。这种模式的显著特点是以政府为主导，特别是在培育的初期阶段。由于新型职业农民培育具有显著的公益性，政府在资源统筹和调节方面发挥着至关重要的作用。政府推动的项目多采用"政府项目工程"模式，有效地推进了新型职业农民的培育工作。在实践中，这种"工程型"模式已在多个项目中得到应用和验证。例如，农业农村部负责的"农业远程培训工程"和"百万中专生计划"就是这种模式的实例。这些项目通过远程教育和专业培训，为农民提供了学习新技术和提升职业技能的机会。农业农村部（原农业部）与财政部和共青团中央共同实施的"跨世纪青年农民科技培训工程"以及农业农村部、财政部共同实施的"新型农民创业培植工程"，也是采用了这种模式。这些工程通过科技培训和创业支持，增强了农民的创新能力，促进了农业的科技进步和农村经济的发展。以政府为主导的"工程型"模式适用于以下两种情况。

（1）以基础性培训为主，为提升农民综合素质服务。以政府为主导的"工程型"模式，专注于提供基础性培训，旨在全面提升农民的综合素质。这种培育模式的核心目标是增强农民的文化和道德素质、法律意识以及提高他们的就业技能和市场适应能力。通过这种以政府为主导的培育模式，农民不仅能学习现代农业技术，还能提升自身的文化水平和增强道德意识，提高对法律的认识，这不仅有利于个人的全面发展，也有利于维护农村社会的公平与正义，对构建和谐的农村社会，促进农村地区的长期稳定发展具有显著效果。这种培育模式还重视提升农民的就业技能和市场适应能力。在经济全球化和市场经济的背景下，农民面临着激烈的市场竞争和不断变化的就业环境。通过系统的培训，农民能够获得更多的就业机会，提高自己的生活水平，从而有效地推动农村地区的经济发展和社会进步。

（2）以促进平衡为原则开展农业发展的产业支持培训。"工程型"模式主张在政府的领导下，依托平衡发展原则，实施农业发展的产业支持培训。中国作为一个农业大国，尤其是在资源丰富的西部地区，拥有发展现代农业的巨大潜力。这些地区的资源优势明显，但要实现现代农业的发展，关键在于培养具有经营与管理能力的新型职业农民。缺乏这样的专业人才，现代农业的发展将难以从理想转化为现实。在这些地区，发展现代农业的含义不仅局限于对特色农业的大力发展，还包括对农业生态的保护与功能发挥。这需要综合考虑生态保护和农业发展之间的平衡，确保在追求经济效益的同时，促进生态环境的可持续发展。构建并实施"工程型"模式，政府能有效地调动和集中资源，针对性地开展培训项目，以培育具备现代农业知识和技能的新型职业农民。这些培训项目不仅聚焦于农业技术的传授，还包括现代农业管理、市场营销、生态环境保护等多方面的知识。这样的全面培训有助于农民更好地适应现代农业的需求，成为推动区域农业发展和生态环境保护的重要力量。不得不提的是，"工程型"模式下的培训项目还注重提升农民的整体素质，包括创新能力、环保意识、市场适应能力等，这对于提高整个农业行业的竞争力和促进农业的可持续发展具有重要意义。在政府的主导和组织下，"工程型"模式能够确保培训项目的系统性和连贯性，使得培训成效更为显著。

2."市场型"模式——以校企合作为主导

新型职业农民培育模式的发展反映了经济和社会发展的深刻变化。在新型职业农民培育的早期阶段，政府的引领和资金投入发挥了决定性作用。然而，随着社会对这一职业认可度的提升以及现代农业生产利益的增长，社会对新型职业农民的需求也随之增加。这种需求的增长预示着新型职业农民的培育将逐渐演变为市场驱动的行为。这一趋势可能在经济较为发达的区域有所显现，如中国的东部和沿海地区。因为这些地区的经济发展速度较快，已经完成了产业和就业结构的转型升级，为农业提供了工业反哺的可能。在这些地区，新型职业农民培育的市场需求更为明显。

在这种背景下，政府主导的培育模式正在逐步向市场化运作模式转变，其中以校企合作为主导的"市场型"模式逐渐成形。这种模式的特点是通过教育机构和企业之间的合作，为农民提供灵活多样的培育途径。这样的合作不仅有利于培育计划与市场需求紧密对接，也能够为农民提供实践与理论结合的学习机会。通过这种合作，新型职业农民能够获得更为实际和全面的技能培训，从而更好地适应现代农业的需求。"市场型"模式的发展对于新型职业农民的培育具有重要意义。它不仅符合市场需求的变化，还能够促进培育工作的高效性和可持续性。通过校企合作，新型职业农民的培育能够更加注重实用性和前瞻性，为现代农业发展提供了坚实的人力资源支持。这种模式还有助于促进农业与教育的深度融合，推动农业现代化进程，同时为农民提供更广阔的发展空间和更多样化的职业选择。

3. "协同型"模式——以政校企联动为主导

新型职业农民培育模式的发展及实施是一个多元化、协同性强的系统性项目。在这个系统中，政府、涉农企业以及职业教育培训机构发挥着关键作用。政府不仅提供政策和财政上的支持，还在制度层面为这一项目奠定基础。涉农企业通过投入人力和资源，直接参与培育工作，而职业教育培训机构则致力设计并实施有效的培养方案，为新型职业农民提供理论和实践双重培训。"协同型"模式的成功实施，依赖于政府、涉及企业及职业教育培训机构之间的协调合作。

新型职业农民培育的特别之处在于其既具备公共产品的特性，也兼具私人物品的属性。这一特点要求政府、教育机构和企业之间共担责任、密切协作，共同促进这一项目的发展。政府在这一过程中扮演着主导角色，其负责提供促进农民基本素质提升和涉及农业生产通用技术的教育和培训。涉农企业如农业科技园区、龙头企业和科研院所往往承担着特色农业生产技术的培训任务。在"协同型"模式中，政府需要通过完善培训投资和管理机制，建立一个政府、教育机构和企业分工明确、互利共赢的合作框架。这种机制不仅提高了培训效果，而且确保了新型职业农民培育工作的持续性和系统性，为农业现代化和乡村振兴提供了有力的人才支撑。在此模式下，政府、教育机构和企业的角色互补，共同构建了一个多维度的培育网络。政府通过政策引导和资金支持为新型职业农民培育提供了稳定的外部环境，教育机构通过专业知识和技能培训提高了农民的职业素养，企业则通过实践机会和技术支持，使农民能够快速适应现代农业的要求。这种合作模式有效地将理论与实践相结合，为新型职业农民提供了全方位的培养体系，不仅促进了农民的成长，也为农业产业的发展注入了新的动力。

4. 开放式的"远距离"模式

随着现代教育技术和网络技术的不断发展，新型职业农民的培育方式变得更加多元化和开放。除传统的集中式培养模式之外，互联网技术的应用使得在线教育培训成为一种新的可能。特别是中高等职业院校，他们正逐渐建立起开放式的远程教育培训模式，有效地利用了现有的教育资源，并通过构建网络教育资源共享平台，为农民提供了远程开放性的网络教育培训机会。这种新的教育培训方式不仅提高了教育的可达性和普遍性，还通过创新的教育方法提升了教育的质量和效率。

在这种开放式的远程教育模式下，中高等职业院校能为致力现代农业发展的新型职业农民提供丰富多样的教育资源。新型职业农民可以在忙碌的农业生产之余，根据自己的需要，通过网络自主选择学习的内容和安排学习的时间，提升自己的职业技能，进而实现个性化学习。为了增加互动性和实用性，这些院校还设立了现场辅导交流点，定期邀请专业教师或专家进行现场教学和学习指导。这种模式的灵活性、开放性、规模性和便捷性，使得学习不仅变得简单便捷，还能有效地满足农民的个性化学习需求。由于教育培训不受时间和空间的限制，这种模式对偏远地区的学员尤其有利，他们能够随时随地接受教育，提升自身素质。远程教育模式不仅为新型职业农民提供了更加灵活的学习途径，还通过教育技术的创新，使得学习过程更加便捷和高效。这种培训方式不仅为农民提供了更广泛的学习资源，而且打破了传统教育模式中的地理和时间限制。这对于那些有意愿接受现代职业培训但受限于地理位置或时间的农民来说，是一个巨大的进步。这种模式的实施，有效地促进了更多农民接受现代化职业培训，有助于推动整个农业行业的现代化发展。

二、新型职业农民培育体系的构建

（一）建立目标责任机制

在构建新型职业农民培育体系的过程中，建立一个明确的目标责任机制至关重要。这个机制的核心是支持和推进农业现代化建设，确保培训内容与农业生产的实际方式及劳动力的发展水平相匹配，从而促进农业和农村经济的发展。这种培训致力于平衡社会结构，满足农村地区的发展需求及农民的致富愿望。当前，中国正在努力引导各种机构参与新型职业农民的培育工作，为资金投入、教育资源的建设和就业渠道的拓展提供全面的保障。这种趋势的出现表明，教育培训领域正在经历从政府主导到市场化和多元化主体参与的重要转变。这种转变对于更好地满足农民的实际需求，提供更广泛和多样化的教育资源至关重要，它能有效促进农民技能的提升。多方面参与的模式不仅提高了教育培训的质量和成效，而且为农民开拓了更广阔的就业机会和增收途径。新型职业农民教育培训体系的建设需要注意以下两方面。

一方面，国家对新型职业农民教育培训工作进行公益性定位。这要求各级政府明确新型职业农民教育培训机构的公益性质和具体职能。为此，新型职业农民教育培训的经费应被纳入各级政府的财政预算中，以保证资金的稳定性和充足性。这样的财政投入和政策支持对于确保新型职业农民教育培训机构的稳定发展至关重要。政府需要加强对新型职业农民教育培训工作的领导和支持，确保教育培训资源得到合理分配和高效利用。通过这种方式，培训机构可以为农民提供更系统、更全面的教育和培训服务，帮助他们提升技能，适应现代农业发展的需求。这种对新型职业农民教育培训工作的重视和投入，不仅有利于提高农民的整体素质和生产效率，而且对于推动农村经济的发展和农业现代化进程具有重要意义。

另一方面，为了确保新型职业农民教育培训工作的有效实施以及稳定持续发展，加快教育培训目标责任机制的构建尤为重要。在当前阶段，提升各级政府及相关部门对于新型职业农民教育培训工作的责任感和积极性显得尤为关键。为此，各地政府可以吸取中国一些农村地区的成功经验，将新型职业农民的培育纳入国家发展规划，并将培育任务及持证新型职业农民的数量纳入政府综合考核指标。这要求各地政府更加积极主动地落实新型职业农民教育培训的资金、设施和管理措施，确保培育工作能够有效地进行并取得良好的效果。新型职业农民教育培训目标责任机制的建立不仅有助于明确各级政府在新型职业农民培育中的责任和角色，还能够确保教育培训资源得到合理分配和高效利用，为新型职业农民的培育创造更加有利的条件。

（二）建立持续培养农业人才的教育培训制度

构建新型职业农民培育体系的一个重要方面是建立持续培养农业人才的教育培训制度，它是包括针对现有农民的教育培训制度和针对农业后继者的教育培训制度的总体配套制度。

1.建立针对现有农民的教育培训制度

针对现有农民的制度旨在服务当前阶段可接受教育培训的所有新型职业农民，从而为乡村人才振兴提供支持和保障。在当下的农业生产经营活动中，职业农民的角色至关重要，他们的科学知识、技术技能和经营管理能力直接影响着农业生产力的水平。因此，发展农科职业教育，特别是中等职业教育和农业系统培训，成为提高农民科学文化素质和技术能力的关键。这种教育和培训不仅可以培养具有一定文化基础和生产经验的农民成为现代农业的专业经营者，而且能够有效提升农业生产力。为了实现这一目标，建立一个面向农民的农科职业教育制度至关重要，农科职业教育制度能够鼓励更多农民参加农科学历教育，通过结合农学与弹性学制的教育模式和送教下乡等方式，使农民能够接受更高水平的农科教育。这种教育旨在培养具有中、高等职业教育水平的新型职业农民，使他们具备与现代农业发展需求相适应的科学文化素质、技能水平和经营能力。

2.建立针对农业后继者的教育培训制度

针对农业后继者的教育培训制度旨在为未来的新型职业农民提供教

育培训支持和保障。随着农民职业化进程的深入发展，职业农民队伍正逐步向着更加稳定和成熟的方向发展。在这个过程中，培养一代又一代富有农业热情、知识深厚、具备良好经营技能的新型职业农民至关重要。这不仅是农业可持续发展的需要，也是农业现代化进程中不可或缺的环节。为了达到这个目标，建立支持青年农民的体系显得尤为关键。这个体系包括为从农业院校毕业，并选择回到农村从事农业生产或在农业领域创业的毕业生，提供就业补贴、土地流转、税费减免、金融信贷及社会保障等方面的全面支持。实施这些措施的目的在于激发、引导和吸引农业院校学生投身农业领域，转变为新型职业农民。

构建针对农业后继者的教育培训制度还包括建立针对农业院校的定向招生支持制度，对于定向招录来的来自农村的青年、种养大户、家庭农场主、合作社领导者等"农二代"，在实训基地建设等方面给予特别的支持。这一政策旨在鼓励和支持农业院校设立新型职业农民学院或办好相关的涉农专业，从而为培养新一代新型职业农民创造良好的条件。这些政策的实施将有效地培养出具备现代农业所需知识和技能的新型职业农民，为农业的未来发展打下坚实的人力资源基础。对青年农民提供教育和职业发展的支持，不仅可以激发他们的创业热情，增强实践技能，还能确保农业行业不仅在当前保持竞争力，而且在未来能够持续发展，为乡村振兴提供强有力的支持。

（三）加强产业部门对培训教育新型职业农民的支持

在乡村人才振兴的背景下，新型职业农民培育体系的构建需要从以下几个方面加强产业部门对培育教育工作的支持，如图4-8所示。

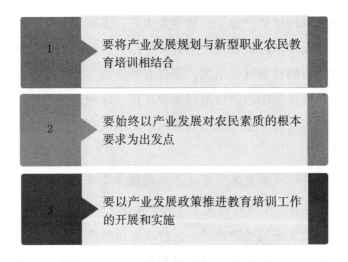

图 4-8 构建新型职业农民培育体系的要求

培育新型职业农民本质上涉及对专业农民的培育，以及对现代农业生产经营主体适应农业产业化发展的能力的提升。农业生产和经营的区域性与产业性特点要求新型职业农民的教育培训工作必须紧密结合实际生产的需要。这意味着当地政府要结合产业的发展培育新型职业农民，并且在培育新型职业农民的过程中促进产业的发展，从而实现新型职业农民培养和产业发展相互促进的良性循环。

1. 要将产业发展规划与新型职业农民教育培训相结合

在培育新型职业农民的过程中，至关重要的一点是确保培养计划与农业产业的发展规划保持同步，并满足农业产业发展对劳动力的整体和结构化需求。这样的培养模式，以满足现代农业发展对农业和农村人才的需求为基础，并综合考虑了中国现代农业产业布局及各地区的农业发展实际情况。培训内容应紧密结合各地区的主导产业，聚焦于满足当地现代农业发展迫切需要的关键技术、经营管理知识和市场信息等领域。产业发展规划与新型职业农民教育培训的结合也需要重视思想道德教育和文化素质的提升，目的是全面提高农民的综合素质。教育培训的重点应放在各地区的优势产业上，将专业大户、家庭农场主、农民合作社领办人、农机操作员以及农业技术人员等作为主要的培训对象。针对这些关键人群进行的技能强化培训，不仅有助于提高他们的专业技能，还能让他们在产业发展中起到示范和领导作用。这种有针对性的教育培训策略致力于培养具有专业技能的农业人才，从而有效地引导并推动整个产业的发展。

2.要始终以产业发展对农民素质的根本要求为出发点

将新型职业农民教育培训工作有效地纳入产业发展政策的支持体系，是推动其成功实施的关键举措。这种政策保障作为影响教育培训的主要外部因素，对教育培训的执行环境和推进力度起着决定性作用。产业发展政策的具体制定和实施程度直接影响产业的成长潜力和发展水平，还决定了产业对新型职业农民的吸引力和培养需求。新型职业农民教育培训的重点应放在与产业发展紧密相关的领域，确保教育培训内容与新型经营主体、主要生产区域及标准化生产之间的有效协同。将新型职业农民放在核心位置，利用现有的补贴、优惠政策、支持和扶持措施，提升新型职业农民教育培训在产业发展中的战略地位至关重要。这种策略不仅有助于乡村吸纳从事农业生产的关键人才，而且促使新的产业发展政策更加直接地支持新型职业农民。

3.要以产业发展政策推进教育培训工作的开展和实施

教育培训的核心应放在满足产业发展对农民素质的基本要求上。在宏观层面，新型职业农民的教育培训应考虑农业生产和农民个体素质的多样性，根据不同培养对象的特点进行分类。在微观层面，新型职业农民教育培训的重点是针对各个产业的特点，提出对新型职业农民的能力和素质要求，并探索符合新型职业农民需求的教育培训新模式。考虑到不同产业对农民的素质和技能需求存在的差异，教育培训的目标是提高边际生产率，减少劳动力流动对农业生产的制约影响。这就要求劳动力按照产业链需求进行相应的学习和培训，进而开展专业化培训。培训重点应放在产业发展的关键技术上，并在此基础上增加产业培训课程。在依据产业发展政策推进教育培训工作的过程中，当地政府还应重视产业发展中的经营和管理环节，确保新型职业农民在"爱农业、懂技术、善经营"的方向上成长为现代化的农业从业者。这种教育培训模式的实施，旨在塑造具备现代农业所需技术知识和经营能力的新型职业农民，从而更好地满足产业发展的实际需求，促进农业生产的效率和质量提升。

（四）构建多元协同的新型职业农民教育培训体系

1.构建"一主多元"体系

在构建新型职业农民的教育培训体系中，遵循"政府主导、行业管理、产业导向、需求牵引"的综合原则至关重要。"一主多元"体系致力集结不同领域的优势资源，以形成一个全面和多元化的教育培训网络。这个网络的核心是专业的农民教育培训机构，如农广校和农民科技教育培训中心，它们提供了教育培训的主要平台。而农业科研机构、农业院校和农技推广服务机构以及其他社会组织，可以作为这一体系的重要补充，共同参与新型职业农民的培育过程。"一主多元"体系还包括农业园区、农业企业和农民专业合作社，这些作为实际操作基地的机构，不仅为农民提供现场实践的机会，还有助于教育培训内容与农业实际需求的紧密结合。这一教育培训体系的构建，旨在为新型职业农民提供全面的学习和成长平台，帮助他们适应现代农业的要求，提升其整体素质和专业能力，满足新型职业农民在教育和培训方面的多样化、广泛性、常规性以及制度化的需求。而通过综合性的教育培训，新型职业农民将能够更好地参与现代农业生产，为农业产业的发展和创新作出重要贡献。这一体系的成功实施，不仅对农民个人的发展至关重要，对推动农业产业的持续进步和乡村振兴战略的实现也具有显著意义。

2.建立并完善多元参与协作机制

促进新型职业农民教育培训工作有效开展的关键在于充分利用和动员各类教育培训资源，促进相关机构的积极参与，共同构建一个包罗万象的联合教育和培训网络。这个网络应该包括农业科研院所和农业院校，它们应当加强社会服务职能，将科研成果、教学活动和推广服务有效地结合起来，为农民教育培训提供支持。创新农业推广服务的方法也非常重要，鼓励农技推广服务机构将新型职业农民教育培训与试验示范、成果转化和技术推广紧密结合，可以增强新型职业农民的技术吸收和应用能力。农业园区和农业企业也应发挥其在产业化经营中的优势，进一步完善新型职业农民教育培训的设施和条件，建立现场教学和实训基地。这样做不仅为新型职业农民提供了实践学习的机会，还有助于他们更好地理解和应用农业知识。值得说明的是，农民专业合作社在这一体系中扮演着至关重要的角色，它集教育培训对象、内容和需求于一体，成为新型职业农民教育培训与农业产业发展结合的有效平台。

3.加强教育培训队伍建设

确保新型职业农民教育培训的有效性和高效性，关键在于得到相关部门的支持，并实现人员编制的合理分配，建立一个专业且与农业院校的职能相符的办学团队。这个过程涉及精心选配校级管理团队，并且吸纳具有农业科学背景、持有大专及以上学历的专业人员加入专职教师行列。在构建新型职业农民培育体系的过程中，教育培训队伍的建设还要求对专职教师的职称评聘体系进行完善，改善工作条件，并提高他们的收入，以此增强教师队伍的整体素质和教学成效。探索建立新型职业农民教育培训导师团和绩效考核激励制度，有助于吸引农业科研院所、农业院校、农技推广机构的专家、教授、技术人员、农业企业管理人员以及杰出的农村实用人才加入兼职教师队伍。这一措施旨在打造一个数量充足、结构合理，并且综合素质高的兼职教师队伍。为提升师资团队的教学能力，各地政府应开展师资队伍建设项目，以能力提升为中心，对包括校长、教学管理人员和专、兼职教师在内的教育团队进行定期轮训。这样的综合努力旨在确保新型职业农民教育培训的专业性和效率，通过高质量的教学资源和有效的教学管理，为农业产业的发展培养更多合格的新型职业农民。

4.切实改善教育培训设施条件

构建新型职业农民教育培训体系的过程中，关键的一环是实质性地改善和提升教育培训设施的条件。教育培训设施的改善旨在为新型职业农民提供一个更为广泛和深入的学习平台，其包括但不限于传统的教室设施，还涵盖"空中课堂"、远程教育、移动教学单元以及"田间课堂"等多种教学模式。通过整合这些多样化的教育渠道，农民可以在不同的环境中学习，从而更全面地掌握现代农业所需的技能和知识。改善教育培训设施不仅涉及物理空间的升级，也包括教学资源和方法的现代化，以满足新型职业农民的多元化和专业化需求。改善教育培训设施的物理条件包括配备现代化的教学设备，如多媒体教学工具、实验室和实习基地，以及提供符合安全标准的学习环境。这样的设施不仅有助于提高教学的效率和质量，还能增强学习的互动性和实践性。教学资源和方法的现代化要求对教育内容进行创新和丰富，这是改善教育培训设施的重要要求。在新型职业农民培训过程中，课程设计不仅要覆盖农业生产的基础知识，还应包括市场营销、农业科技、环境保护等方面的先进知识，以便新型职业农民能够全面发展，适应现代农业的多方面挑战。教育培训设施的改善还需要体现在师资队伍的建设上。这涉及吸引和培养一支专业且经验丰富的教师团队，他们不仅要精通农业知识和技能，还应具备现代教学方法的应用能力。组建这样的师资队伍，可以确保教育培训内容的质量和实用性，同时激发学员的学习兴趣和参与热情。

第四节 基于乡村人才振兴的新型职业农民终身学习机制构建

一、新型职业农民终身学习机制的理论基础

（一）终身教育与终身学习的关系

终身教育与终身学习之间的关系是密切且互补的。相较于终身学习，终身教育是一个更广泛的概念，它不仅包括系统的教育过程，如学校教育、职业培训等，还包含非正式的学习活动，如个人阅读、社区参与、工作经验等。终身教育的核心在于提供一个持续学习的环境和框架，鼓励个人在其一生中不断学习和成长。终身学习则是终身教育理念的具体实践，它强调个人在整个生命过程中主动获取知识和技能的过程。终身学习涉及个人的自主学习行为和动机，它不仅局限于传统的教育场所，还包括工作场所、家庭、社区等各种非正式环境中的学习活动。本节将以终身教育的视角阐述终身学习的思想内核与意义。

（二）保罗·朗格朗的终身教育思想

1965 年，法国著名教育思想家和成人教育家保罗·朗格朗（Paul Lengrand）在联合国教科文组织召开的第三届促进成人教育国际委员会议上作出了一份主题为"éducation permanente"的学术报告，该报告在当时引起了很大反响。1985 年，朗格朗出版其著作《终身教育引论》，在他看来，"终身教育"是"一系列很具体的思想、实验和成就。换言之，终身教育是完全意义上的教育，它包括了教育的各方面、各项内容，从一个人出生的那一刻起一直到生命终结为止的不间断的发展，包括了教育各个发展阶段各个关头之间的有机联系"。朗格朗围绕"生活""终身""教育"三个基本概念，将终身教育理论概括为 5 点：①连续性的教

育有利于知识的及时更新；②应根据社会不同发展阶段的具体要求和发展目标制订适当的教育计划，选择合适的教育方法；③各个教育阶段都应结合社会的发展变化，培养能快速融入现代生活、推动现代社会发展的新人；④充分利用各种新的培养信息和训练手段进行教育；⑤将教育的目标与政治、工业、商业、技术等多个方面联系起来。朗格朗的终身教育理论以成人教育的角度为出发点，虽然作出了不少论述，但并未为终身教育进行较明确的定义。

（三）新型职业农民培育终身学习的意义

随着时代的发展，我国农业正从传统模式转向现代化，这一转变不仅体现在农业生产、管理和服务方式上，而且表现为土地流转的加速和种植大户的出现，农业机械化作业日益普及，农村养殖业正向专业化、合作化方向发展。这些变化对农业劳动力的素质提出了新的、更高的要求。如果农民的素质不能得到相应提升，农业生产力的发展将受限，农民的收入增长也会放缓。因此，对传统农民实施继续教育、推动农民终身学习、提升农民素质成为时代发展的必然趋势。在现代农业的背景下，农业生产变得更加精细化和高度集中，要求从事各个生产环节的人员都必须掌握相应的技能，以适应工业化的步伐。现代化的农业对应的是具备现代知识和技能的农民，特别是在土地资源越来越紧缺的今天，农民必须掌握现代农业技术和市场运营知识。此外，现代农业还需要具备良好经营能力的农民，因为农产品的商品化要求高效率和规模化的生产，这就需要农民具备强大的经营管理能力。因此，为了推动现代农业的发展，必须培育具有终身学习意识的新型职业农民，促使他们持续接受教育，不断提升自身素质。

（四）我国关于终身教育的政策文件

2010 年 7 月 29 日，国家中长期教育改革和发展规划纲要工作小组办公室发布了《国家中长期教育改革和发展规划纲要（2010—2020年）》，该文件要求"构建灵活开放的终身教育体系。发展和规范教育培训服务，统筹扩大继续教育资源。鼓励学校、科研院所、企业等相关组织开展继续教育"。[1]2019年2月23日，中共中央、国务院印发《中国教育现代化2035》，该文件要求"构建服务全民的终身学习体系"，为中国教育现代化建设的方向、实施路径和保障措施提供科学、明确的指导。[2] 根据2021年4月29日第十三届全国人民代表大会常务委员会第二十八次会议《关于修改〈中华人民共和国教育法〉的决定》第三次修正，《中华人民共和国教育法》就终身教育明确指出："国家适应社会主义市场经济发展和社会进步的需要，推进教育改革，推动各级各类教育协调发展、衔接融通，完善现代国民教育体系，健全终身教育体系，提高教育现代化水平。"[3]

二、政府的多途径保障

在乡村人才振兴背景下，在新型职业农民培育过程中，政府应从如图4-9所示的3个方面为新型职业农民终身学习机制的构建提供保障。

---

[1] 国家中长期教育改革和发展规划纲要工作小组办公室.国家中长期教育改革和发展规划纲要（2010-2020年）[EB/OL].（2010-07-29）[2023-11-17].http://www.moe.gov.cn/srcsite/A01/s7048/201007/t20100729_171904.html.

[2] 中共中央,国务院.中共中央、国务院印发《中国教育现代化2035》[EB/OL].（2019-02-23）[2023-11-17].http://www.moe.gov.cn/jyb_xwfb/s6052/moe_838/201902/t20190223_370857.html.

[3] 中华人民共和国教育部.中华人民共和国教育法[EB/OL].（1995-9-1）[2023-11-17].http://www.moe.gov.cn/jyb_sjzl/sjzl_zcfg/zcfg_jyfl/202107/t20210730_547843.html.

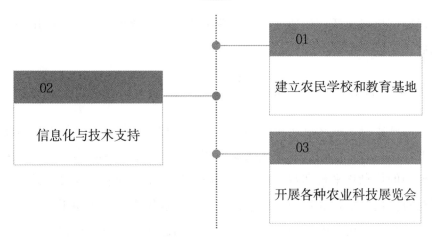

图4-9　政府为构建新型职业农民终身学习机制提供的保障

（一）建立农民学校和教育基地

在推动农民终身学习的过程中，建立农民学校和教育基地是一项关键措施。政府通过支持这些专门机构的建设，致力于为农民提供一个集教育、培训和实践于一体的综合学习环境。这些农民学校和教育基地不仅充当了知识传递的桥梁，还是农民提升技能和创新实践的重要平台。农民学校和教育基地提供的课程内容贴近农民的实际需求，包括现代农业技术、农产品市场营销、农业管理等多个方面。这些课程旨在增强农民的实用技能和理论知识，帮助他们更好地适应农业现代化的要求。除了理论教学，这些机构还重视实践操作，如农田管理、农机操作和农产品加工等实操课程，使农民能够在实际操作中学习和掌握新技术。这些学校和基地也是农民交流和相互学习的平台。农民可以在这里分享自己的经验和技巧，互相学习，共同进步。这种交流不仅促进了知识和经验的共享，还增强了农民社区的凝聚力和创新能力。政府支持的农民学校和教育基地在提升农民整体素质和技能水平方面起着显著作用。这些机构不仅为农民提供了学习新知识和技能的机会，还为他们的个人发展和农业生产方式的转型开辟了新路径。通过这些教育基地的建立和发展，农民能够更好地适应快速变化的农业环境，为农业现代化和乡村振兴作出更大贡献。

（二）信息化与技术支持

信息化与技术支持在新型职业农民的终身学习过程中发挥着至关重要的作用。为了促进农业现代化发展和提高农民的整体素质，政府建立了专门的信息化平台和数据库，为农民提供了丰富的农业相关信息和学习材料。这些平台和数据库的建设，旨在为农民提供一个易于访问、内容丰富且实时更新的学习资源中心。这些信息化平台不仅包含传统的农业知识，还涵盖了最新的农业技术和市场动态，使农民能够及时了解农业领域的最新发展动态。这些平台还为农民提供了各种互动学习工具和在线课程，帮助农民更加便捷地学习新技术，如智能农业设备的操作和维护。通过视频教程、互动问答和在线实操模拟等形式，农民可以在实践中学习，进而更好地掌握这些新技术。智能农业设备的使用和维护教学特别重要，因为这些技术正在逐渐成为现代农业的重要组成部分。信息化平台则为此提供了关于如何有效使用这些设备的详细指南和教程，包括土壤分析、精准施肥、自动灌溉系统和农作物健康监测等。通过这些学习资源，农民不仅能提高自身的技术水平，还能提高农业生产的效率和质量。

（三）开展各种农业科技展览会

政府在推动新型职业农民终身学习和农业现代化进程中，举办了各类农业科技展览会。这些展览会包括农业科技展览会、农产品博览会、农机创新发明博览会等，主要目的是展示先进的农业技术和实践。这些活动不仅向农民展示了最新的农业技术成果，还为农民提供了宝贵的学习和体验机会，使农民能够直观地了解和掌握这些先进技术。在农业科技展览会上，农民可以近距离观察和了解各种高新技术，如智能农业设备、生态农业技术、精准农业应用等。通过现场演示和互动体验，农民能够更加直观地理解这些技术的操作方法和应用效果。展会上的专家讲解和技术交流会，为农民提供了深入了解先进技术背后原理的机会。农产品博览会和农机创新发明博览会则更加注重展示农业生产的全过程和成果。在这些展会上，农民不仅能看到各种创新的农业机械和工具，还能了解到不同农产品的种植、加工方法和市场营销策略。这为农民提供了一个学习如何提高农产品附加值和市场竞争力的平台。这些展览会的举办，不仅在技术层面上为农民提供了学习的机会，还在心理层面上激发了他们实施先进技术和方法的积极性。通过展现新技术在农业生产中的实际应用，农民的终身学习动力得到了极大增强。这种实践和展示相结合的方式，有效地帮助农民认识到学习新技术的重要性，鼓励他们在自己的农场和社区实施这些先进技术，从而促进农业生产方式的转型和升级。

三、教育资源的共建共享

（一）教育资源的类型

1.学校教育

在当今乡村人才振兴的过程中，参与新型职业农民终身学习的学校主要有乡镇成人文化技术学校、中等职业学校、高等学校三个教育主体，不同教育主体在新型职业农民终身教育方面发挥不同作用，全面提升乡村新型职业农民的知识与技能。乡镇成人文化技术学校通常位于农民家门口，方便农民接受教育，这一点在中国农村地区尤为重要。考虑到中国农村现代化发展和建设对劳动力需求的不断增加以及提高劳动者文化水平的迫切需要，这些学校为农民提供基础文化知识和实用农业技术等方面的学习。这些学校不仅是农村成人教育的根基，更是培养新型职业农民的重要力量。这些学校的存在意义远远超过短期的教育任务，它们是实现现代农业发展和新农村建设的长期战略。2014年3月，《中等职业学校新型职业农民培养方案试行》的发布标志着我国中等职业学校首次敞开大门，向成年农民提供教育资源，这为新型职业农民的终身学习提供了强大的教育资源支撑。该文件将有关农业劳动力的实际教学管理情况和其学习能力纳入学员筛选依据，将招生对象年龄限制在50岁以下，这不仅为在职农民提供了学历教育的机会，而且有效地解决了新一代农民培养的持续性问题。高等学校和研究机构旨在培养应用型人才，如涉农高级专门人才和高级职业农民。这些机构拥有一流的教师团队，他们精通最新的农业知识、技术和教育方法，还配备了先进的教学设备，这些资源使其在人才培养、科研实力和社会影响力方面处于领先地位。此外，这些高等教育机构还拥有融合和协调各方资源的能力，这使其能够有效地实施新型职业农民的培养计划，最大化地发挥各种教育和培训资源的效用。

2.负责农技培训的农业农村部门的教育资源

在农村地区，广播电视是最常见的信息传播手段之一，它的身影几乎遍布农村的家家户户。农业广播电视学校由农业农村部门管理，由多个部门合作办学，构成了一个既纵向串联又横向联合的开放型农业教育体系。该学校依托农业农村部门提供的设施、场地、技术和设备，对农业系统内的各种资源进行了优化整合。通过广播、电视和网络等现代传播技术手段，农业广播电视学校进行远程农业教育，为不同学习群体提供了不同的学习服务，涉及农业和管理类的20个专业。这种多形式、跨学科、多层次和多功能的办学方式，完全满足了农民和基层干部终身学习的需求。农业广播电视学校的办学形式极具灵活性，涵盖了全脱产和非脱产等多种形式，能突破时间与地域的限制，将文化知识和农业科技直接传递到每个村庄、每户人家，从而为乡村干部、骨干农民、科技示范户、基层农民等的终身学习提供可靠支持。

3.农村社区教育资源

农村社区有十分丰富的教育资源，如民俗馆、社区与教育中心、文化大讲堂、老年大学、村落文化馆等，其中，社区图书馆的建设对新型职业农民终身学习具有重要意义。社区图书馆属于基层公共图书馆，是重要的知识传播与信息共享平台。社区图书馆不仅是知识的汇聚中心，也是现代科学知识和社会主义先进文化的宣传阵地，能有效满足农民对精神文化生活的需求，并促进他们信息素养的提升。社区图书馆为农民提供了丰富的专业书籍资源，涵盖农产品市场营销、农业种植与养殖技术、农业机械操作以及农业企业管理等多个方面，满足了农民对各类知识和技能自学的需求。总而言之，社区图书馆在推动农业从传统向现代转型的过程中扮演了至关重要的角色。

4.互联网远程教育资源

随着农村经济和教育的进步，越来越多的农民已经掌握了计算机和互联网的使用技能。这一变化引发了他们学习方式的革新，即从传统的书籍、报纸和杂志获取信息的方式，转变为更多依赖互联网来获得所需知识。现在，随着信息技术和互联网技术的广泛普及和发展，各地已经开始建设专门针对新型职业农民的学习网站和资源平台，这成为新型职业农民培育体系建设中的一个关键环节。这些农民学习网站能够为农民提供多方面的服务，包括信息服务、生产经营、科技咨询以及产销过程的辅导等。其能够在适当的时机向农民提供合适的教育和培训资源，从而满足他们灵活多样的学习需求。这样的进步不仅为农民个人的知识积累和技能提升提供了便利，也为整个农业行业的现代化和高效发展奠定了坚实的基础。

（二）资源的多元化供给

1.政府主导构建资源的多元化供给体系

政府在构建资源的多元化供给体系中扮演着关键角色，特别是在提高新型职业农民培育资源供给效率方面。首先，政府致力于加强资源供给能力的建设，确保教育、技术和其他必要资源供给的充足。这不仅涵盖了传统资源的提升，还包括对新型教育工具和技术的引入、新教育平台的建设和推广，从而为新型职业农民的培育创造了坚实的基础。其次，政府努力在资源的供应和需求之间取得平衡，这意味着资源的分配将更加公平和高效，确保所有农民都能够访问和利用这些资源来提升自己的技能和知识水平。具体而言，政府应建立合理的农民教育制度，并基于培育资源的供给情况做出合理调整，实现培育资源的供需平衡。最后，政府致力于完善资源供给的监督机制，这不仅保证了资源分配的透明和公正，还意味着持续的质量控制和优化，以确保所有资源都能得到有效利用。这些努力共同促成了一个稳固且动态的资源供给体系的形成，为新型职业农民的终身学习提供了坚实的支持。

2.多部门引导和监督机构办学

在构建面向新型职业农民的终身学习体系中，劳动和社会保障行政部门与当地教育和农业行政部门携手合作，对民办培训机构进行严格监管，以确保这些机构规范运营并保证教学质量。这种监管不仅维护了教育市场的秩序，也确保了农民能接受高质量的教育和培训。政府自行举办的新型职业农民中等职业教育机构，以公益性为核心原则，致力于普及性教育项目的实施。这些机构的工作重点在于提升农民的职业能力和整体素质，通过提供广泛的教育资源和专业技能培训，为农民的职业发展和生活改善提供坚实的支持。政府运营的高等学校则聚焦于培养农业领域的高端专业人才和行业领军人物。这些高等教育机构通过高水平的教学和研究，为农业科技进步和农村发展培育出了一批批优秀人才，有效地推动了农业现代化和乡村振兴。

（三）加大资金激励强度，增强教育效果

对于新型职业农民来说，终身学习的动力源泉复杂而多样。一方面，他们学习的愿望源自个人成长和进步的内在需求。另一方面，外部的政策支持、资金援助和教育资源也对他们的学习意愿产生重要影响。其中，政策和教育资源的支持主要增强了他们学习的外部动力，而资金方面的激励则是激发他们终身学习内在动力的关键因素。资金激励在促进新型职业农民终身学习过程中发挥着至关重要的作用。例如，奖金的发放可以直接奖励那些积极参与学习、表现出色的农民，这不仅是对他们努力的认可，也是对其他农民的鼓励。低息甚至免息贷款的提供对于那些希望通过学习提升自身技能，但经济条件有限的农民来说，是一种重要的支持。其降低了他们接受教育的经济门槛，使更多的农民能够负担得起培训和教育的费用。同样，学费补贴也是一种有效的激励措施，它直接减轻了农民的经济负担，使他们能够更加专注于学习。这些资金激励措施的实施，不仅能够激发新型职业农民进行终身学习的内在动力，还能够在一定程度上平衡教育资源的获取和利用。通过这种方式，农民可以更加自由地追求个人发展，同时为农业现代化和乡村振兴贡献力量。

四、终身学习成效评估与持续改进

（一）科学合理的评估标准

在终身学习成效评估与持续改进的过程中，建立科学合理的评估标准对于新型职业农民的培养至关重要。这套评估标准的核心在于全面反映农民学习成果，具体包括反映农民的技能掌握程度、知识运用能力、

创新思维和实际操作能力等多个维度。评估标准需要综合考虑农业领域的实际需求和农民的实际情况，从而确保评估结果能够真实、准确地反映培训的效果，为农民提供实际可行的学习方向和改进措施。在制定评估标准时，关注农民技能掌握的深度和广度至关重要。这不仅包括农业基本操作技能，还涵盖了农民对新技术的理解和应用能力，以及对农业市场变化的敏感度。知识运用能力的评估，如农民如何将所学知识运用到实际农业生产中，也是评估标准的重要组成部分。这一点特别体现在农民如何处理实际农业问题和挑战的能力上。此外，创新思维的培养和评估也是评估标准中的一个关键要素。这意味着培训机构在对农民进行评估时，不仅要评估农民对现有知识和技术的掌握情况，还要评估他们对新情况的适应能力。

（二）多维度的评估方法

在新型职业农民终身学习的成效评估与持续改进中，采用多维度的评估方法对于提升农民的学习效果极为关键。这种评估方法结合定量和定性的评估手段，既关注农民对具体技术的掌握水平，也考虑农民的学习体验和满意度，从而为教育提供全面的反馈和改进方向。定量评估通常涉及考试和实操测试，这些方法可以直观地反映农民在技术掌握和操作能力方面的具体水平。考试可以检验农民对理论知识的掌握程度，而实操测试则更加关注他们将这些知识应用到实际农业活动中的能力。这种评估方式有助于识别农民在学习过程中的具体强项和弱项，为后续的教学内容和方法提供具体的调整依据。与此同时，定性评估如访谈和问卷调查等方式则提供了了解农民学习体验和满意度的机会。通过这些方法，培训机构可以深入了解农民的个人感受、学习动机、遇到的挑战以及对培训课程的整体评价。这些信息不仅有助于改进课程内容和教学方法，还能增强农民的参与感和满意度，从而提升终身学习的整体效果。评估农民将所学知识和技能应用到实际生产中的情况同样重要。这不仅是衡量农民学习成效的重要指标，也是判断农民能否将学习成果转化为实际生产能力的关键。通过分析农民在实际农业生产活动中的表现，培训机构可以更准确地评估教育培训的实际效果，还能为后续教学提供宝贵的实践反馈。

（三）持续改进培育内容

在终身学习成效评估与持续改进的过程中，对培训内容的持续改进对于提高培育质量和增强农民的学习效果至关重要。这一过程要求培训机构基于评估结果，灵活调整教学方法和课程内容，以更好地满足农民的实际需求。培训内容改进的重点可能包括加强对技术难点的培训，增加实用案例分析，以及引入新的教学技术和工具等，旨在不断提升教学效果，激发农民的学习热情。对于技术难点的强化训练，培训机构可以根据评估中发现的农民在特定技能或知识点上的不足，设计更具针对性的培训模块。这可能涉及更加深入和具体的教学内容，或者更加实际的操作指导，以帮助农民更好地理解和掌握关键技术。案例分析的增加可以将理论知识与实际应用相结合，通过分析真实或模拟的农业场景，使农民能够更好地理解如何将学到的知识应用于实际农业生产中。引入新的教学技术和工具也是提升培训质量的重要手段。这可能包括使用多媒体教学材料、虚拟现实技术或在线学习平台等，为农民提供更加丰富的学习体验。这些新技术的应用不仅可以提高教学内容的趣味性和互动性，还可以帮助农民更好地适应数字化时代的学习方式。在整个持续改进的过程中，培训机构需要保持对农民反馈和学习需求的敏感性，不断调整和优化教学策略。这意味着教学内容和方法的改进是一个动态的、持续的过程，需要根据农民学习效果的实时反馈进行调整。这种方式可以确保培训始终贴合农民的实际需求，有效支持他们在现代农业环境中的成长和发展。

（四）建立反馈与沟通机制

建立一个有效的反馈和沟通机制对于新型职业农民终身学习成效评估与持续改进至关重要。这一机制能够保证农民、教育机构及相关政府部门之间的意见和建议得到及时收集和处理。通过定期组织研讨会、论坛或工作坊，不同利益相关方能够就培训内容、教学方法、政策支持等话题进行深入交流和讨论，这种开放的沟通环境有助于及时发现并解决农民在学习过程中遇到的问题。通过这种反馈和沟通机制，农民可以直接向教育提供者表达他们的看法，这些信息对于调整课程内容、改进教学方法具有重要价值。培训机构和政府部门可以更好地理解农民的实际需求和挑战，从而制定更加适应农民需求的教育策略和政策。例如，如果农民反映某一技术难以掌握，培训机构可以及时调整培训方案，增加更多实践操作和案例分析，帮助农民更好地理解和应用这些技术。这种沟通机制还为政策制定者提供了宝贵的一线信息，帮助他们制定更加符合农村实际情况的政策。例如，政府部门可以根据农民的反馈调整资助项目，确保资金投入更加精准有效。通过这种机制，政府部门能够及时了解教育培训项目的实际效果，以及可能存在的问题，进而快速响应并采取措施加以改进。定期举行的研讨会、论坛和工作坊等活动，不仅是信息交流的平台，也是激发新思想和产生创新方案的场所。在这些活动中，农民、教师、政策制定者和其他利益相关者可以共同探讨农业发展趋势、新技术应用、教育创新等话题，这种多方位的交流和合作有助于形成更加全面和创新的教育解决方案。

第五章 乡村人才振兴视角下的新型职业农民新观念培育

第一节 基于乡村人才振兴视角的新型职业农民道德观念养成

一、道德观念的含义与基本内涵

《现代汉语词典》将"道德"解释为"社会意识形态之一，是人们共同生活及其行为的准则和规范。道德通过人们的自律或通过一定的舆论对社会生活起约束作用"。① 道德观念在人类社会中占据着核心地位，它是人们对自身、他人以及与世界关系的系统认识和看法。在中国传统哲学中，道德观念深刻地反映了善与恶、正义与非正义、荣与辱等基本的伦理判断。这些观念不仅是对行为准则的指导，也是社会和谐与个人品德发展的重要基石。对于新型职业农民而言，道德观念更是其思想意识和道德品质的集中体现。这包括了农民的人生观、价值观、道德观以及

---

① 中国社会科学院语言研究所词典编辑室.现代汉语词典：第 7 版 [M].北京：商务印书馆，2016：269.

思想品质。这些观念和品质不仅指导着农民在日常生活和工作中的行为选择，还影响着他们对社会责任和个人角色的理解。这些道德观念还包括传统思想和习惯，这些传统元素在一定程度上形塑了农民的行为模式和社会互动方式。随着社会的发展和文化的演变，新型职业农民的道德观念也在不断地发展和适应新时代的要求。这不仅意味着其需要积极吸收现代社会的道德理念，更意味着他们需要在传统道德观念的基础上进行创新和发展，以适应现代社会的需要，实现个人的全面发展和社会的和谐稳定，满足乡村人才振兴对高道德素质农民的需求。

道德观念具有一定的历史传承性。中华民族拥有悠久的文明历史，其道德资源丰富而深厚。这些道德资源体现在多个方面，首先，中华传统道德强调集体利益、国家利益和民族利益的重要性，其中包含了对社会、民族和国家责任意识的强调以及奉献精神的倡导。这种观念促进了个体与集体之间的和谐，增强了人们对于共同利益的认识和承担责任的意愿。其次，中华文化推崇的"仁爱"原则，强调人际的和谐与友爱，追求的是一种互助互爱、和谐共生的社会关系。"仁爱"原则不仅涵盖了家庭和社会的关系，也体现在人与自然的和谐共处上。再次，中华传统道德还讲求谦恭礼让，强调在人际交往中应克制骄傲和自负，保持谦逊和尊重他人的态度。这种文化传统促进了社会的稳定和谐，提升了人际关系的和谐度。最后，中华传统道德倡导言行一致，强调恪守诚信的重要性。诚信作为社会交往的基石，对于维护社会信任体系、促进经济社会健康发展具有重要意义。中华民族优良的道德传统不仅是人类文明的重要精神财富，也为当今社会主义道德建设提供了丰富的资源和深厚的文化土壤。在当代社会，继承和发扬这些道德传统，对于构建和谐社会、促进社会主义精神文明建设具有重要的现实意义。

不同时代赋予了道德观念不同的特征，作为上层建筑的重要组成部分，道德观念在不同时代环境下代表着不同的思想行为标准。随着改革开放的深入发展、新农村建设步伐的加快以及农民收入的不断增加，农民的道德观念和精神境界经历了显著的变化。一方面，农民对社会主义理想、信念和价值观的认同和理解逐渐加深，表明他们在思想上与国家发展步调保持一致，逐步树立起符合时代要求的价值导向。另一方面，农民的集体主义观念和互助精神得到了显著增强。在农村社区中，互助与合作的传统被进一步巩固和发展，体现了农民在面对挑战时的团结合作精神。随着科技进步和信息技术的普及，农民更加重视科学知识和技术在农业生产和日常生活中的应用，这不仅提高了他们的生产效率，也促进了生活方式的现代化。农民的伦理道德在不断充实和完善的过程中，逐渐形成了一种健康、科学、文明的生活方式。这种生活方式不仅体现在物质生活的提升上，更重要的是体现在精神层面的进步和发展上。道德作为精神文明建设的重要内容和标志，其在农民群体中的提升，是农村社会进步和文明发展的重要体现。人类道德的进步，是在一定的社会物质生活条件基础上产生的，它作为调节人与人之间利益关系的行为规范，对于促进社会和谐、保障社会公正具有重要意义。在这个过程中，农民的道德观念和精神境界的提升，为农村的精神文明建设贡献了重要力量。

二、党和国家对新型职业农民道德建设提出的新要求

2001 年，中共中央颁布《公民道德建设实施纲要》，文件指出："加强社会主义思想道德建设，是发展先进文化的重要内容和中心环节""努力建立与发展社会主义市场经济相适应的社会主义道德体系，对形成追求高尚、激励先进的良好社会风气，保证社会主义市场经济的健康发展，促进整个民族素质的不断提高，全面推进建设有中国特色社会主义伟大事业，具有十分重要的意义"。该文件立足社会主义市场经济视角，就公民道德建设与社会主义精神文明建设提出了一系列要求。在这份文件中，道德建设包括对爱国主义、集体主义、社会主义思想，为人民服务精神，崇尚先进、学习先进的良好风气以及科学、健康、文明的生活方式的培养，要求对道德建设在新形势下的规律与特点进行探索，将公民道德建

设提高到一个新的水平。作为农业生产、农村建设的主力军，新型职业农民道德建设应以这几个方面为出发点，全面提高其道德水平，建设文明新农村。

党的十八大以来，以习近平同志为核心的党中央对公民道德建设的重视程度日益提高，经一系列重要部署，国内思想道德建设水平有了显著提高。然而，在当前国际国内形势深刻变化和我国经济社会深刻变革的大背景下，世情、国情、党情的新变化和发展对公民道德建设提出了更高、更新的要求。2019年10月27日，为了与新时代的新要求相适应，中共中央、国务院印发了《新时代公民道德建设实施纲要》，该文件指出"加强公民道德建设、提高全社会道德水平，是全面建成小康社会、全面建设社会主义现代化强国的战略任务，是适应社会主要矛盾变化、满足人民对美好生活向往的迫切需要，是促进社会全面进步、人的全面发展的必然要求"。在新时代背景下，公民道德建设应"坚持社会主义道德观的根本地位""发挥社会主义核心价值观的引领作用""坚持贯彻集体主义的基本原则""落实社会主义'五爱'道德规范要求"。[①]

在当前农村现代化建设、农业现代化发展、乡村人才振兴的大背景下，培养有道德、讲文明、有素质的新型职业农民符合党和国家建设新时代中国特色社会主义国家的要求，符合文明新农村的建设要求。培养新型职业农民良好的道德观念，有利于乡村树立文明美好的风气，促进农村社会和谐稳定发展。

三、新型职业农民道德观念培育的主要内容

（一）以为人民服务为核心

为人民服务作为共产党员和领导干部的职责，同样适用于广大民众。这一观念的普遍性和包容性强调了无论在社会的哪个层面或岗位，每个

---

① 中共中央国务院印发新时代公民道德建设实施纲要 [N]. 人民日报,2019-10-28（1）.

人都能以自己的方式为社会作贡献。特别是新型职业农民，他们在各自的领域内，不受社会分工和个人能力的限制，都可以通过日常工作实践为人民服务的宗旨。在当前的社会环境中，提倡和强化为人民服务的道德观念显得尤为重要。这不仅是一种政治口号，更是深植于人们日常生活中的道德准则。将为人民服务的思想融入具体的道德标准，意味着在个人行为和决策中始终考虑到对社会的贡献和责任。处理个人与社会、竞争与合作、经济效益与社会效益之间的关系是实现服务人民理念的关键。在个人利益与社会利益之间找到平衡，既保持个人发展的动力，又不损害社会整体的利益，是每个人需要学习和实践的技能。理解和支持先富带动共富的理念，有助于构建更加和谐和平等的社会。尊重、理解和关怀他人是为人民服务理念的重要组成部分。在日常生活中对他人给予的尊重和理解，不仅体现了个人的道德素养，也是社会主义人道主义精神的具体体现。倡导正面的社会价值观，如反对拜金主义、享乐主义和极端个人主义，有助于营造一个更加健康、积极的社会环境。总的来说，为人民服务是建设和谐社会的精神核心之一，是推动社会主义市场经济健康有序发展的基石。培养新型职业农民为人民服务的良好习惯，由此形成良好的道德风尚，对构建和谐社会至关重要。

（二）以遵循集体主义为原则

社会主义框架下的国家、集体与个人利益的基本一致性为新型职业农民的道德建设提供了坚实的基础。新型职业农民作为乡村振兴的主力军，他们的道德素养不仅关乎个人发展，更影响着整个社会的和谐与进步。在这种大背景下，新型职业农民应当深刻理解并践行集体主义的原则。这意味着他们在日常工作中不仅要考虑个人的利益，更要着眼于集体利益，甚至是国家利益。例如，在农业生产中，选择对环境友好、可持续的农业技术和方法，既是对个人财产的保护，也是对社会资源的负责。新型职业农民在面对局部利益与整体利益的冲突时，需要考虑长远利益。例如，在农村土地流转等问题上，应考虑到土地利用的最大化效益，而不仅仅是眼前的经济利益。此外，新型职业农民在道德建设中还需要反对小团体主义、本位主义和损公肥私的行为。他们应当以公平、公正、公开的态度参与乡村治理，促进乡村社会的和谐与稳定。最后，将个人的理想和奋斗与乡村振兴的大局结合起来，是新型职业农民道德建设的重要方面。他们的个人发展不仅是实现自身价值的过程，也是对社会主义农村发展的贡献。通过自身的努力与奉献，新型职业农民可以成为乡村振兴的典范，引领更多人参与这一伟大事业。

（三）以"五爱"为道德准则

如图 5-1 所示，自 1949 年中国人民政治协商会议确立了"五爱"原则以来，这一概念一直是中国道德建设的核心。1982 年《中华人民共和国宪法》对其进行了更新，进一步强化了这些原则的时代意义和实践指导性。2019 年，《新时代公民道德建设实施纲要》的发布，再次重申了这一点，特别是在乡村人才振兴和新型职业农民培育的背景下，这些原则显得尤为重要。

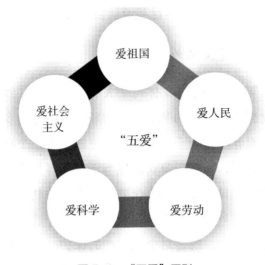

图 5-1　"五爱"原则

在乡村人才振兴的背景下，新型职业农民需要将"爱祖国"的道德准则体现在自己的工作和生活中。这意味着他们要在维护国家主权、统一和尊严的同时，积极参与国家的农业现代化和乡村振兴。在"爱人民"的准则的引导下，新型职业农民应当将服务人民放在首位，以人民的需求和幸福为己任，通过农业生产和乡村建设，为实现中华民族伟大复兴贡献力量。"爱劳动"的准则对于新型职业农民来说意味着崇尚劳动，尊重每一位劳动者，特别是在农业生产中发挥主力军的作用。通过科学种植、创新耕作等方式，新型职业农民不仅能够提高生产效率，也能够通过自身的劳动实现自我价值和改善生活。"爱科学"的准则要求新型职业农民关注和应用科学技术，不断提升农业生产的科技含量。这不仅是对个人发展的要求，更是对国家农业科技进步的贡献。"爱社会主义"的准则意味着新型职业农民要坚定不移地走社会主义道路，支持中国共产党的领导，与以习近平同志为核心的党中央保持高度一致。这一原则的实践，是新型职业农民道德建设的重要内容，也是乡村振兴战略成功实施的关键。

四、新型职业农民道德观念培育的意义

在乡村人才振兴背景下，培育新型职业农民道德观念具有以下意义，如图5-2所示。

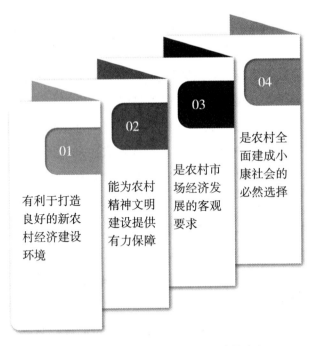

图 5-2　培育新型职业农民道德观念的意义

（一）有利于打造良好的新农村经济建设环境

提升农民道德素质不仅是新型职业农民培育和乡村人才振兴的必然趋势，还是打造良好的新农村经济建设环境的重要要求。道德素质的提高不仅有助于农民在效率与公平、个人与集体利益间找到平衡，也能增强他们的信用意识和法律意识，这对于维护经济和社会秩序、进行农村经济环境建设、发展农村经济有重要作用。农民道德素质的提升，包括培养诚信感、民主意识、市场意识和平等意识。这不仅有助于农民适应市场经济规则，更是创建健康、良好经济环境的关键。在这个过程中，农民将更有效地参与新农村建设，为社会发展作出积极贡献。乡村人才振兴与新型职业农民道德建设的背景下打造良好的新农村经济建设环境，不仅限于传统的道德教育，还涉及对农村在当前时代下经济建设需求和挑战的理解。例如，农民需要了解如何在保护环境和促进可持续发展的同时进行农业生产。随着科技在农业中的应用日益增多，新型职业农民还需学习如何利用现代科技提高农业生产效率，以及确保技术应用的道德和社会责任。

（二）能为农村精神文明建设提供有力保障

在农村的现代化进程中，农民在农村的发展中扮演着至关重要的角色，他们的道德素质影响着农村的精神面貌，对农村的精神文明建设具有深远的影响。农民道德素质的高低直接关系着农村精神文明建设的成果，成为衡量其成效的一个重要标准。因此，在推动农村精神文明建设的过程中，不断提升农民的思想道德素质显得尤为关键。道德素质的提升，对于培养具备理想、道德、文化和纪律的新型社会主义农民至关重要。这一过程不仅涉及个人品德的培育，还包括对社会主义核心价值观的认同和实践。这种道德建设对于推动农业和整个农村地区的现代化进程起着重要作用。通过提高道德素质，农民能够更好地适应社会变革，积极参与农村的经济和社会活动。提升农民的道德素质对于提高农村整体发展水平具有重要意义。一个道德水平高的农民群体，能够更好地理解和响应国家的政策，有助于形成良好的社会秩序和和谐的社会关系。这不仅为农村经济的稳定发展提供了思想保障，也为社会的全面发展提供了动力支持。在乡村人才振兴的背景下，新型职业农民的道德建设更加重要。这不仅是因为他们是乡村振兴的重要力量，也是因为他们的行为和思想能够对周围的环境和其他人产生积极的影响。通过加强新型职业农民的道德建设，培育出一批有理想、有道德、有文化、有纪律的农民，这些农民将成为推动农村经济社会全面快速发展的中坚力量。

（三）是农村市场经济发展的客观要求

在乡村人才振兴的大背景下，新型职业农民的道德建设成为推动农村市场经济发展的一项重要任务。在市场经济环境中，农民必须培育和强化特定的道德观念，这对于实现农村经济的繁荣和发展至关重要。首先，农民需要深化对公平和公正的理解。在市场经济中，这意味着公平竞争和诚信经营。农民应认识到，一个健康的市场环境依赖人们的公正行为和诚信经营。其次，权利和义务的平衡对于农民同样重要。这不仅涉及法律知识的普及和理解，还包括在日常生活和工作中追求权利与义务的平衡。农民需要了解自己的权利，还要履行相应的社会和经济义务。再次，培养互利互惠的观念对于农民在市场经济中的发展至关重要。这种观念促使农民在经济活动中寻求共赢方案，而不仅是寻求单方面的利益。这种思维方式有助于建立更加稳定和谐的商业关系，促进整个农村经济的健康发展。最后，增强农民的自主意识和自我保护能力也是道德建设的重要方面。在市场经济中，农民需要成为能够独立思考和保护自己利益的经济主体。这不仅涉及基本的经济知识和技能的培养，也包括对市场变化的敏感性和应对能力的提升。

五、新型职业农民道德观念培养的对策与措施

（一）加强道德教育，增强农民思想道德意识

在乡村人才振兴的背景下，新型职业农民的道德观念培养成为关键。加强农民的道德教育，意在利用科学理论和先进文化深化农民的知识和认知。这一教育过程涵盖对党的基本路线、方针政策以及对农村的当前政策的广泛宣讲，旨在通过教育使农民理解和遵守政策法律，了解文化和科技知识，鼓励他们艰苦奋斗，践行社会主义核心价值观。如此的教育方式不仅增强了农民对党和社会主义的热爱，对改革开放的认同，也增强了他们对祖国和家乡的自豪感。这一系列教育措施的实施，有助于农民提升思想道德水平，树立正确的世界观、人生观和价值观，有助于农民形成文明、健康、科学的生活方式，培养无私奉献、勤俭节约的良好风气。不断向农民传递积极进取、团结互助、尊重知识等现代精神，

是提升其现代思想道德观念的关键。这样的道德教育不仅对农民的个人生活产生积极影响，还对整个农村社区的发展有着深远的影响，能为乡村人才振兴提供坚实的思想道德基础。

（二）加强民主法治建设，打造良好的民主法治环境

在乡村人才振兴的背景下，为新型职业农民打造良好的民主法治环境，是培养其道德观念的重要策略之一。加强法治教育和宣传，对于提高农民的法律素质至关重要。法律讲座、知识竞赛、咨询服务、送法下乡和案例教学等多种方式，可以有效地帮助农民理解与他们生产生活密切相关的法律法规，增强农民依法行事的自觉性。这种教育不仅涉及遵守法律，还包括积极参与民主管理、进行民主监督、依法维护自身权利以及依法处理事务。在社会管理层面，支持农民通过合法手段获取利益的同时，鼓励他们为社会和他人作出奉献，这样的措施旨在提升农民的社会责任感和道德水平。对于违法乱纪行为，采取严厉措施进行打击，维护社会秩序，这对于营造良好的民主法治环境尤为重要。只有在这样的环境中，农民的思想道德教育才能得到有效推进，从而培养出具备良好道德观念的新型职业农民。这种综合性的教育和管理策略，不仅有利于新型职业农民道德观念的形成与发展，也为乡村人才振兴提供了坚实的思想道德基础和民主法治环境。通过这样的措施，农民能够在尊重法律、积极参与社会管理的基础上，形成更加积极、健康的道德观念，为乡村的全面振兴作出积极贡献。

（三）推动农村经济建设，为农村精神文明建设奠定物质基础

在乡村人才振兴的背景下，推动农村经济建设对于培养新型职业农民的道德观念至关重要。农民的思想道德素质与其经济基础紧密相连，许多道德问题的出现源于经济利益冲突未能得到妥善解决。因此，发展农村经济，为农民提供稳定的物质基础，是提升他们思想道德素质的关

键。经济发展与道德提升的结合不仅能够激发农民的积极性和创造力，还在维护和实现群众利益的过程中起着关键的教育引导作用。农民在接受道德教育的同时，能够感受到经济发展带来的益处，这有助于形成互惠互利、和谐共生的社会环境。寻找思想道德建设与经济发展之间的交汇点，是实现两者相互促进和长期发展的核心。通过这种方式，农民不仅能在经济上得到实惠，也能在精神上得到提升，从而为乡村的全面振兴和持续发展奠定坚实的基础。

（四）加强基层组织建设，推动农村精神文明建设

在乡村人才振兴的大背景下，对新型职业农民进行道德观念培养，关键在于加强基层组织的建设，并以此推动农村精神文明的建设。这一工作的核心在于激发乡镇和农村基层干部的积极性，确保他们在精神文明建设上发挥关键作用。这不单单涵盖经济发展的任务，更包括了对提升农民思想道德素质的重视。有效的措施应当被采纳，以使精神文明建设的成效成为评估工作业绩的重要标准，并将这些成效纳入政绩考核和表彰评选的关键指标。在这一过程中，基层党员干部需要提高自身素质，转变工作作风，强化服务意识，并树立积极的道德形象。这些努力不仅能提高农民思想道德教育的效果，也确保了教育工作的有效执行。通过这些综合性的策略和措施，农村的思想道德建设得以有效推进，为农村精神文明建设奠定了坚实基础。这种方法确保了农民在提升思想道德水平的同时，能积极参与农村社区的发展，共同促进乡村振兴战略的实现。

第二节　乡村人才振兴视角下的新型职业农民自律与法治观念培养

一、自律的含义与基本内涵

在乡村人才振兴的背景下，新型职业农民的自律观念培养显得尤为重要。自律的核心在于农民对社会提倡的道德规范、行为模式和准则的深刻理解及积极接受。这种自律不仅表现在农民自发地将这些社会规范转化为个人的道德观念，还体现在他们主动投身道德实践和行为活动中。这种行为不仅体现了他们对社会道德规范的内化，也展示了他们在实际行动中对这些规范的坚定承诺。通过这样的自律实践，新型职业农民在乡村振兴过程中能够更好地展现其道德素养和法律意识，为建设更加和谐、有序的农村社会贡献力量。在培养新型职业农民的过程中，自律的基本内涵主要可以体现为以下两方面。

一方面，自律是农民的一种自觉行为。农民的自律起源于他们对社会主义道德规范和原则的深入理解及认同。这表现为他们主动地接受并整合这些道德标准，将其内化为个人的道德观。在道德情感和意志的推动下，他们将这些准则应用于自己的日常生产和生活实践中。农民会定期反思和评估自己的行为，以此作为提高个人道德素质的手段。通过这样的自我管理和持续实践，他们的道德水平得以提升。这种自律与法律观念的培养对于确保农民在乡村振兴过程中能够发挥积极作用至关重要，它不仅增强了农民对社会责任的感知，还促进了他们对乡村社会活动的积极参与，为乡村的全面发展和进步提供了坚实的道德基础。

另一方面，自律是一个复杂、持续的过程。在乡村人才振兴的背景下，中国庞大且分布广泛的农民群体面临着整体素质提升的需求，尤其是在道德和法律观念方面。这种需求的提升要求新型职业农民能在日益复杂的生产生活环境中保持自律。随着社会主义新农村建设的加速和党中央及社会对农业、农村和农民问题的关注，新型职业农民的道德素养和法律观念培养逐渐成为焦点。这种关注和重视为新型职业农民的全面发展提供了坚实的基础，使他们在道德自律和法律观念方面的提升成为可能。

在传统道德文化和社会主义道德文化的结合视角中，自律不仅仅是一种对个人行为的规范，更是一种深植于文化和价值观的思想意识。自律的内涵涵盖了勤俭节约、尊老爱幼和艰苦奋斗等多个方面，这些思想意识对于新型职业农民来说具有重要意义。对新型职业农民来说，勤俭节约不仅体现在物质资源的合理利用上，也反映了对环境的负责态度和对未来的可持续发展考虑；尊老爱幼则是社会和谐与家庭幸福的基础，体现了农民对社会责任和家庭伦理的重视，形成良好的尊老爱幼意识，有利于农村的和谐发展；而艰苦奋斗则强调了农民在面对困难和挑战时要做到坚韧不拔和积极进取。在乡村人才振兴的背景下，培养新型职业农民具备这些自律意识，不仅能够提升他们的个人品质，还能为乡村的和谐与发展作出贡献。

二、树立新型职业农民自律意识的原则

（一）科学发展、以人为本

在乡村人才振兴的背景下，对新型职业农民进行自律意识培养时，应采纳科学发展和以人为本的原则。新型职业农民的自律培养需关注农民的积极参与和自发性，并确保这一过程始终围绕农民的利益展开。在实施培养策略时，应考虑到不同地区、不同民族间农民的发展水平和生活习惯的多样性，因地制宜地制订差异化的措施，以有效提升农民的自律意识。此外，培养新型职业农民的自律观念还需要对农民有深入了解。这意味着培育工作应从满足农民不断增长的物质和文化需求出发，将外部努力转换为促进农民个人成长和发展的内在动力。通过这种方式，农民自律意识的培养不仅符合他们的实际需求，还有助于推动他们在职业

化过程中的个人发展，从而为乡村人才振兴的实施提供支持。这样的培养原则不仅考虑到了农民的即时需求，而且着眼于他们长远的发展和进步，确保了乡村人才振兴的全面性和有效性。

（二）抑恶扬善、奖惩统一

在乡村人才振兴的背景下，对新型职业农民自律意识的培养应遵循抑恶扬善、奖惩统一的原则。这一原则的核心在于鼓励和肯定农民的良好道德行为，同时对其违反道德规范的行为进行明确的否定和谴责。社会各界应对那些在日常生活中展现出良好道德品质的农民给予积极的评价和认可，这种认可不仅肯定了他们的行为，也激励着他们继续帮助他人。而对于受到帮助的人，他们应当怀有感恩的心态，并在其他人需要帮助的时候主动伸出援手。对于违背道德规范的行为，国家机关和社会组织应通过媒体进行强烈谴责，并对相关人员施加社会舆论的压力。这样的措施旨在引导他们规范自己的行为，使之符合社会的道德要求，并促使他们提升个人的道德修养，实现真正的道德自律。这种抑恶扬善、奖惩统一的培养原则，有助于营造积极的社会道德氛围，促进新型职业农民的全面发展，为乡村振兴提供坚实的道德支撑。通过这样的培养方式，新型职业农民不仅能够提升自身道德素质，还能为乡村社区的和谐与进步作出积极贡献。

三、增强新型职业农民自律意识的策略与措施

（一）就新型职业农民自身而言

立足新型职业农民自身视角，其自律意识的树立与增强可以从以下几方面着手。一是正确认识道德规范，道德规范作为社会发展各阶段调节社会关系、阐释道德核心与原则的重要工具，对于新型职业农民的自律意识培养尤为关键。道德规范以社会公德为内核，包含人与社会、人

与自然以及人际关系的多个方面。基于此，新型职业农民在培养自律意识时，应积极参与公民道德教育和各类公益活动，深化对道德规范的理解和应用。在日常生活和家庭生活中，农民通过在实际生活中积极践行这些规范，不仅能深入地理解道德规范的价值和意义，还能与社会、他人和自然环境之间建立积极的互动关系，真正实现和谐相处。二是增强自身的道德自律情感，新型职业农民在与自然、与社会、与他人相处的过程中，总会产生自豪、内疚等多种感情，这些感情的产生都与其行为是否符合道德规范有很大关系，所以这些情感在一定角度上都属于道德情感。增强这些道德情感反馈能使农民在产生道德水平较高的行为时心情更愉悦，更愿意延续这种行为，而在其发生有违自律意识的行为时，农民一般会选择中止和改善这种行为，这有助于增强农民的自律意识，帮助农民不断提升自身道德水平。三是形成自我评价自身道德自律水平的能力，即检查、反馈和反省自身的道德行为与道德意识。这要求新型职业农民以社会公德为准绳，将自身道德行为与自律意识与之对比，发扬长处、反思不足，改正自身与社会公德不符的意识与行为，同时依据社会公德做出与之相符的行为，进一步提升自身的道德自律水平。

（二）就社会环境建设而言

立足社会环境建设视角，为了推进乡村人才振兴，首先，新型职业农民自律意识的培养要求缩小城乡教育差距，这可以通过提供更多的教育资源和机会，如在线教育平台、远程学习课程和乡村教师的专业培训等来实现，这样能够提高农民的知识水平和技能，进而增强他们对农业创新和可持续发展的认识。这种教育的普及不仅能为新型职业农民提供更多机会，还能提升农民的自我管理能力。其次，推进乡村文明建设对于培养新型职业农民的自律意识同样重要。乡村文明建设不仅包括物质文明的提升，如改善基础设施、提高生活质量，还包括精神文明的建设，如传承乡村文化、强化村民的社区责任感和集体主义精神。通过组织各种文化和社区活动，如乡村节庆、农业培训班和环保志愿活动，可以增进社区成员之间的联系，培养农民对社区和环境的责任感。这种责任感和归属感是提高农民自律意识的重要因素。最后，完善市场机制也是提高新型职业农民自律意识的重要途径。通过建立和完善农产品市场体系，如电子商务平台、农产品直销市场和供需信息共享系统，农民可以更有效地接触市场，增强他们对市场变化的敏感性和适应能力。这也鼓励他们采用可持续的农业实践，以适应市场需求和环境保护的双重要求。市场机制的完善有助于提高农民的经营意识和自主创新能力，从而增强他们的自律意识。

四、法治的概念与内涵

2014 年 10 月，为落实党的部署，加快社会主义法治国家的建设，中国共产党第十八届中央委员会第四次全体会议通过了《中共中央关于全面推进依法治国若干重大问题的决定》，该文件指出："依法治国，是坚持和发展中国特色社会主义的本质要求和重要保障，是实现国家治理体系和治理能力现代化的必然要求，事关我们党执政兴国，事关人民幸福安康，事关党和国家长治久安。"同时，该文件要求"必须全面推进依法治国"和"增强全民法治观念，推进法治社会建设"。在宪法和法律的框架下，所有组织与个人都需要尊重其权威性。这意味着，无论是行使权力或权利，还是履行职责或义务，都必须严格遵循宪法和法律的指引，不得有任何超越法律的特权行为。国家法律的统一性、尊严和权威需要被坚守，确保宪法和法律的有效施行。任何人不得借任何理由或形式替代法律、利用权力压迫法律或偏离法律。法律的权威性在于其能规范和约束公共权力的行使，还能对所有组织与个体加强监督，确保权力与责任同行、使用权力受到监督、违法行为必须被追究。在法律的框架下，所有组织和个人必须坚决矫正不依法行事、执法不严格、违法不追究的行为，以维护法律的严肃性和公正性。

法治是一种治国方略。在法治环境下，法律是治国理政的基本工具，能确保政府和公民行为的合法性。法治的核心是"法律至上"，意味着无论是普通公民还是国家权力机关都必须遵守法律，并且在法律面前人人平等。法治强调法律的普遍性、稳定性和预测性，保障公正和人权，防止任意和专制的统治。一个法治社会不仅要有法律的存在，更重要的是法律的有效实施和公民对法律的遵守，以及公正的司法制度。法治是现代民主社会的基石，对于维护社会稳定、保障公民权利和促进社会公平正义至关重要。在新型职业农民的法治意识培养中，法治意识与个人的法律素质紧密相连。个人的法律素质不仅涉及个人对法律知识的了解，还包括理解法律的重要性和在生活中运用法律的能力。法治观念的根基在于感性认识与理性认识的结合，即农民不仅要从实际生活中感受到法律的存在和重要性，还要通过教育和学习，理性地理解法律的原则和应用。这种深入的认识有助于农民更好地理解自己的权利和责任，以及理解法律在维护社会秩序和保护个人利益方面的作用。法治观念作为确保公民遵纪守法的基本前提，对于新型职业农民而言尤为重要。法治观念不仅帮助他们在农业生产和经营活动中遵循法律规范，还促使他们在社区和社会中成为遵纪守法的模范。通过加强法治教育，普及法律知识，新型职业农民可以更加深刻地理解法治的重要性，这不仅提升了他们的法治素养，也能为维护社会的和谐稳定贡献力量。

五、塑造新型职业农民法治意识的意义

（一）符合我国社会主义市场经济发展的要求

《中共中央关于全面推进依法治国若干重大问题的决定》中指出："社会主义市场经济本质上是法治经济。使市场在资源配置中起决定性作用和更好发挥政府作用，必须以保护产权、维护契约、统一市场、平等交换、公平竞争、有效监管为基本导向，完善社会主义市场经济法律制

度。"在乡村人才振兴的背景下，培养具有法治意识的新型职业农民对于适应我国社会主义市场经济的发展是至关重要的。法治体系的完善是社会主义市场经济高效运行的基础，它保证市场要素能够有效地发挥作用，同时为企业提供一个自主、公平的经营环境。没有强有力的法治支撑，市场的健康竞争和高效运作将难以实现，更不用说达到科学发展和可持续发展的目标。在这样的经济体系中，法治不仅是政府和企业行为的调节器，也是个人行为的规范。新型职业农民作为农业市场中的重要参与者，其法治意识的提升对于推动市场经济的健康发展至关重要。法治意识的培养有助于新型职业农民更好地理解和遵循相关法律法规，保护自身合法权益，还促使他们在农业生产和经营活动中做出合法、合规的决策。这种法治意识的提升，不仅有利于新型职业农民个人的发展，也是促进农业市场公平竞争和高效运作的关键。

（二）是农民职业化发展的必要条件

在乡村人才振兴的当下，培养具备法治意识的新型职业农民不仅是农民职业化发展的必要条件，而且是推动农业现代化的关键因素。转变为新型职业农民意味着农民既要拥有文化知识、经营技能和管理能力，又要深入理解和运用法律，确保农业活动的合法性和合规性。这一转型过程与国家推动的土地确权、土地流转以及农业专业合作社和家庭农场的发展密切相关，这些新型农业经营模式要求农业从业者不仅要改变工作方式，更要提升自身的法治意识。农民的法治意识是他们转型为新型职业农民的基石。这不仅涉及其对法律的基本认知，还包括如何运用法律来规范自己的行为、维护自身的合法权益。法治意识的培养，使农民能够更好地适应新的农业经营环境，理解并遵循与土地、环境保护、产品安全等相关的法律法规。这样的法治意识不仅有助于保护他们的权益，还促进了整个农业产业的健康、规范发展。因此，在乡村人才振兴的大背景下，对新型职业农民进行法治意识的培养，不仅是他们个人发展的需求，也是整个农村经济转型和农业现代化的关键要素。通过法治教育和实践，农民能够更好地适应新型农业经营模式的要求，为实现乡村振兴和农业可持续发展贡献力量。

（三）是发展农村经济的要求

在乡村人才振兴的背景下，培养新型职业农民的法治意识对发展农村经济具有重要意义。随着我国经济发展进入新常态，农业现代化和新型城镇化的加速推进对于稳定经济增长、优化结构、改善民生都至关重要。走中国特色的新型农业现代化道路，意味着要转变农业发展模式，提高土地产出率、资源利用率和劳动生产率，从而实现农业的集约化和可持续发展。在这一进程中，挖掘农民这一最大群体的消费潜力，对于加强消费在经济中的基础作用至关重要。农业和农村对基础设施及公共服务的需求，为新增投资提供了巨大的空间，这可以有效地发挥投资在经济发展中的关键作用。加强农业产业建设，可以形成多种新产业、新业态和新模式，为经济增长注入新动力。为实现上述目标，培养具备法治思维和法律观念的新型职业农民显得尤为关键。这不仅有助于农民正确理解和运用法律，还能确保他们在农业生产和经营活动中遵守法律规定，促进法律和政策的有效实施。法治意识的提升还可以加强农民对自身权利和责任的认识，提高他们的自我保护能力，从而创造一个更加健康和稳定的农村经济环境。所以说，培养具有法治意识的新型职业农民，对于推动农村经济的发展、促进乡村振兴战略的实施具有不可替代的作用。

六、树立新型职业农民法治观念的策略及措施

（一）加强法治教育，推动普法宣传

在乡村人才振兴的背景下，培养新型职业农民的法治观念成为一项

重要任务，其中，加强法治教育和推动普法宣传是关键。为推进农村的全面发展，法律知识的普及和宣传成为各级政府部门的核心工作之一。在农村地区，多元化的法治教育活动正在积极展开，包括传统的宣传方法如设置标语、发布墙报、举办法治讲座、提供法律咨询、组织法律知识竞赛、发放法律宣传资料及举办图片展览等，这些都是普及法律知识的有效手段。常态化媒介如 QQ、微信、抖音、快手、微博等社交和自媒体平台被积极用于向农村地区传播法治信息，可以帮助农民了解、理解、遵守并维护法律。法治教育在农村教育体系中的重要性日益凸显，农业院校、职业学校及农村中小学可以开展多样的普法宣传和教育活动，如设立法律知识课程和举办法律讲座等，旨在根据学生的生活环境和成长需求，提升他们的法律素养，树立正确的社会主义核心价值观，从而培养出具有理想、道德、文化和纪律的社会主义建设者和接班人。这些教育活动对于学生未来成为遵纪守法的新型职业农民奠定了坚实的基础。在塑造新型职业农民的法治意识的过程中，法律基础知识、农村政策法规以及安全生产等内容成为法治教育的主要焦点。将这些内容融入专业课程中，能确保法治教育贯穿新型职业农民培养的全过程，以此来提升他们的法治意识。

（二）加强执法监督，不断完善和更新农村法规

执法监督是法律法规发挥其权威性的保障，是维护农村治安、维护农村社会稳定发展的必要措施。执法监督有利于保障农村地区的一切生活生产经营活动都在法律框架内发生，有利于农村地区各项规章制度的落实，从而为农村的经济建设活动提供强有力的保障。执法监督需要各级政府在普及法律知识、传扬法治精神以及完善法律体系与法治框架的基础上，既要帮助农民真正了解法律法规，形成良好的法治观念，能合理运用法律知识维护自身合法权益，又要保证贯彻落实既有法律法规，保证农村地区的一切生活生产经营活动在法律允许的范围内进行。农村

执法监督力度的提高可以通过增设执法监督办事处和扩大执法人员队伍来实现，如分设交通、治安、刑事管理等不同部门的执法监管处，各部门就各自管理领域组建执法巡逻队，在乡村街道、乡村活动中心等地设立办事处或设立巡逻点，为农村提供全时段的执法监督与保护。加强执法监督也可以采取农民互相监督的方式实现，如由执法监督部门的负责人员与村委会达成合作，将执法监督的责任分摊到每个村民的身上，由村民互相监督，从而有效加强执法监督力度。这就需要每个村民都具备一定的法律知识，具有较强的法治意识，成为具备良好法治观念的新型职业农民。需要说明的是，一切执法监督活动都应以法律法规为依据和准绳，因此，加强农村执法监督的又一关键在于完善和更新农村法规。随着农村经济文化的不断发展和农村现代化建设程度的日益深入，农村的生活生产活动日新月异，这要求农村相关法律法规的制定、法治框架的完善也紧紧跟随农村的发展变化，做到农村发展与法律约束相呼应，保证法律的时效性，这就要求我国司法机构及各地司法部门结合各地的实际发展建设情况，基于对乡村社会经济文化发展与法治建设的实际情况，通过立法或补充相关管理制度法规的方式，不断更新和完善农村法规，使农村生活的各个方面都能做到有法可依、有法必依、执法必严、违法必究。

（三）壮大村干部队伍，依法治理乡村

在乡村人才振兴的背景下，培养新型职业农民法治观念成为一个重要议题。该议题的核心在于加强村干部队伍建设，以依法治理乡村，这不仅涉及法治观念的普及，还包括对农村经济发展和社会稳定的全面促进。村干部作为乡村发展的引领者，他们的角色不应仅限于法律意识的传递者，更应成为法治实践的积极参与者和推动者。他们的示范作用的发挥，可以更有效地引导农民群众理解和遵守法律，进而推动乡村治理的现代化。增强村干部队伍的法治素养，是实现乡村依法治理的基石。

这不仅要求村干部掌握必要的法律知识，更要求他们能够在日常工作中运用法治思维和方法。这种能力的培养，需要定期的培训和实践相结合。通过培训，村干部可以不断更新自己的法律知识，了解最新的法律法规和政策方向。而实践则是检验学习成果的最佳方式，如参与解决村里的实际问题，如土地纠纷、环境保护等，可以帮助他们更好地理解和应用法律。除了个人能力的提升，实现乡村的依法治理还需构建一个支持性的环境，以促进法治文化在乡村社会的深入根植。这涉及多方面的工作，如加强法律宣传，提高农民群众的法律意识，营造法治氛围。当地相关部门应该建立健全乡村治理机制，如建立村务公开、民主管理等制度，让农民群众参与乡村治理，实现由下而上的法治建设。此外，评价和激励机制也是不可忽视的一环。村干部的选拔、晋升应当将法治素养和依法办事能力作为重要考量。优秀的村干部应该得到相应的表彰和奖励，激励他们在依法治理乡村的道路上不断进步。与此同时，相关部门应对那些违法乱纪的行为进行严厉惩处，以儆效尤。

第三节　乡村人才振兴视角下新型职业农民主体观念的有效培育

一、新型职业农民主体观念的概念与内涵

主体观念又称"主体性"，是哲学和社会科学中的重要概念，它涉及个体或集体的自主性、独立性和主动性。这个概念在不同的学科和理论框架中有着不同的含义和应用。在哲学视角下，特别是在西方哲学中，主体性通常与个体的自我意识、自我认同和自由意志联系在一起。主体被视为自我认识的中心，能够进行自我反思、做出决策并对自己的行为负责。在心理学中，主体性涉及个体的自我感知和内在动力。这包括个人如何理解自己的想法、感情和行为，以及如何在社会环境中表达自己

的个性和需求。在社会学和政治学视角下，主体性强调的是个体或集体在社会结构和政治过程中的能动性。这涉及权力、社会规范、阶级和性别等因素对个体行为的影响，以及个体如何在这些结构中表达自己的声音和权利。在文化研究中，主体性与文化身份和表达方式相关联。研究者关注个体如何通过文化实践来构建和表达自己的身份，以及这些实践如何被社会和文化环境所影响。在批判理论中，主体性通常与解放和批判社会结构相联系。批判理论家探讨个体如何通过批判现存的社会和文化规范来实现自我解放和社会变革。

在乡村人才振兴的背景下，培养新型职业农民的主体观念显得尤为重要。这种观念不仅涉及农民对自身在社会和生产活动中角色的理解，还包括其对于自我和外界的认识、改革的自觉性。这些观念在他们的决策、规划、实施和评估等各类活动中得以体现，展现了主观性、实践性、历史性及发展性等特点。这样的主体观念对提升农民的生产效率和生活质量具有极大的正面影响。新型职业农民的主体观念涵盖了多个方面，即他们展现出强烈的独立性、积极性、创新性，这是适应现代农业发展的关键。在复杂的社会环境中，拥有开放的心态，能够接受并处理大量信息，对新型职业农民吸收新知识、技术尤为关键。在面对各种挑战时，他们表现出的适应能力和应变能力显示了其韧性和灵活性。能够正确评估自我并接受这种评价是他们成熟的标志，体现了自我认知的深度。他们在沟通和人际关系方面的能力，不仅体现了个人素质的提升，还促进了与社会的良性互动。具备批判性思维的农民能够理性分析问题，他们不盲从权威，能够接受和借鉴科学、客观的意见和建议。这些特质的培养和发展，对农业生产和社会的现代化具有深远的影响。新型职业农民通过自身的进步，不仅提升了个人的生产技能和生活质量，还促进了乡村社会的整体进步。他们成为连接传统与现代、乡村与城市、本土与外来的桥梁，推动了农业与乡村的全面发展。因此，培育新型职业农民的主体观念，不仅是对个人的投资，更是对整个社会和未来的投资。

二、培养新型职业农民主体观念对农村发展的意义

在乡村人才振兴背景下，培养新型职业农民主体观念对农村发展具有重要意义，如图 5-3 所示。

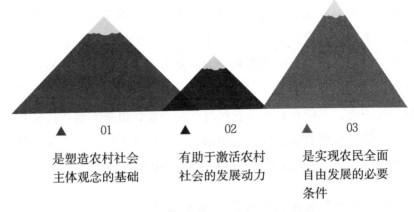

01	02	03
是塑造农村社会主体观念的基础	有助于激活农村社会的发展动力	是实现农民全面自由发展的必要条件

图 5-3 培养新型职业农民主体观念的意义

（一）是塑造农村社会主体观念的基础

培养新型职业农民的主体观念对于塑造整个农村社会的主体观念具有基础性作用。新型职业农民不仅是农业生产的直接参与者，也是乡村社会和文化的重要构成部分。他们的思想观念、行为方式对农村社会的风气和发展趋势有着深远的影响。培养新型职业农民的主体观念，可以有效地推动农村社会的现代化进程，促进农村经济的发展和社会的全面进步。新型职业农民的主体观念体现在自我意识的觉醒、独立思考和创新行动的能力上。他们能够清晰地认识到自己在农业生产和农村社会中的角色和价值，具备自主管理和决策的能力，能够以开放的心态接受新知识、新技术，并在实践中不断创新和进步。这样的观念不仅提升了他们个人的生产能力和生活质量，也为周围的农民树立了积极向上的榜样，影响着整个农村社会的观念更新和行为模式的转变。新型职业农民在推

动农村社会主体观念的形成方面发挥着重要作用。他们通过自身的实际行动，如参与乡村治理、环境保护、公共事务等，展示了积极参与社会活动的意识和能力。这种行为不仅提高了农民对于自身权利和责任的认识，也促进了社会公平和正义的实现，加强了农村社会的凝聚力和向心力。在培养新型职业农民主体观念的过程中，注重其与时俱进的思想观念和实际能力的提升，对于推动整个农村社会的现代化、法治化进程至关重要。随着农民观念的更新和能力的提升，他们能够更好地适应社会发展的需求，引领和推动农村社会的全面进步。因此，培养新型职业农民的主体观念，不仅是农业和农村发展的需要，更是实现乡村振兴战略的关键一环。新型农民主体观念的培养，可以有效地提升农民的整体素质，为构建和谐、繁荣的农村社会打下坚实的基础。

（二）有助于激活农村社会的发展动力

培养新型职业农民的主体观念对于激活农村社会的发展动力具有关键性作用。主体观念的培养要求农民意识到自己不仅是农业生产的参与者，还是乡村发展的主要推动者。主体观念的培养要求新型职业农民具备独立思考和自主创新的能力，具备这一观念的他们能够主动适应市场变化，灵活运用现代科技和管理方法，提高农业生产的效率和质量，激发农业的创新发展动力。这种自主性和创新性的提升，直接推动了农业生产方式的现代化，带动了农村经济的发展。培养新型职业农民的主体观念对农村社会发展动力的激活作用还包括其对社会责任和公共事务的积极参与。他们在农村社会治理中扮演着重要角色，通过参与事务的决策、管理和执行，提升了农村治理的效率和水平。这种参与不仅增强了农民对自身权利和义务的认识，也促进了农村的民主和法治建设，为农村社会的稳定与和谐提供了坚实的基础。此外，培养新型职业农民的主体观念对农村社会发展动力的激活还表现为其有助于提升农民的整体素质和生活水平。通过接受现代农业知识和技能的培训，农民能够更好地适应社会和经济的发展需求，提高自身的竞争力。这不仅有利于提升个人的经济收入和生活质量，也有助于提高农村社会的整体文化和教育水平。

（三）是实现农民全面自由发展的必要条件

培养新型职业农民的主体观念，对于实现农民全面自由发展至关重要。这种主体观念的核心是让农民意识到自己不仅是农业生产的参与者，更是自身发展的主导者。通过主体观念的培养，农民能够认识到自身的潜能和价值，主动学习新知识、新技术，提升自身的生产技能和管理能力。这不仅能够提高他们的工作效率，还能激发他们创新创业的热情，进而推动农业生产方式的转型升级。主体观念的培养还能增强农民的自我管理和自我服务能力，使他们能够更加自主地参与农村社会的治理和公共事务中。这种参与不仅能提高他们对社会责任的认识，还能帮助他们更好地维护自身权益，促进社会公平和正义。在这个过程中，农民的社会地位和影响力得到提升，他们的个人权利和自由得到更好的保障。新型职业农民的主体观念也包括对个人全面发展的追求。这意味着他们不仅关注物质生活的改善，还关注精神文化生活的提升。通过参与文化教育活动、社会交往和休闲娱乐，农民能够实现自我的全面发展，提高生活质量和幸福感。由此可见，培养新型职业农民的主体观念，不仅是实现农业现代化和乡村振兴的重要途径，更是实现农民全面自由发展的必要条件。通过提升农民的自主性、创新性和全面发展能力，可以有效激发他们的内在动力，促进农民个人的发展和农村社会的全面进步。这种发展不仅体现在经济层面，还包括社会、文化和精神层面，是实现农民全面自由发展的关键。

三、培养新型职业农民主体观念的对策与措施

（一）政府要进行正确、耐心的引导和教育

在乡村人才振兴的背景下，政府在培养新型职业农民的主体观念方面扮演着至关重要的角色。对新型职业农民主体观念的培养要求政府采取正确、耐心的引导和教育方法，确保农民能够积极参与农村的现代化建设。政府首先可以通过制定和实施科学的决策来培养新型职业农民的主体观念。这包括制定有利于农民成长和发展的政策，如提供农业技术培训、增加农村基础设施投资、改善农民工作和生活条件等。这些政策旨在为农民提供必要的资源和支持，帮助他们适应现代农业的需求，提升自身的生产技能和经济效益。为了进一步培养农民的主体观念，政府需要耐心地引导农民理解和适应这些变化。这意味着政府不仅要为农民提供物质资源，还要为其提供信息、知识和技术支持。政府可以通过开设培训班、研讨会和讲座，帮助农民了解新技术、新方法和市场动态。这种教育和培训不仅能提高农民的知识和技能，还有助于提升他们的自我认识和自信心，从而使其更加积极主动地参与乡村振兴。为了增强新型职业农民的主体观念，政府还需要在这一过程中尊重农民的意愿和需求。这意味着在政策制定和实施过程中，政府需要充分考虑农民的意见和建议。政府可以通过调查、座谈会等方式，收集农民的反馈，了解他们的实际需求和期望，并据此调整政策。这种参与式的决策过程能够让农民感到自己的声音被听到和重视，从而更加积极地参与乡村振兴的各项工作。政府积极激发农民参与乡村建设的热情也能在一定程度上帮助新型职业农民增强主体观念。这不仅包括经济建设，还包括文化、教育、环境保护等方面。政府可以通过组织各种活动，如乡村文化节、环境保护项目等，鼓励农民参与，使他们感受到自己在乡村振兴中的重要作用，从而激发他们的主动性和创造性。

（二）文化引导与价值塑造

在乡村人才振兴的背景下，文化引导与价值塑造对于培养新型职业农民的主体观念具有至关重要的作用。这一过程要求政府采取正确和耐心的引导和教育方式，以促进农民意识的转变和自我提升。政府在这一过程中的作用体现在多个层面。首要任务是通过各种媒介和活动，如新媒体、村级广播、文化节目等，向农民传递现代农业知识和积极的价值观。这些内容应该旨在提升农民对自己在现代社会中角色的认识和自我价值的感知，同时强调农民在社会发展中的重要性和价值。为了实现这一目标，政府需要创造多元化的教育和宣传平台，使农民能够方便地获取信息和知识。例如，利用网络和社交媒体平台进行现代农业技术和管理知识的普及，开设线上线下的培训课程，鼓励农民学习新技能。举办文化和教育活动，如农业展览会、农民创新大赛、乡村文化节等，激发农民的参与兴趣和创造动力。在文化引导和价值塑造的过程中，政府还应注意尊重和融入地方特色，结合农民的实际生活经验和习俗，使信息更加贴近农民的实际需求。此外，政府应鼓励和支持农民参与社会治理，使他们能够在实践中学习和成长，提升自身的社会责任感和参与意识。

第六章　乡村人才振兴视域下的新型职业农民素质培育措施

第一节　乡村人才振兴视域下的新型职业农民科学素质培育

一、科学素质的概念与内涵

科学素质，作为衡量个体在科学领域参与和贡献的关键标准，具有多层次的内涵。它不单是对科学知识的简单掌握，而是一种深入理解科学思想、熟练运用科学方法，并在精神层面上融入科学的综合能力。掌握科学知识是形成科学素质的基础。这不仅涉及广泛的科学信息和数据的积累，更重要的是对这些知识点的理解和应用。一个拥有良好科学素质的个体，能够灵活运用所学知识解决实际问题，而不仅仅停留在书本的理论层面。科学思想的理解深度则是科学素质的核心。这种理解并非停留在表面的知识掌握，而是深入科学理论背后的逻辑和原理。理解科学思想意味着人们能够透过现象看本质，从而在科学探索中提出有见地的问题和假设。科学方法的应用熟练度反映了个体在科学实践中的能力。

科学方法包括观察、实验、分析和验证等多种手段。一个具备高科学素质的人，在面对科学问题时能够灵活运用各种科学方法，以科学的态度去探求答案。科学精神的内化则体现在个体对科学的态度上。这包括对科学的尊重、对探索真理的执着以及对创新的追求。科学精神的内化是科学素质深层次的体现，它关乎个体如何看待科学，以及如何将科学的原则和精神应用于日常生活和工作中。解决科学问题的能力则是科学素质的具体表现。这不仅仅是解决问题的技能，更是一种综合运用知识、思想、方法和精神去应对挑战的能力。在科学创新中，这种能力尤为重要，它直接关系到科学发展和技术进步。

在乡村人才振兴背景下，新型职业农民的科学素质培育成为推动农业现代化的关键环节。科学素质在这一背景下不仅是一种技能的体现，更是一种综合能力的反映，它关乎农民如何有效地应用科学技术知识，将其转化为生产力，提升农业生产效率和产出质量。科学素质的核心在于掌握和应用科学技术知识，这不只是对信息的接收和储存，更重要的是能力的培养和技能的提升。农民的科学素质体现在对新技术的认识、接受和运用方面。教育水平作为科学素质的基石，影响着农民对科技的态度和理解。较高的教育水平往往伴随着更开放的思维和积极的态度，使农民更愿意接受新知识，更愿意主动地学习和运用新技术。同时，科技意识和观念在农民科学素质培育中占据重要地位。这不仅关乎农民是否愿意采纳新技术，还涉及他们主动获取技术信息的能力。在快速变化的现代农业环境中，具备积极的科技意识和正确的科学观念的农民更能适应环境变化，及时更新知识和技能。科学技术的掌握和科技应用能力是农民科学素质的直观体现，它不仅关系到新技术的有效采纳，更影响着技术的实际运用和农业产出的提升。在现代农业建设的大背景下，科学技术成为提高农作物产量和质量的关键。因此，农民的科学素质直接关系着农业的经营效益和可持续发展。

二、乡村建设对具备科学素质的新型职业农民的需求体现

（一）技术应用与创新需要农民有一定的科学素质

在农村现代化建设和农业现代化的进程中，新型职业农民的科学素质对于技术应用与创新显得尤为重要。随着农业领域高新技术的迅速发展，如智能农业设备、生物技术和数据分析等，现代农业发展对农民的科学素质提出了更高的要求。具备良好科学素质的农民不仅能够更加高效地掌握和应用这些先进技术，而且在新技术的创新与发展过程中发挥着不可或缺的作用。科学素质高的农民能够更深入地理解新技术的原理和运作方式，这对于技术的正确应用至关重要。他们能够根据农作物的生长特性和环境条件，合理地运用智能化设备进行种植管理，如精准施肥、灌溉和病虫害防治，这不仅提高了农作物的生产效率和质量，也大大降低了生产成本，减少了资源浪费。

具备科学素质的农民在新技术创新方面同样具有重要作用。他们不仅仅是技术应用的执行者，更是技术创新的参与者。他们的实践经验和对技术的深刻理解使他们能够提出新的技术改进意见，参与技术创新的实际过程。例如，在生物技术领域，农民通过自身的实践，可以帮助科研人员更好地理解技术在实际农业生产中的应用效果，进而推动技术的不断优化和升级。科学素质高的农民还能够有效地利用数据分析等现代技术手段，对农业生产进行精细管理。通过对大数据的分析和应用，他们能够更准确地预测市场趋势，调整生产策略，提高农产品的市场竞争力。数据分析还能帮助农民更好地监测和管理农作物的生长状态，实现精准农业的目标。

（二）提升生产效率需要农民有一定的科学素质

在农业现代化发展的背景下，农业生产效率的提升成为一项重要任

务，而这一任务的实现显著依赖具备一定科学素质的新型职业农民。科学素质在现代农业环境中的重要性不仅仅体现在对先进技术的掌握上，更关乎于如何通过科学方法提高农业生产的效率和质量。科学素质高的农民对现代农业技术有更深刻的理解和掌握，这使得他们能够有效地运用现代农业技术来优化农业生产过程。例如，通过精准农业技术，他们能够根据土壤条件、气候变化和农作物生长需求，合理安排种植计划和灌溉施肥策略，从而实现资源的有效配置。通过运用生物技术，他们能够提高农作物的抗病虫害能力和适应环境的能力，从而降低生产风险和成本。科学素质不仅能帮助农民在生产上做出更科学的决策，还能促使他们在管理上采取更为高效的措施。通过数据分析和信息化管理，新型职业农民能够更准确地预测市场需求，合理调配生产资源，提高产品的市场响应速度和灵活性。这种基于科学方法的管理模式不仅提高了生产效率，也增强了农产品的市场竞争力。科学素质的提升还能够促进农民对环保和可持续发展理念的认识。在注重产量和效益的同时，他们更能够意识到生态环境保护的重要性，采取更环保的生产方式，如合理轮作、减少化学肥料和农药的使用，以及利用再生能源等，这些做法不仅有助于保护环境，也是实现可持续农业发展的关键。

（三）农业的可持续发展离不开有一定科学素质的农民

在乡村振兴战略实施的当下，可持续性已成为一个核心议题。这一议题的实现，离不开具备一定科学素质的新型职业农民。现代农业的发展趋势不仅仅是追求产量和效益的最大化，更加强调生态环境的保护和资源的合理利用。在这一背景下，科学素质高的农民扮演着重要角色，他们通过理解和应用科学知识，为可持续农业的发展作出贡献。科学素质高的农民能够更深刻地理解生态环境保护的重要性。在农业生产过程中，他们通过运用科学的方法和技术，有效地减少对环境的破坏。例如，通过精准农业技术，他们能够准确计算农作物所需的水分和养分，合理灌溉和施肥，从而减少水资源和化学肥料的浪费。通过生物技术的应用，他们能够提高农作物的抗病虫害能力，减少农药的使用，这不仅有利于农作物健康生长，也减轻了对土壤和水源的污染。科学素质高的农民还能够通过合理的土地管理和作物轮作制度，保护土壤结构和肥力，防止土地退化。他们了解不同农作物对土壤的影响，能够科学地规划种植结构，实现土地资源的可持续利用。提高新型职业农民的科学素质，有助于其更好实现农业废弃物的循环利用，如将农作物残余物和畜禽粪便转化为有机肥料，既减少了废弃物的排放，也提高了资源的循环利用率。科学素质高的农民在应对气候变化和自然灾害方面也显示出更强的能力。他们能够准确理解气候变化对农业生产的影响，采取适应性措施，如选择适应性更强的农作物品种、改变种植时间和方式，从而降低气候变化带来的风险。

（四）信息技术在农业中的运用需要农民有一定科学素质

随着信息技术在农业中的日益普及和应用，新型职业农民的科学素质成为确保这些技术有效运用的关键。在乡村建设的大背景下，信息技术如遥感监测、农业信息化管理的运用正在逐渐改变传统农业的生产方式，使农业生产更加科学化、精准化和高效化。这一转变不仅提高了农业生产的整体水平，还为农民提供了更加丰富和便捷的管理手段。具备科学素质的新型职业农民能够更好地理解和掌握这些信息技术。他们能够利用遥感监测技术对农作物的生长状况进行实时监控，根据监测数据调整种植、灌溉和施肥策略，实现农作物生长的优化管理。例如，通过分析土壤湿度和农作物生长需求，精准控制灌溉系统，既保证了农作物水分的充足，又避免了水资源的浪费。在农业信息化管理方面，具备科学素质的农民能够有效地利用信息系统进行农业生产的计划和管理。他们能够通过信息系统及时获取市场价格、需求趋势和天气预报等信息，据此做出更为合理的种植决策。例如，在了解到某一农作物市场需求增加的信息后，他们可以及时调整种植结构，以满足市场需求，提高农产品的市场竞争力。此外，信息技术的运用有助于为农民提供风险管理和决策支持。科学素质高的农民能够通过数据分析识别潜在的生产风险，如病虫害发生的可能性，提前采取预防措施，减少损失。提高新型职业农民的科学素质，还有助于其利用信息系统对历史数据进行分析，优化种植方案，提高生产效率和效益，使农业向更高效、更可持续的方向发展。

（五）具备科学素质的农民有更强的市场适应与创新能力

在当前乡村建设和农业现代化的进程中，市场经济的发展和消费者需求的多样化对农业生产提出了更高的要求。这种变化使得具备良好科学素质的新型职业农民在市场适应与创新能力方面显得尤为重要。这些农民不仅能够更有效地适应市场变化，还能够通过创新手段开拓新的市场空间，从而在竞争激烈的农产品市场中占据优势。具备科学素质的农民能够更敏锐地洞察市场动态和消费者需求。他们通过对市场信息的分析，能够灵活调整种植结构和经营策略，以更好地满足市场需求。例如，了解到市场上对某种有机蔬菜或特色果品的需求增长，他们可以及时调整种植计划，增加这些产品的生产量。这种基于市场信息的灵活调整不仅提高了农民对市场需求的响应速度，也增加了农民的经济收益。具备科学素质的农民在创新方面也显示出更强的能力。他们能够运用现代农业技术和科学管理方法，创新农业产品和服务，以满足市场上对高质量、个性化农产品的需求。例如，他们可能会通过改良种植技术和优化生产工艺，提高农产品的品质和附加值，或者开发新的农产品加工方式，创造出独特的农产品品牌。这种创新不仅使他们的产品在市场上更具竞争力，也为农业的多元化和高值化发展提供了新的动力。此外，科学素质高的农民还能够更好地应对市场风险和挑战。在面临市场波动和不确定性时，他们能够运用科学的方法和策略，如多元化种植、风险分散等，减少市场波动对农业生产和农民收入的影响。

三、提高新型职业农民科学素质的对策与措施

（一）通过科普宣传与培训提高农民增强自身科学素质的积极性

在当前的农业发展背景下，提高新型职业农民的科学素质成为关键任务之一。为此，通过科普宣传与培训提高农民增强自身科学素质的积极性是一种有效的对策。科普宣传与培训不仅能向农民传授必要的科学知识和技能，更重要的是其能激发他们学习和应用这些知识的兴趣和动力。这种做法能够促使农民从依靠传统经验种植农作物转变为依靠科技种植农作物，从而提高整个农业产业的生产效率和质量。科普宣传的重点在于普及现代农业技术的知识和信息，使农民了解科学农业的重要性和实际应用价值。通过各种媒体渠道，如电视、广播、互联网和农业科技展览等，将最新的农业科技成果和案例传播给农民，可以有效地提升他们对科学农业的认识。这些宣传活动应当注重实用性和针对性，以确保农民能够直观地理解科技如何应用于农业生产，并感受到科技创新对提高农业效率和产值的直接影响。培训是提高农民科学素质的关键环节。组织系统的培训课程不仅可以为农民提供理论知识，还能结合实际操作，让农民在实践中学习和掌握科学的农业技术。这些培训应该涵盖广泛的内容，包括但不限于农作物的科学种植、土壤管理、水资源利用、病虫害防治、农产品加工和市场营销等。更为重要的是，培训应当根据不同地区的农业特点和农民的实际需求进行定制，确保其有效性和适应性。

为提高培训的吸引力和实效性，培训机构可以采取多种教学方式，如面对面授课、在线学习、实地考察和案例研讨等。与成功的科技农业实践者合作，邀请他们分享经验，也能增强农民对科学农业成效的信心。通过这些互动式和体验式的学习方式，农民能够更深入地理解科学知识，增强实际应用的能力。鼓励农民参与科技创新和实验，也是提高农民科

学素质的有效方式。农民可以在专家的指导下参与新技术的试验和推广，这不仅提升了他们的实践技能，也增强了他们对科技创新的兴趣和信心。另外，这种参与感还能激励农民在未来积极应用新技术，成为科技农业的推广者。

（二）加大财政支持，鼓励农民积极提高自身科学素质

在当前农业发展的新阶段，提高新型职业农民的科学素质已经成为关键任务，其中，加大财政支持，鼓励农民积极提高自身科学素质，是实现这一目标的重要措施。财政支持在提升农民科学素质方面发挥着至关重要的作用，它不仅为农民提供了必要的资源保障，也是激励农民参与科学学习和实践的有效手段。这种支持可以通过多种途径实现，如直接资助、提供补贴、投资建设培训设施等。加大财政投入，特别是加大农业科技教育和培训方面的投资，对于提高农民的科学素质至关重要。政府通过财政支持建立和完善农民培训中心、实验示范基地和信息咨询服务系统等，可以为农民提供学习和实践现代农业科技的平台。这些设施的建立不仅有助于农民直接获取科学技术知识，还能为其提供实际操作的机会，从而加强理论与实践的结合。财政支持还可以用于制定和实施各种激励政策，鼓励农民积极参与科学学习和技能提升。例如，政府可以为参加培训和成功应用新技术的农民提供补贴或奖励，以此来激发他们提升自身科学素质的积极性。这些激励措施有助于形成一种正面的激励机制，使农民认识到学习新技术和提高科学素质对于提升农业生产效率和增加自身收入的直接益处。财政支持还应该着重于促进科学知识的普及和科技成果的转化。对科普活动和科技成果展示的资助，可以增强农民对科学技术的认识和兴趣，推动先进科技在农业生产中的应用。开展针对农民的科技竞赛、创新项目等，有利于激发农民的创新精神和实践能力，进而提高整个农业部门的科技水平。财政支持还应关注农民子女的教育问题，尤其是农村地区的科学教育。通过投资改善农村学校

的教育条件、提高教学质量、举办科学活动等，可以从根本上提升农民家庭的整体科学素质，为农业的长远发展培养后备力量。

（三）开展教育培训，提高农民科学文化水平

在提高新型职业农民科学素质的对策与措施中，开展教育培训以提高农民的科学文化水平显得尤为重要。这一措施的核心在于通过系统的教育和专业的培训，为农民提供必要的科学知识和技能，以适应现代农业的要求。这种教育培训不仅涉及农业技术本身，还包括农业管理、市场营销、环境保护等多方面内容，旨在全面提升农民的科学素养。教育培训的重点是使农民掌握现代农业生产的基本技能和知识。其包括但不限于农作物种植技术、土壤管理、病虫害防治、水资源利用、农作物收获和后期处理等。通过这些培训，农民可以了解到最新的农业技术和方法，学会科学地种植和管理农作物，从而提高农业生产的效率和质量。农民的教育培训还应该包括农业经营管理和市场营销方面的知识。在市场经济的背景下，农民不仅要懂得如何种好地，更要学会如何销售产品，提高经济效益。因此，相关的培训应该涵盖市场分析、产品定价、营销策略、电子商务等内容，帮助农民更好地适应市场经济，提高其竞争力。环境保护和可持续发展同样是农民教育培训中不可忽视的一部分。随着全球环境问题的日益严重，农民需要了解和掌握可持续农业的相关知识，如生态种植、节水灌溉、农业废物回收利用等，以减少农业生产对环境的影响，实现农业与环境的和谐发展。为了确保教育培训的效果，培训方式和内容应当根据农民的实际情况和需求来设计。这包括采取灵活多样的教学方法，如面对面授课、在线教育、实地操作演示等，以及根据不同地区的农业特点和农民的基础知识水平调整培训内容。鼓励农民参与培训课程的设计和反馈，更好地满足他们的实际需求，提高培训的针对性和实用性。总之，开展针对性强、实用性强的教育培训，不仅可以提高农民的科学文化水平，还能够帮助他们适应现代农业的发展，提高

其综合素质和能力。这对于推动农业现代化，提升农业竞争力，实现乡村振兴具有重要意义。

（四）改进农村管理体制，成立村内示范团体

提高新型职业农民的科学素质可以通过改进农村管理体制和成立村内示范团体来实现。改进农村管理体制代表构建更加高效、科学的管理框架，使之能够更好地支持农民的科学素质提升和农业技术的应用。而成立村内示范团体则是在实践层面上，通过典型示范和经验分享，鼓励和引导更多农民学习和采用科学的农业技术。改进农村管理体制需要明确管理目标和职能，确保农村管理的方向与农业现代化的需要相符合。这包括建立一套科学的决策机制，使农业发展规划、资源配置等决策能够基于充分的数据分析和专业知识支持。加强农村管理人员的专业培训，提升他们的科学管理能力和服务水平，也是必要的步骤。此外，改进农村管理体制还涉及优化管理流程和提高管理效率，如引入现代信息技术支持农村管理，提高管理工作的透明度和公众参与度。

成立村内示范团体则是一种具体而有效的实践策略。示范团体由在农业科学技术应用方面有经验的技术专家或优秀农民组成，他们在村内扮演着领头羊的角色，通过实地示范和交流分享，激励和引导其他农民学习和应用新技术。这种方式的优势在于能够直观展示科学农业技术的实际效果，增强其他农民的信心和兴趣。示范团体可以定期举办培训课程、经验交流会等活动，帮助其他农民掌握新技术，解答实践中的疑问，从而加快科学技术在农村的普及和应用。示范团体还可以作为农村管理体制改进的一个重要环节，与村委会、农业技术推广部门等建立紧密的合作关系，共同参与农业发展规划的制定等工作。这种协作机制不仅能够提高农村管理的科学性和针对性，还能够充分发挥示范团体在技术推广和农民培训中的作用。

（五）提高农村基础设施水平，为农民提升科学素质创造条件

在提高新型职业农民的科学素质方面，提升农村基础设施水平是一个关键的对策。良好的基础设施为农民提供了学习和应用科学技术的必要条件，这包括通信网络、交通设施、教育资源和信息化服务等方面。这些基础设施的完善不仅直接影响着农民获取科学知识的渠道和方式，也为他们实践和应用这些知识提供了必要的支持。通信网络的建设和优化是提高农村基础设施水平的重要方面。在信息时代，网络通信对于信息的获取至关重要。通过互联网，农民可以访问各类农业科技资源，包括在线教育课程、农业技术论坛和市场信息等，这些都是提升农民科学素质的重要工具。因此，确保农村地区有稳定而快速的网络连接，对于农民来说是学习新知识和技术的前提。交通设施的改善也是提升农民科学素质的重要环节。良好的交通条件可以方便农民参与各类培训活动和交流会，特别是对于偏远地区的农民来说尤为重要。良好的交通条件还有助于农民将自己的农产品快速地运送到市场，提高农产品的销售量。充足的教育资源是提升农民科学素质的基础。这不仅意味着政府要在农村地区建立更多的学校和培训中心，还包括提供高质量的教育内容和教学设施。例如，建立农业技术培训中心，配备现代化的教学设备和资深的教师队伍，可以更有效地为农民提供专业的农业科技教育和实践指导。此外，信息化服务的推广也是提升农村基础设施水平的重要组成部分。通过建立信息服务平台，如农业信息咨询系统、气象服务平台等，农民可以更加方便地获取相关的农业科技信息和天气变化信息，这对于他们做出科学的农业决策和提高生产效率具有重要意义。

第二节　乡村人才振兴视域下的新型职业农民文化素质培育举措

一、文化素质的概念及内涵

文化素质是衡量一个人在文化方面综合能力和水平的关键指标，它体现了个体在知识、能力、行为和情感等多方面的综合素养。在知识方面，文化素质涉及个体对文化知识的掌握程度，包括对文学、历史、艺术、哲学等领域的了解。在能力方面，文化素质体现了个体运用文化知识解决问题的能力，具体包括批判性思维、创造性思考和有效沟通的能力。这些能力使个体能够灵活应对多变的社会环境，实现自身的文化价值。行为和情感是文化素质的另外两个重要方面。一个人的文化素质在其行为表现中得以体现，如遵守社会规范、尊重文化多样性以及展现良好的公民意识等。在情感方面，一个人的文化素质则体现在其对文化现象的情感反应和价值判断，如欣赏艺术之美、深刻理解历史以及对哲学问题的感悟等。文化素质的个性化特征意味着不同的人在文化素质的表现上有所不同，这种差异性源于个人的生活经历、教育背景和个人兴趣的不同，这使得文化素质成为个体特性的重要体现。

培养新型职业农民的文化素质，是当前农业发展和乡村振兴战略的重要任务之一。文化素质的内涵不仅仅局限于对文化知识的掌握，更广泛地包含了农民将所学知识应用于实际农业生产中的能力，以及农民在日常农业生产和生活中所表现出的行为和品质。在文化知识方面，农民的文化素质不仅包括基本的读写能力，还包括对相关农业知识的理解和掌握。相关农业知识不仅涵盖传统的农业知识，还应包括现代农业科技、市场经济、环境保护等方面的内容。相关农业知识的掌握对于新型职业农民至关重要，它们直接关系到农民是否能够有效地应对现代农业的挑战，提高农业生产的效率和质量。在农业技术应用方面，农民的文化素质体现为他们将所学知识应用于实际农业生产中的能力。这包括对新型农业机械的操作能力、对农作物生长规律的理解能力，以及对农业市场变化的应对能力等。这些能力使得农民能够更好地利用现代农业技术，有效提升农业产出，提高农产品的市场竞争力。在日常农业生产和生活中，农民的文化素质还体现在他们的行为和品质上。这包括诚实守信、勤奋劳作、持续学习、尊重自然和保护环境等方面。这些品质不仅对农民自身的生活质量有着重要影响，也是推动农业可持续发展的重要因素。例如，对环境保护的重视可以促使农民采取更加环保的种植和养殖方式，减少农业对环境的负面影响。随着社会的发展和农村的变迁，农民的文化素质还包括适应社会变化、参与乡村治理、维护农村社会稳定等方面，多方面提高农民的文化素质对实现乡村人才振兴、构建和谐乡村社会、推动乡村文明进步具有重要意义。

二、提高新型职业农民文化素质的重要性

在乡村人才振兴背景下，提高新型职业农民文化素质的重要性如图6-1所示。

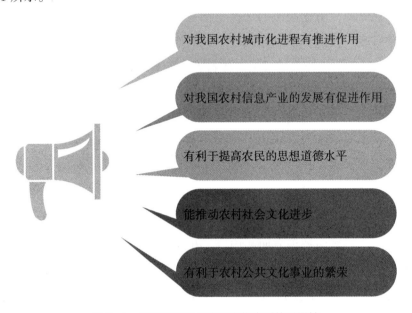

图6-1 提高新型职业农民文化素质的重要性

（一）对我国农村城市化进程有推进作用

在乡村人才振兴的背景下，提升新型职业农民的文化素质对加速我国农村城市化进程具有显著的推动作用。城镇化不仅是人口从农村地区向城市地区的迁移过程，更是农民文化、心理和价值观念的转变过程。新型职业农民的文化素质提升，意味着他们在接受现代城市文化的同时，能够将自身的农业经验和乡村智慧带入城市，形成农村与城市之间的文化互动和融合。提升新型职业农民的文化素质，首先表现在职业技能的提升上。通过职业技能培训，农民能够掌握更为先进的农业技术，这些技术的应用不仅提升了农业生产效率，也为农民在城市中工作提供了技能保障。农民通过学习新的生产方式和劳动技术，可以更好地适应城市化带来的变化，成为适应新环境的能手。通过社区文化建设、思想道德教育、科学文化教育以及法治教育，农民的整体文化素质也能得到有效提升。这些教育不仅增强了农民的法律意识、市民意识，也提高了他们对城市生活的适应能力。农民在这一过程中既学会了如何在城市环境中生活和工作，还保持了自身的文化特色。文化素质的提升还帮助农民在心理和价值观层面上适应城镇化。农民通过接受新的思想和文化，形成了更加开放和包容的心态，这对于他们融入城市生活至关重要。新型职业农民作为农村与城市之间的桥梁，其文化素质的提升也有助于促进城乡文化的交流和融合，推动城市文化的多元化发展。

（二）对我国农村信息产业的发展有促进作用

在乡村人才振兴的背景下，提升新型职业农民的文化素质对于我国农村信息产业的发展具有显著的促进作用。随着网络科技的飞速发展，数字化和信息化已经成为现代农业不可或缺的一部分，这对农民的文化素质提出了更高的要求。高素质的农民不仅能够更好地管理和经营农业产业，而且能够有效地利用信息技术，提升农业生产的效率和质量。在信息化时代，农民文化素质的提升有利于他们更好地理解和应用新技术。随着信息技术在农业生产中的广泛应用，掌握这些技术的农民能够及时获取市场信息、农作物生长数据和天气预报等，这些信息对于提高农业生产的效率和减少农业生产风险至关重要。信息技术的运用有助于农民更好地进行市场分析和决策，提高产品的市场竞争力。农民文化素质的提升还有助于其更好地适应数字化时代的变化。随着农村信息化程度的提高，农民需要具备良好的文化素质来理解和适应这些变化。例如，通过使用智能手机和互联网，农民不仅可以获取农业相关知识，还能参与电子商务活动，拓宽销售渠道，增加收入。另外，农民文化素质的提升还能推动农村社会文化环境的改善。知识渊博、技能熟练的农民能够在社区中起到示范作用，引导其他农民学习新知识、新技术，从而形成良好的学习氛围。这种氛围的形成有助于促进农村信息产业的发展，提高整个社区的信息化水平。

（三）有利于提高农民的思想道德水平

在乡村人才振兴的视角下，提升新型职业农民的文化素质对于提高他们的思想道德水平具有重要意义。文化素质的提升不仅是知识和技能层面的提升，更是思想道德层面的进步。在农村社会中，农民的思想道德水平直接影响着农村的精神文明建设和社会风气的形成。提高新型职业农民的文化素质，有助于其树立正确的世界观和人生观。通过接受更广泛的教育和知识，农民能够形成更为科学和开放的思维方式，从而更愿意接受新鲜事物，对农村的新发展、新建设更喜闻乐见。这种思想觉醒对于农村精神文明的提升至关重要，能够促进更加文明和谐的社会风气的形成。文化素质的提升还能增强农民的法治意识和民主意识。通过学习法律知识，农民能够更好地理解和遵守社会规则，有效地维护自身的合法权益。这对于构建法治化、民主化的农村社会环境至关重要，有助于减少违法乱纪行为的发生，促进农村社会的稳定和发展。有较高文化素质的农民更容易在城市化进程中找到自己的定位。随着农村向城市的转变，农民面临着新的生活方式和工作环境。具备较高文化素质的农民更能够适应这些变化，快速融入城市生活，赢得城市居民的尊重和认可。这种能力不仅对个人发展有益，也为农村与城市之间的交流和融合提供了良好的基础。

（四）能推动农村社会文化进步

在乡村人才振兴的大背景下，提高新型职业农民的文化素质对于推动农村社会文化进步具有重要意义。具备较高文化素质的新型职业农民能够在农村社区中起到示范和引领作用，这对于提升整个农村社区的文化水平和社会文明程度至关重要。这些农民在农村教育方面的贡献不容忽视。他们通过自身的学习经历和知识积累，能够向农村青少年传授更广泛的知识，激发他们对学习的兴趣和对知识的渴望。这不仅有助于提高青少年的文化素养，也为农村培养了未来的人才。具备较高文化素养的新型职业农民可通过自己的实践经验，教授青少年如何将理论知识应用于实际生活中，从而培养他们的实践能力和创新思维。在文化交流方面，提高新型职业农民文化素质的作用同样显著。他们通过参与或组织各类文化活动，如农村文化节、读书会、讲座等，促进了农村社区内的文化交流和信息共享。这种文化交流不仅丰富了农村居民的精神生活，也增进了社区成员之间的相互理解和尊重，促进了社会和谐。在社会治理方面，提高新型职业农民文化素质的作用也不可小觑。新型职业农民凭借自身的知识和经验，在农村治理中提出建设性意见，参与农村规划和管理。他们的参与有助于提升农村治理的效率和质量，使之更加透明和民主。

（五）有利于农村公共文化事业的繁荣

在乡村人才振兴的视域下，提高新型职业农民的文化素质对于促进农村公共文化事业的繁荣具有深远的意义。一个具备较高文化素质的农民群体，不仅能够为农村的物质发展提供动力，更能够为农村的文化生活带来活力。提升新型职业农民的文化素质，能够直接丰富农村的文化生活。文化素质较高的农民更能欣赏和参与各种文化活动，如文艺表演、书画展览、传统节日庆典等，这些活动不仅丰富了农民的精神世界，也增强了农村的文化吸引力。农民在享受文化活动的同时，能够积极参与文化创造，如乡村文化节目的策划与执行、乡村历史文化的保护与传承等，这些都为农村公共文化事业的繁荣奠定了基础。文化素质的提升还有助于提高农民对于公共文化服务的需求和参与度。农民对文化的需求不再局限于基本的娱乐消遣，而是逐渐转向更加深层次的文化交流和自我提升。这种需求的提升促使政府和社会组织更加重视农村公共文化服务的建设，如图书馆、文化中心、网络信息服务等的建设和完善。这些服务的提升不仅提高了农村文化生活的质量，也为农村居民提供了学习新知识、提升自我能力的平台。农民文化素质的提升还有助于形成健康向上的农村社会风气。文化素质较高的农民更容易形成正确的价值观念和健康的生活方式，他们在农村社会中能起到表率作用，引导其他居民追求更高的文化生活质量，远离不良娱乐和消极生活态度。这种良好风气的形成对于提升整个农村社会的文化氛围、促进社会和谐具有重要作用。

三、培养新型职业农民文化素养的对策与措施

（一）推进农村经济建设

在乡村人才振兴背景下，通过推动农村经济建设来提升新型职业农民的文化素质，是实现农村全面发展的重要策略。农村经济的增长不仅能改善农民的物质生活条件，还能为他们的文化素质提升提供必要的支持和环境。加强农村经济发展，需要对农业生产进行现代化改造。这涉

及调整农业生产结构，推动农业产业化经营，并采用现代化的农业生产技术。引入先进的农业知识和技术不仅可以提高农业生产的效率和质量，也能帮助农民学习和掌握新的农业技术和知识，从而提高他们的专业素质和文化水平。积极发展第三产业对于激活农村经济、拓宽农民的视野和提升他们的文化素质同样至关重要。信息技术、金融等现代服务行业的发展，不仅为农民提供了新的收入来源，还能帮助他们更好地理解和融入市场经济。这些行业的发展可以增强农民对社会主义市场经济的理解，提高他们适应市场变化的综合素质和能力。农村经济的繁荣直接影响着农民的文化素质提升和新农村文化建设的推进。随着农业生产的现代化和第三产业的发展，农民的生活水平提升，他们将有更多机会和资源来提升自己的文化素质，参与更广泛的文化和教育活动。这不仅有助于农民的个人发展，也为构建和谐、文明的新农村提供了坚实的经济和文化基础。

（二）提高农村文化基础设施建设水平

在乡村人才振兴的背景下，提高新型职业农民的文化素质成为一项重要任务。这不仅关乎农民个人的成长和发展，也是推动乡村振兴的关键因素。实现这一目标的有效策略之一是提升农村文化基础设施的建设水平。加强农村文化基础设施的建设是确保文化服务覆盖每一个角落的前提。这意味着农村不仅要建设文化活动场所，还需要配备完善的设施和设备。文化活动场所的建设不仅限于物理空间的搭建，还包括为农村居民提供多样化的文化活动，如阅读室、电影放映、艺术展览和文艺演出等。这些活动不仅能够丰富农民的精神文化生活，还能够提升他们的文化素质和审美能力，从而促进他们全面发展。农村文化设施的完善还需要融入当地特色和文化遗产。保护和弘扬农村的传统文化，可以激发农民对本土文化的自豪感和归属感，从而增强他们的文化自信。这不仅有助于传承和保护传统文化，也为农民提供了更多了解和参与传统文化的机会。例如，政府相关部门可修复和利用传统村落、古建筑等，开展相关的文化活动和节庆活动，这不仅有助于文化的传承，也能够吸引更多的游客，带动乡村经济的发展。提高农村文化基础设施建设水平还需结合现代科技手段，如通过互联网和数字技术，为农民提供更加便捷的文化服务。例如，建立数字图书馆、在线教育平台，让农民可以在家门口就享受到丰富的知识资源和学习机会。这种方式不仅扩大了文化服务的覆盖面，还提高了服务的效率和质量。在提高农村文化基础设施建设水平的过程中，政府、社会组织、企业和农民应形成合力。政府需要制定相关政策、提供资金支持，社会组织和企业可以参与文化项目的运营和管理，农民则应积极参与文化活动，共同推动农村文化的发展。

（三）大力发展农村公共文化事业

农民对高质量生活的追求不仅限于物质层面，更包括对精神文化生活的需求，大力发展农村公共文化事业能在一定程度上满足其需求。农村公共文化包括对农民的文化教育，如举办文化讲坛与讲座、开展农民看报、读书活动等，还包括对农民的艺术教育，如开展书法、舞蹈、绘画、音乐等艺术培训。随着农民物质生活条件的提升，国家和社会各界通过举办丰富多彩的文化活动，如艺术比赛、文艺演出等来提高农民的精神文化生活水平和丰富农村的精神文化生活，这些活动不仅为农民带来了文化上的享受，也提升了他们的审美和文化认知水平。农村可以通过举办文化活动，如中央电视台心连心艺术团定期赴"边区""老区"演出，多社区组织戏曲表演、舞蹈展演，村委会建设和维护村史馆、村博物馆等，为当地农民带去精彩的文艺节目和向农民展现本地的文化艺术内涵，这不仅能丰富农民的文化生活，还能提高他们的艺术鉴赏能力，对新型职业农民的文化素质培养具有重要意义。这些活动在提升农民文化素质的同时，激发了农民对艺术和文化的兴趣，为农村公共文化事业的发展奠定了坚实的基础。政府和各福利机构向农民捐赠科技书籍，并开设农民培训班，传授现代农业知识和科学技能，这不仅帮助农民提升了农业生产能力，也促进了新型职业农民文化素质的提升。提高新型职业农民的文化素质，有助于他们更加理性地认识和利用科技信息，为农村公共文化事业的发展提供智力支持和创新动力。随着农民文化素质的不断提升，他们对医疗卫生、教育等公共服务的需求也日益增长，这促进了农村公共服务体系的完善和升级。

（四）提高农村信息化建设水平

加强农村信息化建设是提高新型职业农民文化素质的关键途径。在信息时代，农村信息化不仅关系到农业生产效率的提升，也直接影响农民的生活质量和文化水平。农村信息化建设的核心在于搭建一个全面、高效的信息服务系统，该信息服务系统具体包括网络基础设施的建设、信息资源的开发利用、信息技能的培训以及信息服务的普及。网络基础设施的建设是农村信息化的基石。这需要政府和企业的共同努力，通过铺设光纤、建设基站等方式，为农村地区提供稳定高效的网络服务。网络的普及将使农民能够方便快捷地接触和使用各类信息资源，从而提高他们的信息意识和文化素质。例如，农民可以通过网络学习最新的农业技术、市场动态，这不仅提升了他们的职业技能，也拓宽了他们的知识视野。信息资源的开发利用对于农民文化素质的提升同样至关重要。这涉及如何高效整合和利用现有的信息资源，包括政府数据、教育资源、健康医疗信息等，使其能够更好地服务农村地区。建立农村数字图书馆、在线教育平台等，可以为农民提供丰富多样的学习资源，这不仅有助于他们获取新知识，也有利于培养他们的自学能力和创新思维。信息技能的培训是提高农民文化素质的重要环节。这意味着农民不仅要了解信息技术，更要能够熟练应用这些技术。举办各类培训班、工作坊等，可以有效提高农民的信息素养，使他们能够更好地利用信息技术解决实际问题，增强他们的问题解决能力和创新能力。信息服务的普及也是提升农民文化素质的关键。政府和社会组织应当推出更多针对农村的信息服务项目，如远程医疗咨询、在线政务服务等，这些服务不仅提高了农民的生活质量，也促进了他们的文化发展。通过这些信息服务，农民可以更好地了解外部世界，增强他们的社会参与意识和文化自信。

（五）做好对新型职业农民的思想政治教育工作

在当前的社会背景下，新型职业农民作为农村经济和文化发展的重要推动者，其思想政治教育工作显得尤为关键。提高新型职业农民的文化素质，不仅要注重其职业技能和知识水平的提升，更要重视其思想政治素质的培养。在这个过程中，综合运用多种方法和措施，能够有效提高新型职业农民的整体文化素质。做好新型职业农民的思想政治教育工作，首要任务是确保教育内容的时代性和实践性。这意味着教育内容不仅要符合当代社会的发展要求，还要紧密结合农民的实际生活和工作。政府相关部门通过组织系列讲座、研讨会和培训班，传授现代农业知识、国家政策法规，可以增强农民对国家发展大局的认识，提高他们的政治意识和法律意识。思想政治教育工作的开展还应注重培养农民的道德观和价值观。政府相关部门可通过开展丰富多彩的文化活动，如乡村文化节、传统节日庆典等传承和弘扬优秀的传统文化，以及加强农民的道德修养和社会责任感。这种方式能够使农民在享受文化成果的同时，不断提升自己的道德水平和文化素质。运用现代信息技术手段对农民进行思想政治教育也是一个有效的途径。如通过建立网络学习平台、开展线上讲座和培训，可以使农民在不离开农村的情况下就能够接受系统的思想政治教育。这种方式不仅节约了时间和资源，也提高了教育的覆盖面和效率。加强与农民的互动交流，了解他们的实际需求和思想动态，对于做好思想政治教育工作同样重要。村干部、党基层组织通过定期走访、调研和开展座谈会，可以更好地把握农民的思想动态，针对性地开展教育和引导工作。这种双向互动的教育方式，能够使思想政治教育更加贴近农民的实际需求，提高教育的实效性。总而言之，加强对新型职业农民的思想政治教育工作，需要政府、社会组织和教育机构等多方面的共同努力。政府需要制定相关政策和提供支持，社会组织和教育机构则要积极参与教育工作，共同推动新型职业农民文化素质的提升。

第三节 乡村人才振兴视域下的新型职业农民身心素质培养措施

一、身心素质的概念

（一）身体素质

身体素质是一个广义的概念，其核心在于体现个体在生理层面的综合能力。这种能力不仅关系到个体的健康状态，更是其参与各种物理活动的基础。身体素质的构成因素众多，包括但不限于速度、力量、耐力、敏捷性和柔韧性等，这些因素在个体进行运动、工作以及日常生活中扮演着关键角色。速度是身体素质中的一个重要方面，它指的是个体在最短时间内完成特定动作或覆盖特定距离的能力。在各种体育运动中，速度往往是决定成败的关键。例如，短跑运动员的爆发力和瞬间加速能力对于比赛成绩至关重要。力量则指肌肉在对抗外力时表现出的能力。它不仅在各类力量型运动中发挥作用，如举重、摔跤等，也在日常生活中起着重要作用。良好的力量素质可以帮助个体更好地完成日常任务，如提重物、搬运物品等。耐力反映的是个体在长时间进行体力活动时不感到疲劳的能力。耐力对提高工作效率、减少工作中的疲劳感有重要意义。敏捷性则与个体的反应速度和动作协调性相关，它在很多需要快速反应和身体协调的运动中尤为重要，如篮球、足球等球类运动。柔韧性主要涉及身体各关节和肌肉的活动范围，良好的柔韧性有助于预防运动损伤，提高运动效率。例如，体操运动员需要极高的柔韧性来完成各种高难度的动作。健康的体格不仅体现为外表的健硕，更重要的是内在各器官的功能状态良好。这包括心脏、肺部等重要器官的功能，它们对于保持个体良好的身体素质至关重要。良好的身体耐力和适应能力表明个体能够有效应对不同的环境和挑战，无论是在极端天气下工作，还是在复杂多变的环境中生活，个体都能保持良好的身体状态。

（二）心理素质

心理素质作为个体心理健康领域的关键指标，深刻体现了人在心理健康自我管理方面的能力。心理素质的高低直接影响一个人的行为方式、思维模式及其与外界的互动。情绪，特别是积极乐观的情绪，是心理素质的重要组成部分。它不仅影响个体的心理健康，也影响着个体的日常生活和工作效率。积极的情绪能够帮助个体更好地面对生活中的挑战和困难，激发个体的潜力和创造力。感情也是心理素质的重要组成部分。稳定的感情使个体能够在面对复杂多变的社会环境时，保持心理的平衡和健康。这种稳定性不仅有利于个体建立和维持良好的人际关系，还有助于个体正确处理各种社会问题。意志力是个体面对困难和挑战时所表现出的坚韧和毅力。坚定的意志力使个体能够在逆境中坚持自我，克服困难，不断向前。这种意志力是个体实现目标和梦想的重要动力。个性是心理素质的又一重要方面。每个人都有自己的个性，人的个性决定了个体的行为模式和思维方式。鲜明的个性使个体在社会中更具有辨识度，有助于个体建立自我认同和实现自我价值。自我调节能力指个体在面对各种心理压力和挑战时，能够有效调整自身的心理状态，保持心理健康和稳定。这种能力对于个体应对日常生活中的各种复杂情况至关重要。

（三）身心素质良好的标准

衡量个体身心素质的标准如图 6-2 所示。

图6-2　衡量个体身心素质的5个标准

1.有强健的体魄

良好的身体素质是个体全面发展的关键。健康的体魄不仅能提升人们的工作效率，而且能够使人们在日常工作与生活中保持活力。在职场上，拥有健康的身体是人们应对高强度工作压力的基础。从事需要长时间站立、频繁移动或重体力劳动的职业时，健康的身体可以使人保持良好的工作状态，减少因疲劳或健康问题引发的工作中断，从而提升工作质量和生产效率。对于那些要求精细操作或长时间集中注意力的工作，健康的身体也能帮助人们保持较高的专注度，进而提高工作效率。在个人生活中，健康的身体让人们有能力享受更多的生活乐趣。例如，人们在旅行时能够轻松应对各种物理挑战，如登山、徒步等，这些都需要良好的体力作为支持。此外，体能的优势还能让人们与自己的家人、朋友享受各种户外活动和体育运动，增进亲密关系，提升生活的幸福感。

2.有坚强的意志品质

坚强的意志品质是衡量个体身心素质的重要标准之一。这种品质反映了个体在自我意识的驱动下，为实现既定目标而主动克服障碍和困难的能力。在个体的心理结构中，坚强的意志是意识主动性的显著体现，对于成功的实现起着决定性的作用。拥有坚强意志的人，在行为层面表现出显著的自觉性、果断性、坚韧性和优秀的自制力。这些特质使他们在面对生活和工作中的各种挑战时，能够保持清晰的目标意识，不因困难和挫折而动摇。他们在追求目标的过程中，展现出不屈不挠的精神，即使在重重困难面前也能坚持到底，直至目标达成。坚强的意志还体现在个体对情绪和行为的有效管理上。具备这种品质的人能够合理控制自己的情绪，避免情绪波动干扰决策和行动。他们在遇到问题时，能够冷静分析，采取切实有效的措施来解决问题，而不是回避或放弃。坚强的意志与个体的自我提升和成长紧密相关。具备这种品质的人通常具有较高的自我认知能力，能够不断反思和修正自己的行为，以更好地适应环境和实现目标。他们在追求个人和职业发展的过程中，能够持续学习、不断进步，克服各种障碍。

3. 有自信乐观的生活态度

在人生的道路上，挫折和失败是不可避免的，但拥有自信乐观的态度能够帮助个体更好地面对这些挑战。对自己和未来充满信心，个体才能够勇敢地迎接生活中的各种困难和挑战，拥有愉悦的心情和幸福的生活体验。这种积极的生活态度不仅对个体自身有益，也能够影响周围的人。它有助于促进良好的人际关系，提升人际交往的和谐度。自信乐观的态度还能激发个体的创造力，增强个体探索未知和发现新事物的能力。在社会竞争日益加剧的当下，如何应对生活中的不顺和挫折，成为衡量个体心理素质的一项重要考验。人生充满了起伏，每个人都会经历顺境和逆境、光明和黑暗、成功和失败。在这样的人生旅途中，对生活保持热爱和乐观自信的态度，对个体的心理健康具有重要意义。这样的人即使在困难重重的环境中，也能看到希望的光芒，能在失败中保持不懈的奋斗，在逆境中寻找成功的可能。自信乐观的个体将生活中的挫折和失败视为成长和锻炼的机会。他们勇于面对生活中的未知领域，敢于尝试新的事物，通过不断的努力和创新，展现出坚不可摧的精神。这种精神不仅帮助他们克服生活中的难题，还能够激励他们不断进步，实现个人价值。

4.有良好的社会适应能力

社会适应能力在当今社会变革的背景下成为衡量个体身心素质的一个重要标准。社会的开放性和多元性特点，为人们的工作、生活带来了诸多挑战，如用人机制的更新、人才流动的活跃等。这些变化使得人们生活的稳定性降低，变动性增强，尤其对于农村而言，这种变化对农村产生了深远的影响。面对这种情况，社会对个体，尤其对新型职业农民提出了适应新变化的要求。新型职业农民应该适应社会，并且保持与社会的紧密联系。他们应该及时调整自己的思想和行动，与时代同步前进，有效应对个人需求与社会发展之间的矛盾，实现与社会的和谐共处。社会适应能力的一个关键要素是强大的人际关系协调能力。这意味着个体需要在工作和生活中与他人进行有效的沟通和合作，理解他人，以提升自身的幸福感，并为建设更加富强、民主、文明、和谐的国家承担责任。

随着社会的不断发展和变化，个体提高自身的社会适应能力变得越来越重要。这不仅是对个人的要求，也反映了社会整体发展的趋势。增强个体在人际交往方面的能力，不仅能提高个人的生活质量，也有助于推动社会的整体进步与和谐。因此，社会适应能力的培养和提升，对于个体的全面发展和社会的持续进步具有重要意义。

5.有端正的自我意识

是否拥有端正的自我意识是衡量个体身心素质高低的关键标准之一。端正的自我意识体现了个体对自身以及与客观世界之间关系的深入理解，是人类心理发展的高级阶段，也是区分人与动物的重要心理特征。正确的自我意识包含了对自己的准确认识和评价，即清晰的自我认知。在日常的社会交往中，这意味着个体需要客观并真实地对待自己，清楚地认识自己的优点和缺陷，同时保持自尊和自信，避免自大或自卑。拥有端正的自我意识的个体，在成功时能保持喜悦心态但不过于骄傲，而在失败时虽感到痛苦但不怨天尤人或放弃努力。这种均衡的自我观念不仅是个体成熟的标志，也是实现成功的重要前提。具备这种自我意识的人，能够清楚地了解自己的实际情况，从而设定合理的人生目标。另外，端正的自我意识还助于个体正确地理解自己与周围环境和他人的关系。这种理解有助于个体进行有效的人际交流，顺利地融入社会，促进个人与社会的和谐相处。

二、提高新型职业农民身心素质的重要性

（一）提高新型职业农民身体素质的重要性

在乡村振兴和现代农业发展的背景下，提高新型职业农民的身体素质显得尤为重要。良好的身体素质是农民进行日常农业劳作的基础，也是他们提升劳动效率的关键。随着农业技术的不断进步，农民的工作不再仅仅局限于传统的体力劳动，而是更多地涉及操作各类农业机械和设备。在这种情况下，良好的身体素质对于农民来说变得至关重要。良好的身体素质使农民能够更好地承担农业生产中的体力劳动。农业劳作往往需要良好的耐力和体力，尤其在种植和收获季节。如果农民拥有较好的身体素质，其能够更高效地完成农作任务，提升农业生产的效率和质量。随着现代农业技术的应用，操作农业机械和设备成为农民工作的一部分。这不仅要求农民具备相关技能，也要求他们拥有充足的体力来操作这些设备。良好的身体素质能够帮助农民更快地适应这些新技术，降低操作过程中的风险。良好的身体素质还有助于减少职业病和劳动伤害的风险。农业劳动中常常伴随着各种风险，如重物搬运、长时间的弯腰劳作等。健康的体魄能够在一定程度上抵御这些风险，减少职业病的发生。更重要的是，良好的身体素质能够提升农民的生活质量。健康的体魄不仅使农民在工作中更有活力，也使他们在日常生活中更加积极。他

们能够更好地参与社区活动，享受家庭生活，从而促进农村社会的和谐与发展。

（二）提高新型职业农民心理素质的重要性

在乡村人才振兴的进程中，良好的心理素质不仅能帮助新型职业农民适应现代农业的挑战、保持良好的心态、提高生产效率、推动农业发展及促进农村社区的和谐发展，还能在保障农民心理健康的基础上提高其对新鲜事物、新发展、新变化的适应能力，这是推动社会和经济发展的关键。良好的心理素质能够帮助农民有效管理情绪，应对生产过程中可能遇到的各种挑战。在现代农业中，不断更新的技术和市场的波动可能会给农民带来压力。能够有效管理情绪的农民可以保持冷静，更合理地处理问题，减少情绪波动对工作产生的负面影响。良好的心理素质能增强农民应对压力的能力。在农业生产中，面对自然环境的不确定性和市场的波动性，农民往往承受着较大的心理压力。有能力处理这些压力的农民更能适应复杂的生产环境，维持稳定的生产效率。

三、提高新型职业农民身体素质的策略与措施

（一）提供充足的健身器材，打造宜人的健身环境

在提高新型职业农民的身体素质方面，提供充足的健身器材和打造宜人的健身环境是两种有效的方法，它们都能鼓励农民积极参与体育锻炼，从而提升其身体健康水平。提供充足的健身器材是提高新型职业农民身体素质的基础条件。在乡村中心广场、活动中心可以建设公共健身设施，帮助新型职业农民在空闲时间充分锻炼身体。这些公共健身器材对应不同的健身强度，适合多个年龄段的村民使用，并且操作简单方便，实用性强，有助于实现新型职业农民身体素质的有效增强。当地相关政府部门也可以根据新型职业农民不同的身体素质和年龄情况，将其分成

不同群体，为其提供适合其锻炼身体的健身器材。例如，当地相关政府部门可以向青壮年新型职业农民提供基础的力量训练器材，如哑铃、杠铃，以及有利于心肺功能锻炼的跑步机、健身车等。当地相关政府部门也可以向中老年新型职业农民提供适合他们使用的健身器材，如太极球、转腰器等，以满足不同年龄段农民的健身需求。为确保这些设施的有效利用，健身器材的负责单位还需定期对其进行维护和更新。

打造宜人的健身环境对于激发农民参与体育锻炼的兴趣同样至关重要。当地相关政府部门应在农村规划和建设一些公共健身场所，如健身步道、篮球场、羽毛球场等，公共健身场所的建设对提高新型职业农民健身的热情有积极作用。此外，农村的自然环境资源也应得到充分利用，如利用田间小道、村庄周边的自然景观，打造适合晨跑、徒步的环境。

（二）完善医疗保健体系，做好卫生宣传工作

提高新型职业农民的身体素质是实现乡村人才振兴的必要基础，为此，地方政府可以从完善医疗保健体系、做好卫生宣传工作着手，保障农民的身体健康和生活质量。完善医疗保健体系需要保证农民能够获得基本的医疗服务。这包括加强农村地区的医疗设施建设，为医疗机构配备必要的医疗设备和药品等。完善医疗保健体系还要确保医疗机构有足够的医疗人员，特别是基层医生和护士，他们应具备丰富的专业知识和技能，能够为农民提供有效的医疗服务。另外，农村地区应加大居民医保的宣传推广力度，适当降低农村医保的投保标准和报销要求，提高农村医保的普及程度，为农村居民提供可靠的医疗保险保障。农村医疗机构应做好医疗保健知识的宣传和普及工作，提高新型职业农民的医护意识和保健意识，使其在生病时能及时就医，以科学的医疗保健手段维持身体健康；农村医疗机构还应经常组织新型职业农民参加体检活动，做好医疗防治工作。农村地区可通过邀请专门的康复医生、保健医生对新型职业农民的健康保健进行专业指导，向其普及包括慢性病的预防与治

疗、保健体操、科学用药等知识。

在运动和饮食的保健方面，提高新型职业农民身体素质可以从以下两方面入手，一是开展针对性的健身指导和教育，教授农民正确的健身方法，避免运动伤害。当地政府可以通过聘请专业的体育教练或者定期举办健身培训班，指导农民安全有效地使用健身器材。二是开展食品卫生、食品安全、食品营养方面的培训指导和知识讲座，帮助新型职业农民把控食品安全，养成良好的食品卫生习惯，帮助其保持每顿餐食营养的均衡全面，从而保证其身体健康和提高其身体素质。

在卫生宣传工作方面，重点是提高农民的健康意识和卫生知识。这可以通过举办健康教育讲座、发放健康教育手册和在村委会组织健康知识竞赛等形式进行。这些活动应涵盖各种健康主题，如常见病预防、个人卫生习惯养成、健康饮食、急救知识、人畜传染疾病的防治等。通过这些活动，农民能够学习到如何预防疾病、如何正确处理小伤小病，以及如何维护日常健康。除此之外，当地政府还应加强对农村地区环境卫生的管理。这包括改善农村的供水和排污系统，确保饮用水安全，以及加强垃圾处理和污水处理，预防水源污染和环境污染。良好的环境卫生状况对于预防疾病的传播至关重要。

（三）组织多样的社区健身活动

组织多样的社区健身活动是提高新型职业农民身体素质的重要途径之一。这种方式不仅有助于提升农民的身体健康，也能增强社区的凝聚力，促进农村社会的和谐。多样化的社区健身活动应覆盖不同年龄层和兴趣的农民。例如，当地政府可以定期举办农村长跑、自行车比赛、篮球比赛、羽毛球比赛等，吸引不同年龄段的农民参与。这些活动除了锻炼身体，还能培养农民的团队合作精神和竞争意识。对于老年农民，当地政府可以组织一些适合他们的活动，如太极拳、广场舞、门球等。这些活动强度相对较低，更适合老年人参与，既能帮助老年人锻炼身体，又能增加老年人的社交活动，改善他们的精神状态。针对妇女和儿童，当地政府也应设计特定的活动，如妇女健身操、儿童游戏活动等。这些活动不仅可以促进他们的身体健康，还有助于增强家庭和社区的联系。为了确保活动的有效性和安全性，政府应聘请专业的体育教练或者有经验的指导员来指导和监督这些活动。例如，定期举办健身知识讲座和培训班，教育农民如何科学健身，如何预防运动伤害；充分利用农村的自然资源和环境，如利用田间空地、河边小道等举办户外运动和探险活动。这些活动不仅能锻炼身体，还能让农民亲近自然，享受户外运动的乐趣。组织多样的社区健身活动不仅能够提升农民的身体素质，还增强农村的活力和吸引力。这对于推动乡村振兴具有重要意义。

四、提高新型职业农民心理素质的策略与措施

（一）设立心理健康服务中心

提高新型职业农民的心理素质，设立心理健康服务中心是一项关键的策略。心理健康服务中心能够为农民提供专业的心理支持和咨询，帮助他们有效应对生活和工作中的心理压力，促进他们的心理健康。心理健康服务中心应配备专业的心理咨询师和相关专业人员，他们能够为农民提供个性化的心理咨询和治疗服务。通过这些服务，农民可以得到专业的心理指导，学习如何应对压力、处理人际关系问题，以及提高自我认知和情绪管理能力。心理健康服务中心还应定期举办心理健康教育活动和讲座，增强农民的心理健康意识。这些活动和讲座可以涉及如何识别和应对常见的心理问题、如何建立健康的人际关系、如何有效管理压力等主题，帮助农民建立正确的心理健康观念。为了更好地服务农民，心理健康服务中心还可以为农民提供线上咨询服务。这种服务方式能够让更多农民在不受时间和空间限制的情况下获取专业的心理支持。心理健康服务中心还应与当地社区、医疗机构、教育机构等建立合作关系，

形成一个多方位的心理健康支持网络。这种网络可以更有效地为农民提供综合性的心理健康服务，帮助他们在各个方面获得支持和帮助。

（二）做好心理健康宣传教育活动

提升新型职业农民的心理素质，做好心理健康宣传教育活动是一项关键的策略。通过这些活动，农民能够更好地了解心理健康的重要性，学习如何管理和改善自己的心理状态，从而提高个人的幸福感和促进社区的和谐发展。心理健康宣传教育活动应涵盖广泛的主题，如情绪管理、压力缓解、人际关系处理、自尊心建立等。这些主题旨在帮助农民认识良好心理状态对于个人和家庭的重要性。为有效传播心理健康知识，地方政府可以利用社区会议、乡村学校、村委会等平台，定期举办讲座和研讨会，邀请心理健康专家或心理咨询师分享专业知识，为农民提供实用的心理健康信息和建议。利用广播、电视、报纸以及社交媒体等多种传媒工具进行心理健康宣传，可以扩大宣传教育活动的覆盖范围。尤其在网络和手机应用日益普及的今天，通过线上视频、微信公众号、在线研讨会等方式，农民可以在任何时间、地点获取心理健康信息。开展互动性强的活动，如心理健康知识竞赛、角色扮演、情景模拟等，增强宣传教育活动的趣味性和实用性。这类活动可以提高农民参与活动的积极性，帮助农民更好地吸收和理解心理健康知识。

（三）打造有利于新型职业农民心理健康的生活环境

打造有利于新型职业农民心理健康的生活环境是提高新型职业农民心理素质的重要策略之一。良好的生活环境对于农民的心理健康有着积极影响，其能够帮助农民更好地应对工作压力，提升整体的生活质量。良好的生活环境能提高新型职业农民的生活舒适度，促进农民心理的健康发展，而改善农村的居住条件是构建良好生活环境的基础。农村居住条件的改善包括为农民提供完善的基础生活设施，改善农村的交通条件等。完善的基础生活设施包括为农民提供清洁的饮用水、稳定的电力供应和卫生的居住条件。农村交通条件的改善则意味着农民能够方便地与外界交流，不再产生由于交通不便导致的农产品销量低等问题。建设舒适的休闲娱乐空间也有利于打造良好的生活环境。舒适的休闲娱乐空间有利于农民排解压力和维持心理健康。政府可以在农村建设公园、文化活动中心、图书馆等休闲设施，为农民提供放松身心的场所。这些设施不仅能够丰富农民的文化生活，还能为农民提供一个社交的平台，增强农民之间的沟通。建立健全的社区支持系统也有利于良好生活环境的打造。社区可以定期组织文化、体育活动，增强农民的归属感和社区凝聚力。社区还可以为农民提供心理咨询服务，为有需要的农民提供专业的心理辅导。发展乡村旅游和休闲农业也有利于打造良好的生活环境，促进农民的心理健康。通过参与乡村旅游和休闲农业项目，农民不仅可以增加收入，还能与来自不同地方的游客交流，拓宽视野，提升生活的满足感和幸福感。

（四）帮助新型职业农民搭建健康的社会关系网络

在提升新型职业农民心理素质的过程中，帮助他们搭建健康的社会关系网络十分有益。社会关系网络的构建对于农民的心理健康和社会适应能力有着重要影响。一个有效的社会网络可以为农民提供支持、信息和资源，有助于他们在快速变化的农业环境中保持稳定。在提高新型职业农民心理素质的过程中，涉农企业可以通过组织多种集体活动，如培训班、研讨会、文体活动等，帮助农民在工作之外建立和巩固彼此之间的联系。这样的活动不仅为农民提供了交流和学习的机会，还促进了他们在社交方面的发展，帮助他们建立了更加广泛和深入的社会联系。社区也应积极参与这一过程。社区可以为农民提供必要的信息和服务，如关于农业技术、市场动态、健康关怀的信息，以及日常生活中的便利服务。社区还可以通过组织节日庆典、文化活动等增强社区内的邻里关系，促进农民之间的地缘联系，增强他们对社区的归属感。工会、妇联等群团组织在提高农民心理素质方面也发挥着重要作用。这些组织通过与农民建立常态化联系，提供各类支持和帮助，如心理咨询、情感交流、法律援助等，帮助农民缓解心理压力，提升他们的幸福感和安全感。为新型职业农民搭建健康的社会关系网络不仅有助于他们适应现代农业的发展，还有助于提升他们的社会适应能力，增强他们在社会变革中的积极性和主动性。社会关系网络的构建，是实现乡村人才振兴和新型职业农民全面发展的重要环节。

第七章　基于乡村人才振兴的新型职业农民新能力培育途径

第一节　基于乡村人才振兴的新型职业农民岗位能力培育

一、岗位能力的概念及内涵

岗位能力指通过学习、练习获得的能够完成岗位任务的能力。当谈到岗位能力时，人们关注的是通过实践获得的能力，这是完成特定职业任务所需的核心要素。在中国，岗位能力的评价和认证过程非常引人关注。这个过程是按照国家职业标准进行的，它通过人力资源和社会保障部的客观、公正、科学和规范的评估，能确保劳动者的专业知识和技能水平得到准确反映。这样的评估过程不仅提高了劳动者的专业标准，也为整个社会的职业发展设定了明确的方向和标准。

乡村人才振兴需要具备生产、经营、服务等岗位能力的新型职业农民，在农村现代化进程中，这些能力可以被划分为专业能力与通用能力，对这两类能力的培养能有效提高新型职业农民对农村农业现代化发展的适应能力，从而推动农村现代化建设。专业能力指新型职业农民从事农村生产经营工作需要具备的专业性能力，以适应现代化、数字化、信息化农业生产发展和市场经营的需要。这些专业能力包括信息能力、计划能力、岗位操作能力等，其中，岗位操作能力最为关键。通用能力指每个新型职业农民都应该具备的一般性工作能力，包括学习能力、执行能力、沟通能力、自控能力、面试能力以及创新能力等，其中，学习能力与执行能力最为重要。专业能力是新型职业农民在当今时代下紧跟农村建设、农业发展步伐，适应新环境、新事物的根本，而通用能力则是新型职业农民形成良好专业能力与素质的基础，只有兼具这两类能力，新型职业农民才能得到均衡、持续性的发展。

二、新型职业农民岗位能力的类型与特征

（一）专业能力

新型职业农民应具备以下几种专业能力，如图 7-1 所示。

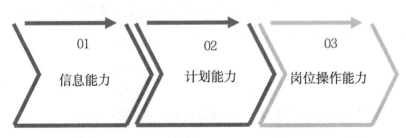

01 信息能力　　02 计划能力　　03 岗位操作能力

图 7-1　新型职业农民应具备的专业能力

1. 信息能力

信息能力指收集、整合和积累专业信息，并从零散的信息中分析出调查内容的新动向，进而以恰当的信息反馈方式与途径得到恰当的信息调查建议的能力。在新型职业农民的培养过程中，信息能力主要体现为农民在农村农业现代化建设的过程中收集与之相关的信息，并从中得到

有助于农村农业现代化建设的能力，包括有关农业生产、农产品经营、农村经济建设以及乡村旅游业与服务业等的信息。

2.计划能力

计划能力指基于对岗位职责的充分了解，能就工作任务与目标做出适当规划，并将之细化成日常工作中能推动任务逐步完成、目标逐步实现的能力。计划能力还包括在实施计划过程中对计划问题的发现、调整和解决的能力。在新型职业农民的培养过程中，计划能力主要表现为其对日常生产经营等活动的规划能力和解决日常生产经营过程中产生的问题的能力。

3.岗位操作能力

岗位操作能力指基于对本专业基本知识与技术、技能的充分认识和掌握，能充分运用这些知识与技术、技能解决实际工作中的问题的能力，岗位操作能力的提高需要从业者通过不断积累工作经验和学习更多知识与技能来实现。对于新型职业农民来说，岗位操作能力就是其将所掌握的知识与技术、技能应用到所从事的工作中的能力和操作现代化和传统生产工具进行生产劳动的能力。

（二）通用能力

新型职业农民应具备以下几种通用能力，如图7-2所示。

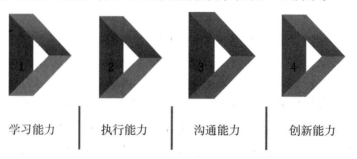

图7-2　新型职业农民应具备的通用能力

1.学习能力

学习能力指敏锐感知事物的存在与变化，并以开放的心态了解其存在与变化情况，从而持续获得新知识与新经验的能力。学习能力不仅要求从业者接触和了解新鲜事物，更要求将其所接触到的新知识与新经验不断转化成自身的知识、技能、经验和规律性认知，并在具体实践中用这些知识与经验为自身行为带来一定指导。在新型职业农民岗位能力的培养过程中，学习能力表现为新型职业农民认识与了解农村现代化发展与建设、农村多产业融合经济格局的构建、农业现代化发展等方面的能力。

2.执行能力

执行能力要求新型职业农民具备良好的道德素养和责任感、使命感，其不仅要对工作认真负责，还要敢于和甘于为职业发展作贡献，在工作时注重工作质量、工作效率和工作效果，对工作安排、上级指示都有明确的了解，能在规定时间内就工作任务做出合理安排和计划，并整合各种可用资源完成工作任务。另外，执行能力还要求从业者勇于承担各项工作责任，具有较强的集体意识和团队意识，能以集体利益为先，能在工作过程中不断克服压力与困难，将组织、集体的长远发展与个人成长结合起来并为此负责。执行能力要求新型职业农民将农村的建设与发展、农业现代化的推进、农村社会经济的多元化建设以及农民的集体利益摆在优先位置，并在相关工作的安排上勤劳努力、认真负责，以较高的标准要求自己，致力提高工作质量、工作效率和工作结果，并且能在工作过程中认真钻研，在推动农村各方面可持续发展的同时实现个人的成长。

3.沟通能力

沟通能力指个人有效地传达和接收信息的能力，其中包括言语表达、非言语交流、倾听、理解和反馈等多个方面。它是人际交往中极为重要的一种技能。对新型职业农民来说，良好的沟通能力能帮助他们在与人合作从事生产工作时将自身的想法有效地表达出来以及明确了解对方的观点，从而顺利完成各项工作任务，甚至达到事半功倍的效果。沟通能力的重要性渗透于农民生活生产中的各个细节，是新型职业农民必不可少的能力。

4.创新能力

创新能力指打破陈规旧俗，不断改进原有工作方法，以适应新形势、新观念发展要求的能力。创新能力要求从业者具备敢于尝试新方法、新措施和敢于承担失败及其它风险的能力与魄力。对于新型职业农民而言，创新能力考验的不仅是其了解新鲜事物、尝试新方法、新途径的勇气，更重要的是其打破陈规的思想意识和敢于承担相应风险的魄力。在农村农业现代化发展、农村经济多元化格局逐渐形成的过程中，新型职业农民应充分利用自身掌握的各种知识技能，尝试使用新的方法满足农村现有发展需要及未来可能产生的发展需要。例如，在农业生产方面，农民可结合自身知识对播种、育种、收割机器进行创新设计；在家畜养殖方面，农民可充分利用现有工具，对家畜的饲养模式、繁育技术、疾病预防方法等进行创新改革；在服务业发展方面，农民可基于对乡村发展及村民生活生产实际需要在服务形式和内容上进行创新，使其需求得到有效满足，同时为自身创造更大的效益。

三、增强新型职业农民岗位能力的意义与要求

（一）加快传统农民向新型职业农民转型步伐

加快传统农民向新型职业农民转型不仅关系到农业生产方式的改革和农业生产力的提升，更关系到农民自身的经济收入和社会地位的提高，以及农村社会结构的优化，这是农村经济结构调整与发展的必然结果。新型职业农民的培养和发展，直接关系到农业生产力的提升、农业经营方式的改革以及农村社会结构的优化，从而对推动农业和农村全面现代

化产生深远影响。在农业产业化和市场化的背景下，传统农民所面临的挑战与机遇并存。传统的农业生产方式和经营模式已不足以满足现代农业的发展需求，这要求农民必须提升自身的岗位能力和综合素质，以适应新的生产方式和市场需求。因此，农民的角色转变成为实现农业现代化的关键一环。其中，农民岗位能力的增强，不仅可以提高农业生产的效率和质量，农民自身的经济收入和社会地位也能显著提升。对新型职业农民岗位能力的培养需要系统的规划和多方面的支持。这包括但不限于农业技术的培训、农业知识的普及、现代农业管理技巧的学习以及市场营销等相关技能的提升。通过这些培训和学习，农民不仅能够掌握现代农业技术，更能了解市场经济的运作规律，从而更好地融入市场经济体系，提升自己的市场竞争力。需要说明的是，农民的角色转变还需要政策的引导和支持。这包括但不限于提供必要的财政支持、创造良好的政策环境、加强农村基础设施建设以及优化农业发展环境。政府和社会各界的支持能够为农民提供必要的资源和条件，帮助他们更好地适应和融入新的农业发展模式。

（二）推动农业现代化建设

增强新型职业农民的岗位能力对于推动农业现代化建设具有至关重要的意义。农业现代化不仅意味着技术和生产方式的革新，也象征着农民角色和农业管理模式的根本转变。在这个过程中，农民作为农业生产的主体，他们的岗位能力直接影响着农业生产的效率和质量。随着农业科技的快速发展，传统农业逐渐转型为高效、可持续的现代农业。这种转型不仅要求农民掌握更加先进的农业技术和管理方法，还要求其具备良好的通用岗位能力和良好的专业能力，从而在智能化农业设备的操作、精准农业的实施、可持续农业实践等方面充分发挥自身作用，推动农业的现代化发展。农业现代化要求农业生产更加市场化和国际化，这需要新型职业农民具备良好的市场意识，能够根据市场需求调整生产结构和产品种类，这涉及农产品的种植和养殖，以及农产品加工、销售、品牌建设等多个方面。为了做好这一点，新型职业农民需要具备相关方面的专业能力，如良好的市场营销能力、品牌意识和国际视野等，这对于增强农产品的市场竞争力、提升农业整体的经济效益以及推动农业现代化建设具有重要作用。农业现代化还意味着农业生产的社会化和集约化。新型职业农民需要能够适应并参与现代农业的经营模式，如家庭农场、农民合作社、农业企业等。这些新型农业经营主体不仅提高了农业生产的规模和效率，也为农民提供了更多样化的就业和发展机会。农民在这些新型经营主体中所扮演的角色更加多元和专业化，这对他们的管理能力、团队合作能力和创新能力等提出了更高的要求。

（三）符合乡村经济多元发展的需要

增强新型职业农民的岗位能力对于适应并推动乡村经济的多元化发展具有重要影响。随着经济全球化和市场经济的深入发展，乡村经济面临着前所未有的机遇和挑战。在这样的背景下，新型职业农民的岗位能力显得尤为重要，它直接关系到乡村经济的可持续发展和农民综合素质的提升。乡村经济多元化意味着不仅传统的农业生产需要创新和提升，农产品加工、农村旅游、乡村服务业等新兴产业也将在农村地区得以发展，这要求农民既要有良好的农业生产技能，还需要具备胜任农产品加工、市场营销、乡村旅游管理等方面工作的岗位能力。通过增强这些能力，农民能够更好地适应乡村经济发展的新需求，拓宽自身的就业渠道和增加收入来源。在农业生产方面，随着科技的进步和生产方式的革新，农业生产已经从传统农业转向了高效、可持续的现代农业，这要求新型职业农民具备适应现代农业发展的岗位能力，如操作智能化农业设备的能力。在农产品加工和乡村服务业方面，随着农产品的多样化和乡村旅游的兴起，农民需要具备能满足多种工作需要的岗位能力，如具备农产品深加工技术、乡村旅游规划和管理、乡村文化传播等方面的岗位能力，从而凭借自身能力为自己增加新的收入来源。乡村经济的多元化发展还要求农民具备较好的创新意识和创业能力。在市场经济和网络信息时代，农民需要把握市场机会，利用现代信息技术开拓市场，创新经营模式，增强自身的市场竞争力。

（四）符合新型职业农民自身发展的需要

增强新型职业农民的岗位能力在满足他们自身发展需求方面具有显著意义。增强新型职业农民的岗位能力不仅是对农民个人职业技能的提升，更是为了适应现代农业和乡村经济的变化，确保他们在快速发展的社会中保持竞争力和自我实现的可能性。随着农业的现代化和市场经济的深入发展，新型职业农民面临的挑战和机遇日益增多，他们的角色也逐渐从传统的农业劳作者转变为具有多重技能和知识的现代农业经营者。在技术层面上，现代农业的发展需要新型职业农民具备应用先进农业技术和管理方法的能力，从而可以完成对精准农业、生态农业、智能化农业设备的操作。具备这些能力不仅能提高农业生产的效率和质量，还能使农民在农业生产过程中更好地保护环境，实现可持续发展。随着农产品市场的多样化，新型职业农民还需要了解农产品加工、储存、运输和销售等环节的知识，并不断形成和强化自身在这些方面的岗位能力，以精准把握市场需求趋势，满足市场对高质量农产品的需求。在市场经济和信息化时代，新型职业农民还需要具备良好的市场意识和信息技术应用能力。他们应具备应用现代信息技术的能力，并能够利用现代信息技术，如互联网、电子商务平台等，进行市场调研、产品营销和在线销售。这不仅有助于拓宽销售渠道，也能增加他们的收入来源，提高生活水平。新型职业农民的个人发展还涉及持续学习和创新的能力。随着农业技术和市场的不断变化，新型职业农民需要保持终身学习的态度，不断更新自己的知识和技能。创新能力对于新型职业农民来说同样重要。他们应能够在日常农业生产中发现问题，创造性地提出解决方案，或者开发新的农业产品和服务，以适应市场的变化和消费者的需求。新型职业农民的社会地位和自我认同感也是他们个人发展的重要方面。随着社会对农业和农民角色的重新认识，新型职业农民应被视为现代农业的重要参与者和贡献者。他们的工作不仅是为了谋生，更是对社会和环境的积极贡献。因此，帮助他们增强岗位能力，提高其自豪感和社会认同感，有利于新型职业农民以更积极的态度面对生活与工作，更注重自身的发展。

三、增强新型职业农民岗位能力的途径与措施

（一）教育培训

在乡村人才振兴的背景下，增强新型职业农民的岗位能力不仅是其适应农业发展趋势的基础条件，也是农民个人成长和乡村振兴的重要支撑。为此，当地政府可以构建一个全面、多元的教育培训体系，以多方面培养新型职业农民的岗位能力。当地政府可采取线上与线下相结合的灵活培训方式，在满足不同农民的学习需求的同时，不断适应现代信息技术的发展趋势。当地政府可以从短期技能提升到长期职业发展规划，向新型职业农民提供多样化的培训课程，使受训农民可以根据自己的需要选择最合适的学习路径。培训内容的设计应全面覆盖现代农业发展的各个方面。例如，现代农业技术的培训不仅要能提高农民对新技术的掌握能力，还要能提升整个农业生产的效率和质量；农业经营管理的课程可以加强农民的市场意识，提升他们的经营能力；市场营销和农产品加工的知识则直接关系着农产品的价值提升和农民收入的增加。通过教育培训帮助新型职业农民了解各种知识和提升各项技能，有利于他们形成创新意识和自我发展能力。在学习的过程中，新型职业农民能够接触到最新的农业信息和技术，激发他们的学习兴趣和探索精神。通过培训和

学习，农民能够更好地理解和适应市场经济，提高自己在现代农业中的竞争力。

（二）政策支持

在增强新型职业农民岗位能力的过程中，政府的政策支持起着至关重要的作用。有效的政策不仅为农民提供了必要的经济援助，更为其岗位能力的不断增强奠定了坚实的基础。具体来说，政府可通过财政补贴、税收优惠和贷款优惠等措施，降低农民在培训和创业过程中的经济负担。通过这些经济激励，政府可以有效鼓励农民积极参与各类培训，提高他们的专业技能和综合素质。政府还应出台一系列政策，鼓励和支持农民积极参与现代农业发展。例如，农村土地政策的改革可以提供更多机会让农民参与土地的有效利用，保障他们的合法权益。同样，建立农业保险和风险管理体系能够帮助农民减轻因自然灾害或市场波动带来的经济风险，增强他们的经营稳定性。这些政策的实施，不仅能够直接提升农民的经济效益，也能够间接促进农业技术的发展和应用。当农民能够减少对经济风险的担忧时，他们更有可能尝试应用新技术和改进的农业方法，从而提升农业生产的效率和可持续性。

（三）多方参与与合作

在乡村人才振兴背景下，培养新型职业农民的岗位能力是一个多方参与的社会过程，涉及企业、非政府组织、高等教育机构等多个方面的积极参与和合作。他们的协作为农民的技能提升和专业成长提供了更为广阔和多元的平台。企业在这一过程中扮演着特别重要的角色，企业通过为农民提供到现代化农业生产车间的实习和实训机会，使农民可以直接接触现代农业生产技术与观看先进农产品生产工具的实际操作过程，从而学习和掌握最新的农业技术和经营理念。非政府组织在促进农民岗位能力提升方面也发挥着重要作用，他们通常在农村社区深入开展工作，能够直接了解农民生产经营的需求。通过组织各种培训项目和活动，非政府组织不仅可以向其提供学习资源，还可以为农民创造更多与农业专家、其他农业发达地区技术代表进行交流和共享经验的机会。高等教育机构，特别是与农业相关的学术机构，对于新型职业农民的培养同样至关重要。这些机构通过研究和教学，能够为农民提供科学的理论知识和先进的农业技术。高等教育机构还可以通过开展项目研究，将农民纳入农业科学研究中，不仅提升农民的实践能力，也为农业科学研究提供了宝贵的数据和案例。社会各界的共同参与和合作，为新型职业农民的培养创造了一个综合性、互动性和实践性强的学习环境。这样的环境有助于农民打开视野，用先进的目光看待农业生产，从而愿意积极学习先进的农业知识。

（四）培养新型职业农民的职业道德、责任感与使命感

在乡村人才振兴背景下，培养新型职业农民的职业道德、责任感与使命感是增强其岗位能力的必然要求，这不仅涉及农民个人的职业发展，也关系到农业的可持续发展和乡村社会的和谐。在这一过程中，思想政治教育、实践体验、文化引导和社区参与等方法发挥着重要的作用。思想政治教育是培养新型职业农民职业道德和责任感的首选途径。当地政府通过开设专门的课程和讲座，向农民传授农业生产方面的道德规范、规章制度、农业可持续发展的重要性以及农民在社会食品安全和生态保护中的责任。思想政治教育不应仅限于理论知识的传授，更应结合农民的实际经验和当地的文化背景，使之能够深入人心，易于人们接受和理解。实践体验同样重要。当地政府部门组织新型职业农民参与实际的农业生产、农村社区建设和生态保护项目，使农民直观地体验到自己工作的社会价值和影响，同时使其获得工作成果被肯定的成就感，这种体验有助于增强他们的责任感和使命感，使他们意识到个人行为对社会和环

境的长远影响。文化引导也是培养新型职业农民职业道德和责任感的重要手段。通过强调农业劳动的重要性、传承农村的传统美德和推广绿色生态的生活方式，农民可以形成一种积极向上的职业文化。这种文化不仅是职业道德教育的有力补充，也是提升农民自豪感和归属感的关键。社区参与在培养农民的责任感和使命感中发挥着不可或缺的作用。当地政府鼓励农民参与农村社区的治理、决策和各类公共事务，农民可以更好地理解自己的工作对社区的重要性，增强对社区的责任感和归属感。此外，社区内的互助合作和共享经验对于形成正面的职业道德和责任感也是极为有益的。

（五）提高新型职业农民信息化素养

在乡村人才振兴的背景下，提高新型职业农民的市场意识和信息化水平，有利于提高新型职业农民的岗位能力。对此，当地政府及社会组织可以向新型职业农民提供市场信息、营销策略培训等，以提高他们的市场竞争力。在当代农业发展的背景下，新型职业农民的信息化素养和市场意识的提升变得尤为重要。这不仅关系到农民个人的经济效益，更是实现农业现代化和推进乡村人才振兴的关键因素。当地政府及非政府组织通过有效地提高农民的信息化水平，可以极大地增强他们的市场竞争力，并促进农业的可持续发展。信息化水平的提升是现代农业发展的重要组成部分。随着信息技术的不断发展，将信息技术应用于农业生产和经营中成为提升农业竞争力的关键。例如，教育农民如何使用电子商务平台来销售农产品，以及如何利用互联网和其他信息技术来获取市场信息、农业技术和政策指导等方式，都可以帮助农民更加便捷地进入市场，提升自己的市场竞争力。培养农民的信息化素养不仅仅是教会他们使用现代信息技术，更重要的是让他们理解并习惯于在信息化环境下进行农业生产和经营。当地政府与非政府组织可以培养新型职业农民对数据的理解和分析能力，对市场趋势的敏锐洞察力，以及对新兴信息技术的适应和应用能力。在这个过程中，农民可以学会根据市场数据调整生产计划，利用网络平台进行产品营销，以及通过信息技术优化农业生产过程。

第二节　基于乡村人才振兴的新型职业农民发展农业产业能力培育途径

一、农业产业的概念与特征

（一）产业

产业的形成是生产活动规模化和专业化的直接体现，标志着生产要素，包括资产和资源，达到了一定的集中程度。这种集中不仅体现为物质资源的积累，还包括人力和知识资源的汇聚。产业的出现是社会分工和生产力发展的自然结果，它代表了生产活动从简单、分散的状态转变为复杂、集中的模式。随着生产力水平的提升，产业结构和属性不断丰富，扩展了其在经济和社会中的作用和影响。产业的发展过程体现了生产活动从原始、零散向组织化、系统化的转变，产业发展不仅提高了生产效率，也促进了技术和管理方法的革新。在产业发展的过程中，不同的生产活动和服务通过更加复杂的社会分工相互联系，形成了互相依赖和促进的关系。这种关系不仅限于产业内部，还包括产业之间的相互作用，形成了更为广泛的经济网络。产业的发展对社会经济具有深远的影响。它不仅是经济增长的动力，也是社会结构变化的重要因素。随着产业的发展和变化，就业结构、人口分布、社会组织形态等都会发生相应的调整。产业的进步还推动了技术创新和管理革新，为经济和社会的可持续发展提供了支撑。

（二）农业产业

随着农业生产力的提升，农业产业的内涵和外延正在经历着一系列的变化和扩展。新型农业产业如农产品流通业、农业旅游、休闲农业、假日农业和农业园区等的出现，不仅丰富了农业的发展模式，也为现代农业的发展提供了新的动力和方向。这些产业领域以其创新性和特色性，不断拓展农业的边界，为传统农业注入了新的活力。它们不仅在推动农业产业的规模化和多样化发展方面发挥着重要作用，还在促进农村经济的转型和升级中起到了关键作用。这些新兴的农业产业也在社会主义新农村建设中扮演着至关重要的角色。它们通过创新的经营模式和服务理念，为农村地区带来了新的发展机遇和经济活力，还为农村社区的文化和生态建设作出了贡献。这些产业的发展不仅提升了农村地区的经济水平，也改善了农村居民的生活质量，推动了农村社会的全面发展和进步。农业产业的发展是农业生产力提升的直接反映，其在传统农业基础上的演变和扩展标志着农业向更加现代化、专业化和多元化的方向发展。新兴农业产业的崛起不仅增强了农业的综合实力，也为农村地区的经济发展和社会进步开辟了新路径，为实现现代农业和新农村建设的目标提供了重要支撑。

（三）农业产业的特征

农业产业的特征反映了农业发展的现代化趋势，其中包括农业产业的发展壮大、领域的不断拓宽以及组织结构的优化。随着时代的进步，农业产业不仅在数量上快速增长，而且其个体规模也在持续扩大。这不仅表明农业产业已成为我国农业发展的重要动力，也显示了农业产业在全国经济中的重要地位。农业产业领域正在不断拓展，它既突破了地理区域的限制，也超越了传统行业的界限。随着社会的发展，诸如农产品流通业、农业旅游、休闲农业等新型农业产业正在快速涌现，这些新兴产业不仅丰富了农业的内涵，也为农业的持续发展带来了新的动力和机遇。农业产业的组织结构也在优化和升级。在整个产业链延伸的过程中，现代企业制度的引入使得资源配置更为高效，增强了农业产业的活力并提升了经济效益。与此同时，农业产业组织结构的优化升级还提高了农业产业的运作效率，促进了农业科技的创新和应用，进一步推动了农业产业的现代化进程。

二、发展农业产业的需求

（一）需要健全的市场机制

健全的市场机制在农业产业的发展中扮演着核心角色。一个有效的市场机制能够确保资源的合理分配，促进农产品的公平交易，激发市场主体的活力，从而推动农业产业的健康和持续发展。市场机制的健全是实现农业生产效率最大化和农产品价值最优化的关键因素，对提升农业产业的整体竞争力具有多方面意义：一是健全的市场机制能够提高农产品的市场适应性和响应速度。通过市场需求的准确反馈，新型职业农民可以及时调整生产策略和产品结构，更好地满足市场需求。这种灵活性不仅有助于提升农产品的市场占有率，也能够减少资源浪费，增加农民的收入。二是有效的市场机制有助于促进科研机构和企业加大对农业科技创新的投入，从而推动农业技术进步，提高农业生产的整体水平，促进农业技术的创新和应用。三是健全的市场机制有助于促进农产品流通和农业国际化。通过优化市场基础设施和物流体系，农产品可以更快速、更高效地从生产地到达消费市场。而一个开放和透明的市场环境有利于提升农产品的国际竞争力。四是健全的市场机制关系到农民的权益保护和农业的可持续发展。市场机制的健全可以保护农民免受不公平交易的影响，确保他们的劳动得到合理的回报。就此而言，合理的市场导向可以促进农业生产向更加环保和可持续的方向发展。

（二）需要完善利益联结机制

完善利益联结机制在发展农业产业的过程中具有重要的战略意义，它是连接农业产业链上各个环节，确保农业发展利益均衡分配的关键。有效的利益联结机制不仅能够激励各方积极参与农业产业发展，还能够促进资源的合理配置，提高农业产业的整体效率和效益。在农业产业链中，农户、加工企业、分销商、消费者等多个主体之间存在复杂的利益关系。完善的利益联结机制可以保证这些主体之间的利益得到合理协调和平衡，确保农民能够从农业产业链的发展中获得公正的回报，同时激励企业在农业生产和加工方面投入更多资源。合理的利益分配可以增加农业参与者的积极性，提高生产和管理效率，从而推动农业产业的发展。完善的利益联结机制对提升农产品质量和增加农民收入也至关重要。当农民的利益得到保护和激励时，他们更有可能采用高效、环保的农业生产方式，提升农产品的质量。高质量的农产品能够提高市场竞争力，带来更高的经济效益，从而增加农民的收入，促进农村经济的发展。完善利益联结机制还能够促进农业科技创新和应用。确保研发成果能够得到合理的经济回报，可以激励科研机构和企业加大对农业科技创新的投入。科技创新的成果应用于农业生产，可以提高农业生产效率，降低成本，提升农业产业的整体竞争力。

（三）需要提高农产品质量

提高农产品质量是推动农业产业发展的重要因素。在全球化的市场环境中，农产品质量不仅关系到国内消费者的健康和满意度，也是农产品在国际市场上拥有竞争力的关键。高质量的农产品能够满足消费者日益增长的健康和安全需求，从而增强产品的市场吸引力，提高农业产值。首先，提升农产品质量可以显著增加农业的经济效益。高质量的农产品往往能够获得更高的市场价格，这直接增加了农民的收入，改善了他们的生活水平。相较于普通农产品，高质量的农产品更容易打开国际市场的大门，为农民创造更多的出口机会。农产品出口增长不仅有利于扩大农业的市场规模，也有助于提升农业产业的整体形象。其次，提高农产品质量有助于建立消费者对品牌和产区的信任。消费者对农产品的质量和安全越来越关注，高质量的农产品能够赢得消费者的信任，从而建立起品牌的良好口碑。这种信任和口碑的建立对于农业品牌的长期发展和市场占有率的提升至关重要。最后，提高农产品质量也是实现农业可持续发展的关键。采用环保和可持续的生产方法，如有机耕作、生态种植等，可以减少农业生产对环境的负面影响，保护生态系统的健康。这种可持续的生产方式不仅有助于保护自然资源，也符合现代消费者对环保和绿色生活方式的追求。需要说明的是，提高农产品质量需要依靠科技创新和现代化的生产技术。引入先进的农业技术和设备，改进种植和养殖技术，可以有效提升农产品的质量和安全性。加强对农产品生产全过程的质量监控，可确保农产品从田间到餐桌的每一个环节都符合高标准的质量要求。

（四）需要增强科技创新驱动力

增强科技创新驱动力在发展农业产业中扮演着至关重要的角色。随着市场竞争的加剧，传统农业面临着越来越多的挑战。在这种情况下，科技创新成为提升农业产业竞争力、实现农业可持续发展的关键。科技创新能够为农业带来更高效的生产方法、更加先进的管理模式以及更加可持续的发展路径，从而有效应对市场和环境的变化。科技创新在农业生产中的应用，可以显著提高农业生产效率和产品质量。通过采用现代化的农业技术，如智能化农业设备、生物技术、精准农业等，农民可以提高农作物的产量和抗逆性，同时减少对环境的负面影响。科技创新还可以优化农业资源的配置，提升农业生产的可持续性，为应对气候变化和环境退化等问题提供有效的解决方案。在农业产业链管理方面，科技创新同样发挥着重要作用。现代信息技术的引入，如大数据、云计算、物联网等，可以实现对农业产业链的精准管理和高效运作。这不仅提高了农业生产和供应链的透明度，也为农产品的质量控制和安全监管提供了强有力的技术支持。此外，科技创新还能够促进农产品的多样化和高附加值。通过研发和应用新技术，新型职业农民可以开发出更多符合市场需求的新产品，满足消费者对高质量、个性化农产品的需求。这不仅提升了农产品的市场竞争力，也增加了农民的收入来源，促进了农村经济的发展。

三、发展农业产业的基本原则

（一）可持续发展原则

在发展农业产业的过程中，遵循可持续发展的原则至关重要。这意味着人们在推动农业产业发展的同时，需要特别重视对环境的保护，确保农业发展与生态保护相协调。环境友好型产业的优先发展是实现这一原则的关键。推广环境友好型的农业实践，如生态农业、有机农业、节水农业等，可以有效减少农业生产对环境的负面影响，同时提高土地的可持续利用率。环境友好型产业的发展还包括人们对农业生产全过程的环保意识的提升。从种植、养殖到加工、销售每一个环节，人们都需要考虑环境保护的需求和标准，减少化学肥料和农药的使用，采用生物防治和自然调控等方法来提升农产品的质量和安全性。可持续发展原则强调了对农业生态系统的保护和修复。通过保护农田生物多样性、改善农业生态环境、发展生态农业旅游等方式，农业生态系统可以实现健康、可持续的发展。这不仅有助于提升农业生产的可持续性，也有利于保护生物多样性和提高农业景观的价值。可持续发展原则还涉及农业社会经济可持续性发展的问题。这包括提高农民的生活水平，确保农业经济发展与社会公平相结合，保障农民的权益，提升农业劳动者的工作环境和生活质量。通过这些措施，农业产业的发展不仅可以促进经济的增长，还可以实现环境的可持续发展。

（二）农民主体原则

在发展农业产业的基本原则中，将农民的利益置于首要位置是关键。这一原则强调，在制定和执行任何与农业产业相关的计划时，必须考虑农民的利益，确保这些措施能够有效促进农民的持续增收。将农民的利益置于核心，不仅是农业政策公平性的体现，也是农业可持续发展的必要条件。这一原则的实施意味着在农业产业的发展中，各地政府应充分考虑农民的实际需求，为他们提供必要的支持和帮助，如适时的技术指导、市场信息、财政补贴和培训机会，以提高农民的农业生产能力和市场竞争力。政策制定者和执行者应关注农民的收入来源和增长潜力，通过改善农业生产条件、拓宽销售渠道和提高农产品附加值等措施，确保农民能从农业产业发展中获得实际且持续的经济收益。实施农民主体原则要求在农业产业发展的过程中，赋予农民更多的参与权和决策权。这意味着农民应被视为农业发展的重要参与者，而非被动的接受者。他们的意见和建议应被充分听取并纳入农业发展的决策过程，使他们能够在农业产业的发展中发挥更加积极和主导的作用。农民主体原则还要求保护农民的权益，包括土地权益、生产权益和收益分配等。这要求相关政策和法律能够为农民提供有效的保护，避免他们在农业产业发展过程中受到不公平的待遇或被剥夺应有的利益。

（三）特色发展原则

在发展农业产业的过程中，遵循特色发展原则具有重要的战略意义。这一原则强调必须根据不同地区的自然条件、资源禀赋以及社会经济特点来制订和实施农业发展策略。通过这种因地制宜的方式，人们可以充分挖掘和利用各个地区的特色资源，实现农业产业的差异化和特色化发展。特色发展原则中的因地制宜，意味着在农业发展过程中人们需要根据各地区的具体情况来规划和调整农业产业结构。例如，水资源丰富的地区可以重点发展水产养殖和灌溉农业，而干旱地区则适合发展节水农业和旱作农业。每个地区的文化传统、历史背景以及地理特点也是决定农业发展方向的重要因素。采用因地制宜的方式不仅能够使人们最大限度地利用地区资源，还能够提升农业产品的区域特色和竞争力。龙头企业的带动作用在特色发展原则中也至关重要。龙头企业通常具有较强的资源整合能力、市场开发能力和技术创新能力，能够在农业产业链中发挥关键作用。龙头企业的引领，可以带动周边农户和中小企业共同进步，形成产业聚集效应，提升整个地区农业产业的整体水平和市场竞争力。龙头企业还可以作为技术和信息的传播者，帮助农户获取先进的农业技术和市场信息，提升农业生产效率和产品质量。特色发展原则要求充分发挥各地区的资源优势，形成各具特色的农业产业体系。这不仅包括自然资源的优势，还包括文化资源、地理标志等非物质资源的优势。这些资源的有效利用，可以促进农业产品的差异化，增加农业产品的附加值，提升农业的经济效益。

（四）市场导向原则

发展农业产业时，遵循市场导向原则是确保农业高效发展和满足市场需求的关键。这一原则强调市场在资源配置中的决定性作用，并认为政策支持应作为辅助手段，共同推动农业产业的发展。市场导向原则的核心在于认识市场需求的多样性和变化性，通过灵活调整生产和经营策略以满足这些需求，实现农业产业的持续发展和竞争力的提升。按照市场导向原则，农业产业的发展应以市场需求为导向，调整和优化农业生产结构。这意味着农业生产不再单纯依赖于传统的生产模式，而是要基于市场趋势和消费者偏好进行种植品种和生产量的决策。通过市场研究，农业生产者可以更准确地预测和响应市场变化，从而提高产品的市场适应性和经济效益。政策支持在市场导向原则下同样扮演着重要角色。政府的政策应以引导和支持市场运作为目标，包括提供农业基础设施建设的资金支持、优化农业产业政策环境、加强农业科技创新和推广等。这些政策措施的施行，不仅可以为农业产业的发展创造有利条件，还促进了市场机制的完善和功能发挥。引导社会资本助力农业基础设施建设是实现市场导向原则的重要环节。基础设施的建设和完善，如灌溉系统、交通网络、信息技术等，不仅直接提升了农业生产效率，也为农产品的流通和市场接入提供了必要条件。农村地区通过吸引和引导私人和公共资本投入这些领域，可以有效促进农业产业的现代化进程，提高整个产业的市场竞争力。

（五）技术领先原则

在农业产业发展中，坚持技术领先原则是推动农业产业进步和提高农业产业竞争力的关键。这一原则强调通过科研院所、大专院校和企业之间的联合，集成创新，以及推进科技成果的转化，从而为农业产业的发展提供强有力的技术支持和创新动力。在这种模式下，科研院所的基础研究、大专院校的理论探索和企业的实践应用相结合，形成了一种有效的创新生态系统，这不仅提高了科技创新的效率，也增强了农业科技成果转化的实效性。这种跨界合作可以整合各方的资源和优势，加速农业科技的研发和创新。例如，科研院所在基础研究方面的深厚积累，可以为农业科技创新提供理论和技术基础；而大专院校的教育和研究功能，能够培养农业科技人才，推动理论与实践的结合；企业则通过市场运作和应用实践，促进科技成果的转化和推广。技术领先原则还强调科技创新应密切关注市场需求和农业发展的实际问题。这意味着科技创新活动应紧密围绕提高农业生产效率、改善农产品质量、促进环境可持续发展、增强农业产业的整体市场竞争力等关键领域，为实现农业现代化和提高农民福祉提供支持和保障。

四、增强新型职业农民发展农业产业能力的途径

（一）构建健全的市场机制

在乡村人才振兴的背景下，构建健全的市场机制以提高新型职业农民发展农业产业的能力，是实现农业和农村全面振兴的关键环节。在这一过程中，市场机制的完善应围绕提高市场透明度、促进信息共享、激发创新动力和提供政策支持等方面展开。首先，提高市场透明度可以帮助新型职业农民理解和适应市场变化。农业信息网站、移动应用和地方市场通报系统等高效信息传递平台的建立，可以确保农民及时获取关于价格波动、需求趋势和技术更新等方面的信息。透明的市场环境有助于农民做出更加科学合理的生产决策，减少盲目生产带来的风险。其次，促进信息共享有利于新型职业农民打破信息孤岛，提升其整体素质和能力。新型职业农民可通过参与各种培训、研讨会和展览活动，与科研机构和企业之间进行知识和技术交流，从而了解最新的农业技术和管理方法，激发创新思维和实践能力。再次，激发创新动力是提高新型职业农民发展农业产业能力的重要途径。鼓励和支持农民参与农业科技创新，提供研发资金、设立创新奖励和完善知识产权保护等措施的实施，可以激励农民积极探索新技术和新模式。当地政府可通过与科研机构和高等院校建立合作关系，将最新的科研成果快速转化为实际生产力，增强农业产业的技术基础和竞争力。最后，提供政策支持是构建健全市场机制的重要环节。政府应通过制定和实施一系列支持政策，如税收减免、贷款优惠和农业保险等，为新型职业农民的发展提供稳定的外部环境。政府还可以通过建立农业风险基金和应急机制，帮助农民应对自然灾害和市场波动带来的风险。

（二）构建完善的利益联结机制

在乡村人才振兴的背景下，构建完善的利益联结机制对提高新型职业农民发展农业产业的能力具有重要意义。这种机制能够确保农业产业链各环节之间利益的合理分配，激励各参与方积极投入农业发展，从而推动整个农业产业的协调和可持续发展。完善的利益联结机制需要建立在公平和透明的基础上。这意味着农产品的生产、加工、销售等各个环节的参与者能够公平地分享农业产业链所创造的价值。而这一点需要通过当地政府部门建立合理的定价机制、出台保障农民合理收入的政策措施以及提高市场透明度等方式来实现。例如，当地政府建立和完善农产品价格信息系统，可以帮助农民更好地了解市场行情，避免被低价收购的风险。强化农业供应链建设也可以完善利益联结机制。对此，当地政府可以加强农户与加工企业、销售渠道之间的联系，通过合同农业、订单农业等模式，实现产前定价、保底收购等合作方式。这样的协作关系能够提高新型职业农民的农业产业能力，从而为新型职业农民提供稳定的收入来源，减少市场风险，这样的协作关系还能够确保加工企业和销售渠道获取稳定的原料供应，形成互利共赢的局面。完善利益联结机制强调要加强农业科技创新与推广的联系。当地政府鼓励和支持科研机构、高等院校与农业企业的合作，这种合作可以加速农业科技成果的转化应用，提升农业生产的效率和产品的质量。在利益联结机制构建的过程中，政府的支持与引导不可或缺。政府应通过制定相应的政策，如税收减免、财政补贴、技术支持等，为农业产业的发展提供良好的外部环境。政府还可以发挥引导作用，鼓励社会资本投入农业基础设施建设、农业技术创新等领域，进一步促进农业产业的发展。

（三）提高农产品质量

在乡村人才振兴的背景下，提高农产品质量是增强新型职业农民发展农业产业能力的关键途径。高质量的农产品不仅能满足市场和消费者对健康、安全食品的需求，还能提升农业产业的竞争力，增加农民的收入。要想实现这一目标，人们需要综合运用科技创新、生产方式改进、质量监管加强以及政策支持等多方面措施。科技创新在提升农产品质量方面发挥着至关重要的作用。政府引进精准农业技术、生物技术、智能化农业设备等现代农业技术，可以提高农作物的产量和质量，同时降低生产成本。这些技术的应用可以帮助新型职业农民更有效地管理农场，提升土壤和水资源的利用效率，减少化学肥料和农药的使用，从而生产出更安全、更健康的农产品。改进生产方式也是提高农产品质量的重要方面。采用环保和可持续的生产方法，如有机耕作和生态农业，不仅能提升农产品的质量，还能保护农业生态环境。优化种植结构和品种选择，注重本地特色和地域适应性，也有助于提升农产品的质量和特色，满足市场多样化的需求。加强农产品质量监管是确保农产品安全的关键。建立严格的质量检测体系，加强对农产品生产全过程的监控，从种植、养殖到加工、储存、运输，每个环节都需符合质量安全标准。实施农产品质量追溯制度，提高农产品质量的透明度，增强消费者信心。政策支持在提高农产品质量方面同样重要。政府应通过制定扶持政策，如财政补贴、税收减免、技术培训和市场开拓支持等，为新型职业农民提供必要的帮助和支持。此外，政府还可以通过建立示范基地、引导农业科技创新和应用，鼓励新型职业农民采用先进的生产技术和方法，提升农业整体水平。

（四）增强科技创新驱动力

在乡村人才振兴的背景下，增强科技创新驱动力对于提高新型职业农民发展农业产业的能力至关重要。科技创新不仅能够提升农业生产效率和产品质量，还能够促进农业产业的可持续发展，加快农业现代化进程。增强科技创新驱动力需要从提升农民的科技意识和能力入手。政府可通过开展各种形式的培训和教育，使新型职业农民了解现代农业科技的重要性，掌握先进的农业技术和知识。政府还可以通过组织科技培训班、实地示范、线上课程等多种形式，针对不同农作物和养殖技术对新型职业农民进行系统的培训，从而提升新型职业农民的科技水平，使其能够更好地适应现代农业的发展需求。激发科技创新的动力还可以通过强化科研机构和农业企业之间的合作来实现。当地政府可以建立产学研合作机制，促进科研成果在农业生产中的应用。具体而言，当地政府可以鼓励科研机构与农业企业共同参与科研项目，将科研成果转化为实际的农业生产技术。政府也可以通过适当的政策引导和资金资助，支持科研机构开展针对性的农业技术研发，提高农业生产发展的效率与质量。增强科技创新驱动力要求完善农业科技创新体系。这涉及加大对农业科技研发的投入，建立健全农业科技创新体系。政府可以通过财政资助、税收优惠等方式，鼓励和支持农业科技研发和创新。提高科技创新成果转化率是增强科技创新驱动力的关键。科技创新成果转化率的提高要求政府建立高效的科技成果转化机制，将科研成果快速应用于农业生产实践。这可以通过建立科技成果转化基金、提供技术转化服务、搭建成果展示和交流平台等方式实现。这些措施的应用，可以确保科技创新成果能够迅速转化为农业生产的实际力量，提升农业产业的整体技术水平和竞争力。

第三节　基于乡村人才振兴的新型职业农民农业产业化经营能力培育途径

一、农业产业化经营

农业产业化的经营模式在当今时代显得尤为重要，它体现了人们对传统农业的深刻理解和对未来发展方向的清晰定位。在这一模式下，市场需求和经济效益并重，突出了农业发展的现代化特征。农业产业化经营模式强调在主导产业和关键产品上进行精准的专业化布局，考虑区域特性，实现生产的优化组合。这种策略不仅涵盖了规模化建设，还包括生产要素的有效整合，从而实现生产流程的优化。农业产业化经营模式在加工、服务及管理等方面均采用了系列化和社会化的方法，提升了整体的运作效率和效果。在农业产业化体系中，种植、养殖、生产、供应、贸易、工业以及农工商业等各个环节相互衔接，共同构成了一个多元化、综合性的经营网络。这个网络不仅促使农业朝着多元化的方向发展，还强调了可持续性和良性循环，确保了农业长远发展的稳定性和生态平衡。这种经营体系的核心是对传统农业进行技术革新，通过科技进步推动整个行业的现代化。技术改革在这里起着关键的作用，其不仅使农业更加适应市场的需求，还提升了整体的经济效益。农业产业化的发展是一个全面推进的过程，它涉及农业的各个方面，从生产方法到管理体系，从技术应用到市场营销。这种全面的改革和升级，为农业的未来发展奠定了坚实的基础。实施农业产业化可以有效地提升农产品的质量和数量，满足市场的多样化需求，还可以为农业工作者（新型职业农民）提供更多的就业机会和更好的职业发展空间。在经济全球化的背景下，农业产业化成为连接国内外市场的重要桥梁，有助于农产品的国际贸易和文化交流。

农业产业化经营代表着农业发展的重大进步，它通过整合多个农业项目，形成了一个涵盖生产、加工及销售的完整产业链。这种模式的实施，有效地将农户与更广阔的市场紧密联系起来，从而标志着传统农业向规模化、专业化和集约化农业的转变。在这一过程中，农业转变的核心驱动力是满足国内外市场的需求，并不断追求经济效益的增长。农业产业化经营不仅依赖当地优势资源的有效利用，还强调以优势农产品加工和流通企业为核心，以农副产品生产基地为基础，实施区域化布局和专业化生产。该模式的实施促进了农业产业链的完善，提高了整个农业部门的效率。通过这种方式，农业不仅能更好地适应市场变化，还能够更有效地利用资源，促进农产品的多样化和高质量发展。农业产业化经营的核心在于创新和优化，其通过引入现代管理方法和社会化服务，提升了农业的整体运营水平。另外，这种经营模式对提升农民的生活水平和增强农村经济的活力具有重要意义。通过与市场的直接联系，农民能够更好地了解市场需求，从而做出更合理的种植和生产决策。农业产业化经营也为农民提供了更多的就业机会，有助于提高他们的收入水平，从而促进农村经济的整体发展。这种模式还鼓励了农业技术的创新和应用，为农业的可持续发展提供了科技支持。

农业产业化经营的发展，不仅为农业部门带来了新的机遇，还对整个社会经济的稳定和发展产生了积极影响。随着市场的不断扩大和消费需求的多样化，农业产业化经营将继续发挥其重要作用，促进农业现代化的进程，提高农业的综合竞争力。通过实施农业产业化经营模式，未来的农业将更加高效、环保、可持续，从而为实现农业和农村的全面振兴奠定坚实的基础。

二、农业产业化经营的特征

（一）专业化生产

农业产业化经营的显著特征之一是专业化生产，它着力于结合各地区独特的农业资源、文化遗产和旅游潜力，从而开发出一系列互相关联且互补的产品和服务。这种方法旨在构建一个全面的生产体系，涵盖从种植、养殖到加工、生产，再到供应、销售和服务的整个链条。接着，这些经过精心设计和包装的产品和服务，以品牌化的方式进入市场，有效地提升了市场覆盖率和品牌的知名度。专业化生产不仅极大地丰富了农业产业经营产品和服务的多样性，还显著提高了整个产业的市场竞争力。专业化生产在增强产品的市场吸引力的同时，为消费者提供了更多样化和高质量的选择，从而在市场中建立了明显的优势。

（二）区域化布局

农业产业化经营中的区域化布局特征体现在根据不同区域的独特优势来优化资源分配和规划生产基地。其核心在于充分发掘并利用每个区域的特有资源和潜力，从而提高资源利用的效率。这种精心的布局不仅可以实现资源的最大化利用，还能显著提升各区域的生产效率和经济收益。区域化布局使得各地区能够在保持自身特色的同时，有效地融入更大的农业产业化经营体系中，从而促进了整个行业的协调发展和综合效益的提升。农业产业化经营的区域化布局不仅提高了农产品的质量和数量，还有助于实现可持续发展，对提升地区经济和社会福祉产生了积极影响。

（三）企业化管理

农业产业化经营中的企业化管理特征体现在将现代企业的管理理念和制度运用于管理整个产业链的不同环节和主体中。这种管理方式涵盖了组织结构的构建、权责的明确划分，以及经济核算体系的建立和执行。通过这些措施，企业化管理为整个产业的运作提供了一个清晰、高效的框架，确保了各个环节和主体之间的协调与一致性。基于企业化管理的农业产业化经营过程中，不同的生产和运营单元被有效整合成一个联合体，其中每个单元的角色和责任都被明确界定。这不仅促进了资源和信息的有效流通，也提高了决策的效率和执行的准确性。企业化管理的农业产业化经营还注重经济核算，新型职业农民通过精确的成本控制和收益分析，进一步优化了资源配置和经营策略，从而提升了整体的财务健康和盈利能力。此外，企业化管理还带来了标准化和规范化的运营流程，有助于减少浪费和提高生产效率。这种系统性的管理方式为农业产业化经营的可持续发展奠定了坚实基础，使农业产业不仅能够适应市场的变化，还能在激烈的市场竞争中保持领先地位。

（四）一体化经营

农业产业化经营中的一体化经营特征表现在将不同的生产环节紧密连接，形成一个连贯的产业链，以实现农业、工业和商业的协同发展。这种经营模式有效地整合了外部经济要素，促进了内部资源的优化利用，从而在降低交易成本的同时，增强了整体产业的经济效益。一体化经营策略的实施确保了产业链中每一个环节都能够在相互协作和支持的基础上更高效地运作，这不仅提高了单个环节的生产效率，也优化了整个产业链的运营效果。在基于一体化经营的农业产业化经营过程中，从原料供应到产品加工，再到市场销售，每一步都紧密相连，确保了资源和信息流的顺畅传递。这种紧密的联动机制不仅缩短了生产周期，提高了响应速度，还降低了运营风险，提升了市场适应性和竞争力。一体化经营还强调创新和技术的应用，不断探索新的生产方法和经营模式，以适应市场的变化和消费者的需求。这种灵活且高效的经营方式，不仅提升了农业产业的整体价值，也为新型职业农民的职业发展带来了更多的机遇和挑战，进而促进了整个社会经济的发展和繁荣。

（五）市场化运营

农业产业化经营中的市场化运营特征体现为农业项目的选择、资源的配置、品牌建设及整体产业发展均受到市场力量的显著影响。这种以市场为中心的运作方式，有效地将不同经营主体的利益整合，推动了农业经营模式从传统的家庭经营或合作经营模式向更加系统和规模化的产业链发展的转变。通过这一转变，原本分散独立的生产过程被统一整合，形成了规模更大、更为高效的产业体系，产业体系形成的目的在于充分挖掘并提升农业的比较优势和经济效益。在市场化运营的框架下，农业产业能够灵活地适应市场需求的变化，更加有效地响应消费者的需求和市场的动态。这种适应性不仅增强了农产品的市场竞争力，还为农业产业的持续发展和创新提供了动力。市场化运营还意味着对资源配置和产品定位的不断优化，旨在更好地满足市场需求，提高产品的市场接受度和品牌影响力。此外，市场化运营还鼓励了农业产业的创新和技术升级，通过不断的研发和改进，农业产业能够提供更多样化、更高质量的产品和服务。这不仅提升了农业产业的效率和盈利能力，还为消费者带来了更丰富的选择。同时，市场化运营为新型职业农民提供了更多的机遇和挑战，有助于提高他们的专业技能和管理水平。

（六）社会化服务

农业产业化经营的一个关键特征是社会化服务的实施，这种服务模式注重通过不同机构为农业产业的各个环节提供全方位的支持和服务。这些服务包括但不限于政策指导、技术开发、经营管理以及金融支援等关键领域。全面的社会化服务实施的目的在于确保农业产业中的各种要素能够有效地结合，实现直接、紧密的协作，从而促进整个产业的平衡和协调发展。通过社会化服务的实施，农业产业化经营中的协同效应得到了显著加强，这不仅提高了产业内部各环节的运作效率，还增强了整体的运营成果。这种服务方式通过提供专业的指导和支持，帮助农业产业应对各种挑战，克服障碍，从而提升了整个行业的适应性和竞争力。政策咨询帮助农业经营者更好地理解和适应政策变化，技术开发鼓励农业经营者创新和提高生产效率，经营管理提升了资源配置的效率，而金融援助则为产业的发展提供了必要的资金支持。需要说明的是，社会化服务还助力建立更加开放和通透的信息环境，促进知识和经验的共享，从而不断推动农业产业的创新和进步。通过这种方式，农业产业不仅能够更好地适应市场和环境变化，还能够持续地提升其整体价值和社会贡献。

三、新型职业农民农业产业化经营能力的培养要求

（一）要紧紧跟随政策导向

在新型职业农民农业产业化经营能力的培养过程中，紧密跟随政策导向显得尤为重要，一方面是因为政策导向通常反映了国家对农业发展的最新战略规划和优先发展方向，另一方面则是因为政策往往提供了关键的资源协调与支持信息和可靠的制度保障。新型职业农民理解这些政策，并以这些政策为依据，可以更好地促进农业产业的发展，从而在激烈的市场竞争中取得优势。紧紧跟随政策导向能使新型职业农民及时获得关于产业发展、技术创新、市场趋势等方面的最新信息和知识。这不仅有助于提升他们的经营管理能力，还能够使他们制订的长期和短期经营策略更加符合时代发展的需求。例如，政府在促进绿色农业、智能农业等方面的政策，能够引导农民转向更加可持续和高效的农业生产方式，从而在增强新型职业农民农业产业化经营能力的同时增强产品的市场竞争力。另外，紧紧跟随政策导向还有助于农民获取必要的财政支持和技术援助。许多政策旨在通过补贴、贷款优惠、技术培训等方式支持农业产业的发展。新型职业农民通过积极响应这些政策，可以更有效地利用这些资源，为自己的农业产业化经营打下坚实的基础。

（二）要对本地资源有充分了解

对新型职业农民农业产业化经营能力的培养要求新型职业农民对本地资源有充分的了解，从而使其能够有效地利用当地的自然资源、文化遗产和社会经济条件，在农业产业化的过程中发挥出最大的效益。新型职业农民对本地资源的认知不仅包括对土壤、气候、水资源等自然条件的深入理解，还涉及对当地市场需求、文化特色和社会结构的准确把握。深入了解本地资源能使新型职业农民在农业生产中更好地适应和利用自

然条件，优化农作物种植方式。例如，了解土壤类型和水源条件有助于新型职业农民选择适宜的农作物品种和耕作方法，从而提高农作物的产量和质量。同样，了解气候特点可以帮助新型职业农民更好地规划农作物的种植和收获时间，减少自然灾害对其产生的影响。对本地市场的了解对新型职业农民定位产品和服务至关重要。通过了解当地消费者的需求和偏好，新型职业农民能够更精准地进行产品开发和市场定位，提高产品的市场接受度和销售效率。对本地文化和社会结构的了解有助于新型职业农民提升其产品的文化内涵和社会价值。新型职业农民对本地资源的深入了解还可以促进创新和可持续发展。通过对本地资源的有效利用和保护，新型职业农民不仅可以在经营中实现经济效益的最大化，还能促进生态环境的保护和资源的可持续利用。例如，了解和利用本地特有的生物多样性，新型职业农民可以开发出独特的农产品，还有助于保护生态环境。

（三）要对市场需求有明确把握

在培养新型职业农民的农业产业化经营能力时，对市场需求的明确把握是至关重要的。这种对市场需求的深入理解，不仅关系到农产品的种类和数量，也影响着农产品的质量和营销策略。新型职业农民必须具备敏锐的市场洞察力，以便能够及时准确地捕捉到市场变化，对消费者的偏好和需求进行快速响应。明确把握市场需求意味着新型职业农民能够根据市场的实际情况，合理安排农业生产。这包括选择市场需求量大、经济效益高的农产品进行种植，以及在生产过程中注重质量控制和产品差异化，使农产品更具市场竞争力。例如，了解了消费者对健康、绿色食品的偏好后，新型职业农民可以选择生产符合这一趋势的有机产品，从而满足市场需求。明确市场需求还包括对销售渠道和营销策略的合理规划。新型职业农民应该能够利用现代市场营销工具（如互联网平台）进行产品的宣传和销售。这种方式不仅可以扩大销售范围，还能提高产品的市场认知度和消费者满意度。对市场需求的深入了解还可以帮助新型职业农民预测市场趋势，及时调整生产计划和经营策略，从而更好地适应市场变化和挑战。例如，对未来市场趋势的准确预测可以使农民在竞争中抢占先机，提前布局，从而获得更大的市场份额和更高的经济收益。

（四）要制定或采用先进的管理制度

新型职业农民在农业产业化经营过程中，制定或采用先进的管理制度是提升经营效率和产品竞争力的关键。先进的管理制度包括但不限于高效的资源配置、精准的市场定位、创新的技术应用、合理的风险管理以及持续的质量控制等。这些管理制度的核心在于通过科学的方法提高农业生产和经营的整体效率和效益。采用先进的管理制度能够帮助新型职业农民更好地利用现代农业科技，如精准农业技术、智能化农业设备等，提高农业生产的自动化和智能化水平。这不仅提升了生产效率，还有助于节约成本、减少资源浪费，并提高产品质量。例如，通过精准灌溉和施肥系统，水肥利用效率可以显著提高，农业生产对环境产生的负面影响也将有效降低。有效的市场定位和营销策略也是先进管理制度的重要组成部分。通过对市场趋势的准确分析和产品定位，新型职业农民能够更好地满足市场需求，提升产品的市场竞争力。合理的风险管理制度能够帮助新型职业农民有效应对市场波动、自然灾害等不确定因素，保障农业经营的稳定性。质量控制体系的建立和完善也很关键。通过建立严格的质量监控和管理制度，新型职业农民可以确保产品质量始终符合市场和消费者的需求，从而赢得市场的认可和消费者的信赖。

（五）要将产业技术提高至新高度

新型职业农民的农业产业化经营能力的培养要求将产业技术提升至新的高度，这既包括采用现代化的农业设备和技术，也包括对农业生产全过程的创新和优化。技术的提升能够显著增强农业生产的效率、质量和可持续性，同时，技术的提升是应对市场竞争和环境挑战的有效手段。技术创新在农业产业化中扮演着至关重要的角色。这包括应用生物技术改良农作物品种、提高抗病抗虫能力，利用信息技术和大数据分析优化种植和养殖决策，以及运用现代化机械设备提升生产效率。例如，利用智能灌溉系统和精准农业技术可以实现水肥的合理利用，减少浪费，提高农作物的产量和质量。技术的提升还意味着在生产过程中更加注重环境保护和资源的可持续利用。通过采用节水、节能的生产方式和循环农业模式，新型职业农民不仅能提高生产效率，还能保护农业生态环境，实现农业的可持续发展。另外，技术的提升也有助于提高农产品的加工和保鲜时长，延长产品的保质期，提升产品在市场上的竞争力。技术提升还涉及对农业经营管理流程的优化。这包括利用 ERP 系统进行资源管理、利用电子商务平台进行产品销售以及通过物联网技术监控生产环境。这些技术的应用可以提高农业经营的透明度和管理效率，降低运营成本，提升市场响应速度。

（六）是农业产业升级转型的必然要求

农业产业化经营能力的培养对新型职业农民而言，是实现农业产业升级和转型的必然要求。随着经济全球化和市场竞争的加剧，传统的农业经营模式已难以满足现代农业发展的需求。农业产业化不仅意味着生产方式的现代化，更涉及农业管理、市场营销、技术应用等多个层面的全面提升。在这一背景下，新型职业农民的角色日益重要，他们需要具备更加专业化、多元化的技能和知识，以适应农业产业的深度变革。培养新型职业农民的农业产业化经营能力以实现农业产业的升级转型需要新型职业农民掌握现代农业技术，如生物技术、信息技术等。这些技术的运用不仅可以提高产品生产效率和产品质量，还能有效降低生产成本，增加产品的市场竞争力。新型职业农民还须具备良好的市场意识和营销能力，能够准确把握市场动态，制订有效的市场策略，以及进行品牌建设和营销推广。现代农业经营管理技能也是不可或缺的，现代农业经营管理技能包括资源管理、财务管理和风险管理等，这些能力有助于提高农业产业的整体经营效率。农业产业的升级转型还需要新型职业农民具备创新意识和持续学习的能力。随着科技进步和市场需求的不断变化，新型职业农民需要不断更新知识和技能，掌握新的农业技术和经营理念。这不仅有利于提升个人的竞争力，也有助于推动整个农业产业的创新和发展。

四、培养新型职业农民农业产业化经营能力的途径与措施

（一）开展专业化培训

开展专业化培训可以为新型职业农民提供必要的知识和技能，帮助其适应现代农业的要求和市场的变化。专业化培训通常包括农业科技知识、先进的农业生产技术、农业经营管理、市场营销策略，以及财务和风险管理等方面的内容。专业化培训可以帮助新型职业农民掌握现代农业技术。随着科技的发展，农业生产方式正在发生深刻变革。政府部门及社会组织可以就智能化农业设备的使用、生物技术在农业中的应用，以及土壤和水资源管理等方面对新型职业农民开展专业培训，这对提高农业生产效率和农产品质量至关重要；也可以围绕农业经营管理方面的内容对新型职业农民进行专业培训。在农业产业化的背景下，有效的经营管理对于提升农业产业的竞争力和盈利能力尤为重要。政府部门及社会组织可通过培训帮助新型职业农民学习如何制定合理的经营计划、如何进行有效的资源配置，以及如何实施有效的成本控制和收益管理。政府部门与社会组织还可以通过培训帮助新型职业农民学会如何应对市场波动和自然灾害带来的风险。在当前多元化和竞争激烈的市场环境中，有效的市场营销策略也应作为专业化培训的重要一环，设置在政府部门与

社会组织培养新型职业农民农业产业化经营能力的过程中。通过专业培训，新型职业农民可以学习到市场调研、消费者行为分析、产品定位、品牌建设以及电子商务等现代营销手段，这些知识有助于新型职业农民开拓市场，提高产品的市场占有率。财务和风险管理的培训也是提升新型职业农民经营能力的重要组成部分。农业生产和经营活动涉及多种财务风险，有效的财务管理和风险控制对于保障农业经营的稳定性和可持续性至关重要。政府部门和社会组织可就此对新型职业农民进行培训，帮其掌握财务规划、成本分析、财务报表解读，以及风险评估和管理等技能。

（二）政府政策支持

政府可以通过多方向的政策支持增强新型职业农民的农业产业化经营能力，包括提供教育和培训资源、实施财政和税收优惠、推动科技创新及应用、完善基础设施建设，以及建立有效的市场体系等。教育和培训是提升新型职业农民能力的基石。政府可以通过设立农业技术培训中心、开展在线教育平台、举办农业技术研讨会和工作坊等方式，为新型职业农民提供关于现代农业技术、经营管理、市场营销和财务管理等方面的知识，帮助他们对农业创新和发展趋势有更充分的理解。财政和税收优惠政策是支持新型职业农民的重要手段。政府可以通过减免税收、提供补贴、发放低息贷款等措施，降低农民的经营成本，提高他们的盈利能力。这些政策可以特别针对采用环保、可持续生产方式的新型职业农民，鼓励他们进行生态友好的农业实践。科技创新及其应用是农业产业化的驱动力。政府可以通过支持农业科研机构和高校的研发活动，鼓励科技成果在农业领域的应用。政府还可以通过搭建平台，促进科研机构、教育机构和农业生产者之间的合作，使新型职业农民能够直接受益于最新的科技成果。基础设施的建设和完善同样至关重要。政府需要进行农业生产基础设施建设投资，如灌溉系统、运输网络、储存设施等，以确保农业生产的效率和农产品的质量。加强农村地区在道路、电力和网络通信方面的基础设施建设也是必要的，这可以帮助新型职业农民更好地与市场对接。建立有效的市场体系对于农业产业化同样关键。政府可以通过建立农产品交易平台、完善农产品质量标准体系、加强市场监管等措施，提升农产品的市场透明度和交易效率。

（三）构建农村产业化经营网格

当地政府可通过构建农村产业化经营网格来培养和增强新型职业农民的农业产业化经营能力，这是一种系统性的策略，旨在建立协调、高效的经营网络，从而提升整个农业产业的竞争力和可持续性。这种网格化经营模式通过整合资源、优化配置、促进信息共享和技术交流，为新型职业农民提供一个更加广阔、互联互通的经营平台。政府在构建农村产业化经营网格时，需要确保其覆盖广泛，包括农业生产、加工、销售等不同环节，以及相关的服务机构，如金融机构、技术支持中心和市场信息服务等。通过将这些不同的元素紧密连接，形成一个有机整体，新型职业农民可以更容易地获取所需资源和服务，提高他们的经营效率和效果。政府可以通过提供培训和咨询服务，帮助新型职业农民更好地融入这一网格系统。这包括教育新型职业农民如何有效利用现代化农业技术、提升产品质量、优化供应链管理以及进行市场营销等，以帮助农民更好地理解市场需求，提升自身的经营策略，从而在网格系统中发挥更大的作用。政府促进农村产业化经营网格内的信息共享和技术交流也对增强新型职业农民农业产业化经营能力有较大作用。政府建立信息共享平台，可以使新型职业农民及时了解市场动态、价格变化、技术创新等关键信息，这有助于他们做出更加明智的经营决策。

参与组织技术交流和研讨会，新型职业农民可以学习到先进的农业技术和管理经验，提高自己的经营能力。政府在构建农村产业化经营网格的过程中，应注重可持续发展和环境保护。这意味着在推动农业产业化的同时，政府需要考虑生态保护和资源可持续利用，确保农业发展与环境保护相协调。为此，政府可以鼓励农村生产者采用环保的生产方式，推广节能减排技术，以及支持可持续的农产品加工和销售模式。最后，政府在构建农村产业化经营网格时，还需要考虑公平性和包容性。这意味着在网格构建过程中，政府要确保各类农民都能够公平地获得资源和机会，参与农业产业化经营。这不仅有利于从整体层面提升新型职业农民的农业产业化经营能力和整个农村经济的发展水平，也有助于实现社会和谐与稳定。

（四）创新经营思路，延长产品生命周期

增强新型职业农民的农业产业化经营能力可以尝试创新经营思路和延长产品生命周期这一策略。在当今市场多元化和消费个性化的趋势下，新型职业农民需要把握市场需求，通过跨领域的多元化市场开拓和创新的经营方式来推动产品的多样化和差异化，实现"老货新卖"。一种有效的途径是将农业与其他产业相结合，创造独特的产品价值。例如，将手工艺品与流行文化元素相结合，打造独特的、有文化内涵的产品，从而吸引不同消费者群体，拓展产品销售途径。这不仅提升了产品的附加值，还延长了产品的市场生命周期。另一种有效的途径是对新型职业农民进行信息技术和销售能力培训，使其能利用现代科技和销售渠道，尤其是线上与线下相结合的经营模式拓展销售途径。在数字化时代背景下，利用电子商务平台、社交媒体和网络营销工具，可以有效提高产品的市场曝光度，吸引更多消费者。这不仅有助于产品直接触达目标消费者群体，还能够提高市场反应速度，加强与消费者的互动。除此之外，增强新型职业农民的市场敏锐度和经营管理能力也有助于增强其农业产业化经营能力。这包括对市场趋势的持续关注、对消费者需求的深入理解、适应市场变化的灵活性以及对新兴销售渠道和营销策略的理解和应用。通过这些方式，新型职业农民可以在激烈的市场竞争中获得优势，提升自身的经营能力。

参考文献

[1] 杜晓燕，王刚.走进乡村振兴［M］.北京：中国纺织出版社，2022.

[2] 赵政.乡村振兴战略研究［M］.西安：西北工业大学出版社，2021.

[3] 王雄.乡村振兴陕西实践［M］.西安：西北大学出版社，2021.

[4] 陈伟星.乡村振兴：一线工作实务［M］.西安：西北大学出版社，2022.

[5] 刘祥.乡村振兴实施路径与实践［M］.北京：中国经济出版社，2022.

[6] 王美玲，李晓妍，刘丽楠.乡村振兴探索与实践［M］.银川：宁夏人民出版社，2020.

[7] 任怡莲.宁夏乡村人才振兴路径研究［M］.银川：宁夏人民教育出版社，2022.

[8] 张子睿.乡村振兴人才创新思维与基础创新方法［M］.北京：民主与建设出版社，2021.

[9] 于凡.吉林省乡村振兴人才支撑与新型职业农民培育问题研究［M］.长春：吉林人民出版社，2019.

[10] 张子睿.乡村人才振兴概说［M］.北京：中国农业科学技术出版社，2023.

[11] 朱冬亮，钟楚原，殷文梅.乡村人才振兴实践研究［M］.厦门：福建鹭江出版社，2021.

[12] 张登国.中国乡村人才振兴路径探析［M］.北京：人民出版社，2022.

[13] 高鸣.机遇与发展：乡村人才振兴的理论与政策［M］.北京：中国农业出版社，2021.

[14] 蔡海生.地方农业高校服务乡村人才振兴的实践与探索［M］.咸阳：西北农林科技大学出版社，2022.

[15] 吴海东.高职院校服务新型职业农民培育研究［M］.长春：吉林人民出版社，2022.

[16] 张献奇.新型职业农民培养及培养模式研究［M］.郑州：中原农民出版社，2019.

[17] 张燕.生态农业视域下新型职业农民培育研究［M］.北京：中国纺织出版社，2019.

[18] 王溢泽.高职院校培养新型职业农民的对策研究［M］.成都：四川大学出版社，2017.

[19] 曹晓鸥.新型农民的职业生涯发展之路［M］.北京：中国社会出版社，2010.

[20] 高玉峰，孟凡美.新型职业农民培育策略研究［M］.北京：中国农业科学技术出版社，2021.

[21] 吴易雄.新型职业农民培育政策体系构建的路径与机制［M］.北京：科学出版社，2022.

[22] 陈秀宁.乡村振兴背景下乡村治理人才队伍建设的路径研究［D］.哈尔滨：黑龙江大学，2022.

[23] 佟学军.乡村振兴背景下吉林省农村青年人才供求匹配问题研究［D］.长春：吉林大学，2022.

[24] 胡鑫.乡村振兴战略人才支撑体系建设研究［D］.长春：吉林大学，2021.

[25] 莫济娣.乡村振兴战略下中职电子商务人才培养系统的研究［D］.广州：广东技术师范大学，2021.

[26] 惠志丹.乡村振兴战略背景下农业高校服务乡村人才振兴研究［D］.武汉：华中农业大学，2020.

[27] 姚昀晖.乡村振兴背景下农村人才建设研究［D］.济南：中共山东省委党校，2021.

[28] 王嘉琪.乡村人才振兴的内生式发展研究［D］.温州：温州大学，2021.

[29] 王柯然.非农专业大学生入职新型职业农民的意愿及影响因素研究［D］.武汉：华中农业大学，2022.

[30] 刘莹.人力资本理论视角下黑龙江省农民合作社新型职业农民培育研究［D］.哈尔滨：哈尔滨师范大学，2022.

[31] 程惠.地方政府主导的新型职业农民培育研究：以 X 市为例［D］.延安：延安大学，2022.

[32] 李娜.农广校新型职业农民培育的困境及对策研究［D］.南昌：江西科技师范大学，2022.

[33] 赵雨.新型职业农民信息素养培育的现状调查及对策研究［D］.曲阜：曲阜师范大学，2021.

[34] 陈晨.河南省新型职业农民创业意愿影响因素研究［D］.新乡：河南科技学院，2021.

[35] 刘亚奇.新型城镇化进程中新型职业农民培育问题研究［D］.武汉：华中农业大学，2017.

[36] 杨妍玮.地方政府培育新型职业农民存在的问题及对策：以重庆市为研究对象［D］.重庆：中共重庆市委党校，2017.

[37] 吴亚平，陈广桂.乡村振兴背景下人才供需分析研究［J］.内江科技，2023，44（10）：98-99，61.

[38] 邵志华.乡村振兴视域下农民精神生活共同富裕实现路径研究［J］.农村经济与科技，2023，34（12）：154-157.

[39] 严易，高俊波，朱锋钊，等.农类复合型乡村治理人才培养路径与创新研究［J］.南方农机，2023，54（11）：83-86.

［40］ 孙贺，马丽娟.乡村人才振兴下人力资本回流特征与政策优化［J］.经济纵横，2023（3）：112-119.

［41］ 伍音子.乡村振兴战略下涉农产业人才的供需对接研究：基于共生理论视角［J］.现代农村科技，2023（1）：92-94.

［42］ 席曦.基于新型职业农民培育的多元主体协同机制研究［J］.中国果树，2023（11）：156-157.

［43］ 张成涛.新型职业农民培育促进共同富裕的内在机理与有效路径［J］.教育与职业，2023（21）：97-103.

［44］ 李超凡.远程教育在新型职业农民培育中的实践研究［J］.辽宁高职学报，2023，25（10）：40-43，72.

［45］ 仲晓密.农产品新媒体营销产教融合模式创新与实践［J］.辽宁高职学报，2023，25（10）：49-52.

［46］ 李华锋，张珍，谭春桃，等.涉农高职院校新型职业农民培育问题及解决路径［J］.智慧农业导刊，2023，3（19）：155-158.

［47］ 邱珊珊.乡村振兴战略下产教融合助力新型职业农民科技化转型策略分析［J］.产业与科技论坛，2023，22（17）：99-101.

［48］ 闫淑玲，李玲.新型职业农民培育政策执行评估指标体系构建研究［J］.教育与职业，2023（15）：89-96.

［49］ 石红玉.乡村振兴背景下新型职业农民培育的必要性研究［J］.经济研究导刊，2023（13）：20-22.

［50］ 陈慧.新型职业农民"互联网＋"多元培训模式研究［J］.吉林广播电视大学学报，2023（4）：158-160.

［51］ 彭娜.数字农业经济背景下新型高素质农民职业技能培育研究：以贵州省为例［J］.安徽农学通报，2023，29（12）：145-146，169.

［52］ 仲晓密.农产品新媒体营销产教融合模式创新与实践［J］.辽宁高职学报，2023，25（10）：49-52.

[53] 韩晶晶.电商职业教育助力乡村人才振兴研究（1）：基于新型电商职业农民培育的视角［J］.现代职业教育，2023（28）：77-80.

[54] 王斌，张霞.农村职业教育服务中国式农业农村现代化研究［J］.教育与职业，2023（19）:99-105.

[55] 李凤怡，马建富.数字经济背景下新型职业农民数字化素养提升的职业教育作为与策略［J］.机械职业教育，2023（9）：31-38.

[56] 王漪鸥.新型职业农民返乡就业创业问题研究［J］.中国农业资源与区划，2023，44（9）：80，89.

[57] 杨杰.区块链技术应用于新型职业农民终身教育的SWOT策略分析［J］.河北职业教育，2023，7（3）：60-65.

[58] 张杰，甘霞.乡村振兴"她力量"：中国女性新型职业农民培育研究的现状及展望［J］.现代农业研究，2023，29（9）：62-68.